国家自然科学基金项目（51778145）
国家自然科学基金青年基金项目（51708117）
福建自然科学基金项目（2019J01788）
福建省社科基金项目（FJ2017B021）
福建工程学院科研项目（GY-Z160158）

闽西客家典型传统村落用地形态研究

林兆武　著

中国建筑工业出版社

图书在版编目（CIP）数据

闽西客家典型传统村落用地形态研究/林兆武著．— 北京：中国建筑工业出版社，2019.11

ISBN 978-7-112-24664-9

Ⅰ.①闽⋯　Ⅱ.①林⋯　Ⅲ.①客家人-村落-土地规划-研究-中国　Ⅳ.① F321.1

中国版本图书馆CIP数据核字（2020）第 016517 号

本书旨在通过建构规划学主导的传统村落用地形态研究体系，揭示出闽西客家传统村落用地的形态外在表征、演化规律和演化机制，进而提炼用地形态内在特质，并尝试性对保护发展的规划策略进行展望。书中运用多学科交叉方法，围绕规划学科的核心问题，融贯生物遗传学、城市形态学、景观学等相关理论，建构形态基因视角下用地形态研究体系。在此基础上对闽西客家 21 个国家级传统村落进行典型甄选，选取培田村为典型案例开展研究，从实证的角度论证该研究体系的科学性和适用性，探究闽西客家传统村落的用地形态特征，提出传承优化的规划响应与保护策略。

责任编辑：何　楠
责任校对：党　蕾

闽西客家典型传统村落用地形态研究
林兆武　著

*

中国建筑工业出版社出版、发行（北京海淀三里河路9号）
各地新华书店、建筑书店经销
北京建筑工业印刷厂制版
北京建筑工业印刷厂印刷

*

开本：787×1092毫米　1/16　印张：17　字数：292千字
2020年7月第一版　　2020年7月第一次印刷
定价：**68.00**元
ISBN 978-7-112-24664-9
　　　（34992）

版权所有　翻印必究
如有印装质量问题，可寄本社退换
（邮政编码 100037）

目 录

第1章 绪论 ··· 1
1.1 问题提出 ··· 1
 1.1.1 背景 ·· 1
 1.1.2 研究对象 ·· 3
 1.1.3 研究区域 ·· 4
 1.1.4 案例甄选 ·· 4
 1.1.5 研究意义 ·· 6
1.2 国内外研究现状 ·· 8
 1.2.1 国外研究概述 ·· 8
 1.2.2 国内研究概述 ·· 10
 1.2.3 研究述评 ·· 15
1.3 研究目的与主要内容 ·· 16
 1.3.1 研究目的 ·· 16
 1.3.2 研究内容 ·· 17
1.4 研究分期与特征解析 ·· 17
 1.4.1 研究分期 ·· 17
 1.4.2 特征解析 ·· 18
1.5 研究方法及研究框架 ·· 18
 1.5.1 研究方法 ·· 18
 1.5.2 研究框架 ·· 19

第2章 理论基础：传统村落用地形态的理论基础 ················· 21
2.1 概念内涵与研究框架建构 ·· 21
 2.1.1 用地形态概念内涵 ·· 21
 2.1.2 用地形态基因概念 ·· 22
 2.1.3 形态研究框架建构 ·· 24

2.2 演化过程的基因性状描述体系 26
    2.2.1 康氏的理论启示 26
    2.2.2 康氏的融贯应用 28
    2.2.3 描述体系的构建 30

2.3 特征归纳的基因识别分析体系 32
    2.3.1 识别方法的融贯 33
    2.3.2 识别体系的建构 34

2.4 演化机制的基因成因解释体系 37
    2.4.1 机制理论的融贯 37
    2.4.2 机制体系的构建 41

2.5 小结 43

第 3 章 典型甄选：闽西客家传统村落典型案例甄选 45

3.1 一般性描述——闽西客家村落形态解析 45
    3.1.1 甄选要素一——人文基础 45
    3.1.2 甄选要素二——形态共性 50
    3.1.3 甄选要素三——形态类型 57

3.2 理论化模型——典型村落甄选模型建构 68
    3.2.1 甄选基本思路 68
    3.2.2 甄选模型建构 68

3.3 典型性甄选——典型村落甄选过程分析 71
    3.3.1 甄选过程分析 71
    3.3.2 甄选结论论述 81

3.4 典型性描述——培田村落典型代表性分析 82
    3.4.1 人文基础描述 82
    3.4.2 形态特征描述 90
    3.4.3 形态类型描述 92
    3.4.4 历史建筑描述 94

3.5 小结 99

第 4 章 基因性状：培田村落用地形态特征描述 101

4.1 研究思维方式及逻辑架构 101
    4.1.1 思维方式 101

4.1.2 逻辑架构 ·············· 102

4.2 宏观层面：建成区用地形态性状演进描述 ·············· 103
4.2.1 建成区现状 ·············· 103
4.2.2 规模与边界 ·············· 105
4.2.3 结构与布局 ·············· 107
4.2.4 强度与形态 ·············· 113

4.3 中观层面：住宅与公共用地形态性状演进的描述 ·············· 129
4.3.1 现状用地总体格局 ·············· 129
4.3.2 住宅用地形态性状 ·············· 130
4.3.3 公共服务用地性状 ·············· 139

4.4 微观层面：住宅建筑基底平面形态性状演进描述 ·············· 144
4.4.1 住宅建筑现状概况 ·············· 144
4.4.2 基底平面形态性状 ·············· 149
4.4.3 基底平面演化规律 ·············· 156

4.5 小结 ·············· 158

第5章 基因识别：培田村落用地形态演化解析 ·············· 159

5.1 宏观层面：村落建成区用地形态基因识别 ·············· 159
5.1.1 构成要素 ·············· 159
5.1.2 组合模式 ·············· 161
5.1.3 性状分析 ·············· 165
5.1.4 演化特征 ·············· 170

5.2 中观层面：住宅与公共用地形态基因识别 ·············· 172
5.2.1 构成要素 ·············· 172
5.2.2 组合模式 ·············· 174
5.2.3 性状分析 ·············· 176
5.2.4 演化特征 ·············· 178

5.3 微观层面：住宅建筑基底平面基因识别 ·············· 181
5.3.1 构成要素 ·············· 182
5.3.2 组合模式 ·············· 182
5.3.3 性状分析 ·············· 184
5.3.4 演化特征 ·············· 189

5.4 小结 ·············· 190

第6章 基因成因：培田村落用地形态演化机制解释 192

6.1 用地形态基因演变的动因解析 192
6.1.1 内在动因 192
6.1.2 外在动因 198

6.2 宏观层面：建成区用地形态基因演变动力机制 203
6.2.1 动力主体 203
6.2.2 动力类型 204
6.2.3 演化机理 205

6.3 中观层面：住宅与公共用地形态基因演变动力机制 209
6.3.1 动力主体 209
6.3.2 动力类型 210
6.3.3 演化机理 211

6.4 微观层面：住宅建筑基底平面形态基因演变动力机制 218
6.4.1 动力主体 218
6.4.2 动力类型 218
6.4.3 演化机理 219

6.5 小结 221

第7章 基因传承：用地形态特征传承与优化的规划策略 224

7.1 问题探究 224
7.1.1 形态基因的传承问题揭示 224
7.1.2 形态基因的传承问题探源 227

7.2 目标建构 230
7.2.1 时间维度的基因传承优化 230
7.2.2 空间维度的基因传承优化 230
7.2.3 村落保护规划的目标建构 231

7.3 机制保障 231
7.3.1 整合驱动力的政策机制 231
7.3.2 建构约束力的政策机制 234

7.4 传承模式 237
7.4.1 静态传承模式 237
7.4.2 动态传承模式 238

7.5 规划策略 ································· 239
　　7.5.1 建成区用地基因传承优化 ····················· 240
　　7.5.2 功能用地基因的传承优化 ····················· 243
　　7.5.3 建筑平面基因的传承优化 ····················· 245
7.6 小结 ····································· 246

第8章 结论与展望 ································· 249
8.1 主要结论 ··································· 249
8.2 不足与展望 ································· 250

参考文献 ······································· 252

第1章 绪　论

1.1 问题提出

1.1.1 背景

1）中国快速城镇化与传统村落生存之困

改革开放 30 年，我国城镇发展迅速。2010 年，我国城镇化水平从 1978 年的 17.92% 提高到 51.27%（图 1-1），乡村常住人口比上年减少了 1261 万，村庄数量减少近 1 万，平均每天消失近 100 个自然村[1]。传统村落随着村庄消亡而呈现锐减的态势。据中国村落文化研究中心的一项调查显示：长江流域与黄河流域以及西北、西南 17 个省的传统村落从 2004 年的 9707 个减少到 2010 年的 5790 个，每天消亡 1.6 个传统村落[2]。传统村落消亡的一部分原因是城市的吸力导致村庄人口向城市迁移，从而产生村庄人口空心化，由此催发村庄的凋敝直至消亡。

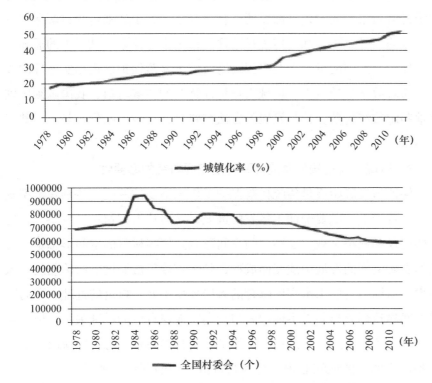

图 1-1 1978-2010 中国城镇化与村庄数量比对图

资料来源：吴理财. 城镇化进程中传统村落的保护与发展研究[J]

另一个原因，受到城市经济与文化扩散的影响，农村开始大规模建房运动，无序、抢占性地进行住房新建与翻建，这虽然改变了农村的居住条件，但水泥钢筋建筑破坏了传统村落的空间格局，传统村落因此嬗变为"现代化新农村"，彻底丧失了传统风貌，消除了优秀的文化底蕴和地域特色。因此，在新型城镇化的大背景下，传统村落保护已经迫在眉睫。

2）正酣的传统村落普查与亟须的发展保护路径

2000年起，我国启动了历史文化名村保护工作，先后共有169个村被纳入中国历史文化名村名录。2008年国务院颁布了《历史文化名城名镇名村保护条例》，传统村落的保护工作走上了法律轨道[2][3]。但是，这对量多面广的传统村落保护未能起到实质性推进作用，根本原因在于我国尚未对传统村落进行系统深入的调查，没有掌握有价值的传统村落数量与保护对象的核心价值的重要数据。为此，2012年5月10日，住房和城乡建设部召开了传统村落调查的电视电话会议，对传统村落开展调查工作提出实质性的意见，切实推进我国传统村落的保护和改善迈出坚实的步伐。随着普查工作的深入开展，大量有价值的传统村落被发现和挖掘。2012年12月，住房和城乡建设部、文化部以及财政部联合公布第一批646个中国传统村落名单，2013年8月又公布了第二批915个传统村落名单。同时，三部委还联合下发了《关于加强传统村落保护发展工作的指导意见》和《传统村落评价认定指标体系（试行）的通知》等文件，一系列的举措表明我国政府对传统村落保护已迈出实质性的步伐。面对数量日趋庞大、地域文化特征鲜明的传统村落，我国亟须区别性地制定传统村落保护与发展的方法与路径，寻找一条保护与发展共行之路。

3）地域文化挖掘的紧迫性和村落空间研究的必要性

保护与发展始终是传统村落保护工作永不变的课题。特别在新型城镇化大背景下，既要确保1亿农民进城，又要让人们留住"乡愁"，这需要记录和保护承载"乡愁"的空间形态。传统村落的空间形态是在漫长的农耕文明的发展中演变而成的，是集家族宗法制度、政治制度、风水术数与周边自然山水高度融合的人居环境单元。村落的选址、布局以及内部建筑群落形制无不体现人与社会、人与自然的辩证关系，记录与保存了村落演变过程中的社会、经济、文化等各种信息，反映出一定历史条件下的人的认知心理、行为与村落空间的互动关系[4]。在多元的自然地理场景中，虽然社会血缘宗族制度存在一定的相似度，却无法压制人因地制宜地改造自然环境的创造力。即使相同的文化群体中，不同地域的村落空间格局亦存在异化多元的现象，这种现象在我国多山多水的场景中显得尤为突出。从规划学视角入手，多尺度分析研究特定文化区域的传统村落的规划选址、布局以及建筑群落形制，深入探究村落的空间肌理，挖掘原住民营建村落的规划理念、方法与技术，在新型城镇化背景下，对保护与传承传统村落的意义重大，也为人们留住"乡愁"提供技术支撑。

目前，所开展的传统村落研究，强调"环境空间""建筑形态"等传统议题，而对村落用地的布局、演变及其形成机理等关注较少，更缺乏准确的、量化的、系统的平面形态的描述手段。实际上，传统村落用地形态构成要素、组合模式及结构原型的研究，对丰富用地分析手段、扩展用地规划理论、充实用地研究方法均有重要的参考价值；借助形态基因理论和平面分析技术手段，对用地形态进行量化识别和精准描述，其成果更有助于传统村落保护规划的编制与管理。

1.1.2 研究对象

本书研究对象为传统村落，即历史遗存和传统风貌保留较为完整，具有较高历史文化、科学艺术和社会经济等价值的村庄聚落。其中的历史建筑、乡土建筑、文物古迹等建筑集中连片或总量超过村庄建筑总量的1/3，较为完整地体现出一定的历史时期的传统风貌；同时，在村落选址上具有传统特色和地方代表性，用地形态上鲜明地体现出具有代表性的传统文化、传统生产方式和生活方式，并保持了良好的整体格局[3][5]。

村落是乡村聚落的一种基本类型，是一个固定地域内的农业人群长期生活、聚居、繁衍需求所组成相互空间关系的基本单元，是社会结构的最基本细胞，是农村政治、经济、文化生活的空间[6]。我国周代就建立了乡村管理体制，秦汉时期进一步明确村落"是乡村的最基本的单位"，一般规定"百户为一里"；隋唐时期则以五家为保，百家为里，五百家为乡；宋、元时期设立里甲制和保甲制；明清时期，随着人口的增长，里甲和保甲等按地区来划分。坊是里甲体制之下的村社组织，据《连城县志（乾隆版）》记载："其聚族而居、比间错壤于六里之中者，为图、为坊[7]。"因此，坊和图是里之下的行政组织，也就是现代意义的"村"。

1.1.3 研究区域

福建简称"闽",素有"八闽"之称。八闽的来源有两种说法,一种是:福建古为闽地,北宋时始分为八州、军,南宋分为八府、州、军,元分八路,因此有"八闽之称";另一种是:福建省在元代分福州、兴化、建宁、延平、汀州、邵武、泉州、漳州八路,明改为八府,所以称为"八闽"[8]。建宁、延平、邵武、长汀为上四府,福州、兴化、漳州和泉州为下四府。闽西属于八闽的最西端,历史上汀州(长汀)是闽西的首府,辖长汀县、连城县、武平县、清流县、归化县、宁化县、上杭县和永定县[9]。现在的闽西包括长汀、永定、连城、上杭和武平等5个纯客家县和龙岩、漳平2个属于闽南语系的非纯客家县,而历史上汀属的归化、宁化与清流等3县划并三明市。由于上述三县的经济活动、文化传承与汀州府紧密相连,所以当前闽西客家民系研究都将以上三县一并列入研究范畴[10],并在学术上获得认同。基于此,本研究区域界定为闽西客家区包括福建龙岩的长汀、连城、武平、上杭、永定,三明的宁化、清流、明溪(旧称归化),以及漳州的诏安、平和、南靖的西部部分乡镇。

1.1.4 案例甄选

根据统计数据,闽西客家现有1171个村落,其中拥有21个国家级传统村落、7个国家历史文化名村和2个国家级特色旅游景观名村(表1-1、表1-2),培田村集三类名村为一体,在众多的客家村落中特色鲜明,文化传统突出。本文甄选培田村作为典型案例,基于如下方面考虑。

1)建筑风貌的完整性

培田古民居群占地7.19万m^2,较好地保留了大量明清时期的传统建筑,如30多座大型民居、21幢宗祠、6处书院、4座庙宇与2座村庄出入口街牌坊、1条千米古街。通过21个国家级传统村落保护状况的比对,培田村的历史建筑保护得最好、数量最多,其中明清各个时期的历史建筑都保留完整。这些建筑足以清晰地验证闽西客家经济、文化与社会的发展脉络,为分析各个历史阶段的用地形态特征与演变规律提供完整翔实的数据和图纸资料,确保"城镇平面格局分析"方法在用地形态演变分析中的科学应用。

闽西客家村落统计表　　　　　　　　　　　表 1-1

序号	隶属城市	县城名称	村落数量(个)	序号	隶属城市	县城名称	村落数量(个)
1	龙岩	连城	232	5	龙岩	永定	261
2		武平	214	6	三明	宁化	190
3		上杭	331	7		清流	111
4		长汀	284	8		明溪	88

资料来源：根据龙岩与三明规划局提供数据自绘

闽西客家国家级传统村落名录　　　　　　表 1-2

序号	隶属城市	所在县市	村名	审批时间(年)	序号	隶属城市	所在县市	村名	审批时间(年)
1	龙岩市	连城县	庙前镇芷溪村	2012	12	龙岩市	永定县	湖坑镇洪坑村	2012
2			宣和乡培田村	2012	13			下洋镇初溪村	2014
3			莒溪镇壁洲村	2012	14			湖坑镇南江村	2014
4			四堡乡务阁村	2012	15	漳州市	平和县	大溪镇庄上村	2012
5			四堡乡中南村	2013	16		南靖县	书洋镇田螺坑村	2012
6		长汀县	馆前镇坪埔村	2012	17			书洋镇河坑村	2014
7			三洲镇三洲村	2012	18	三明市	清流县	赖坊乡赖安村	2012
8			红山乡苏竹村	2012	19			胡坊镇肖家山村	2012
9			南山镇中复村	2014	20		明溪县	夏阳乡御帘村	2012
10		上杭县	太拔乡院田村	2012	21			城关乡翠竹洋村	2013
11		武平县	岩前镇灵岩村	2013					

资料来源：根据福建建设厅资料提供资料自绘

2) 空间格局的代表性

闽西客家地区的传统村落大部分选址在汀江流域主干流与六大支流两侧的山间盆地或河谷盆地内。因此，灵活利用山水自然环境条件，巧妙引入客家风水布局理念，是客家村落空间布局的独特模式。培田村空间格局中"水如环带山如笔，家有藏书陇有田"，以及"前有朝山溪水流，后有丘陵龙脉来"的特色，具有代表性。

3) 区域经济的协同性

村落空间发展与汀江流域经济发展息息相关，汀江流域经济发展脉络的关键信息，准确地表达在用地形态的演变中。

4) 崇儒重教的典型性

闽西客家特有的宗族社会组织和耕读重教传统，对村落空间格局的影响尤为突出。培田村内大量的宗祠与书院，清晰地反映出客家宗族文化对空间形态演变过程的作用机理。通过培田村用地形态演变的研究，可以客观分析空间演变的社会、文化机制，重现客家传统生产方式与生活方式，准确揭示闽西客家村落的用地形态、文化基因，并对其他村落的动力机制解析具有示范性作用。

闽西客家村落传统的多样文化特征、独特的自然山水条件、鲜明的流域经济模式，都在培田用地形态演变过程中客观准确地呈现出来。所以，甄选培田村作为本书研究的典型案例，可以以点带面，较全面地探究闽西客家传统村落用地空间形态演变的特征，精准识别用地形态基因，科学分析经济、社会、文化等对空间形态演变的作用机理。

1.1.5 研究意义

1）理论意义

（1）探索研究传统村落在选址、布局、结构与整体空间形态等方面的规划理念与技术。

正如前文所述，传统村落是在漫长的农耕文明的发展中演变而成的，是家族宗法制度、政治制度、风水术数与周边自然山水高度融合的人居环境单元。村落的选址与布局总是遵循一定的规划理念，同时又在多变的山水环境以及不同的生活习俗中呈现灵活多样的规划手法。正是这种规划理念与技术造就了丰富多彩的空间形态，形成人地和谐统一的居住环境。通过研究闽西客家汀江流域传统村落的规划选址、布局以及空间结构形态，归纳总结典型的布局形式的同时，发掘非模式化的实例，有助于系统全面探究一定地域文化背景下传统规划理念与规划技术，对于充实城镇规划理论具有一定的借鉴意义。

（2）充实闽西客家民居与文化理论研究的薄弱环节。

目前，闽西客家民居研究仍大多着眼于单体建筑，较少涉及对群体组合以及整体空间环境的分析。闽西客家建筑如永定土楼、五凤楼以及众多深藏乡野的民居建筑，与当地气候及自然地形环境高度结合，富有诗情画意，这样的意境不是依靠单体建筑或者群体组合建筑所能营造，而是依托自然山川的整体环境，赋予特殊的空间景观。因此，脱离整体空间环境去探究闽西客家民居，只能"窥一斑而不能概全貌"。同样，客家文化的空间表达不仅落点于某个单体建筑或者某个细部，而且对宏观的村落空间形态一样深入刻画，特别是对村落的空间选址、环境改造、村落空间结构以及形态，客家文化总是渗透到每一空间，每一角落。本研究以传统村落为研究对象，从整体空间环境的视角探究闽西客家民居的空间特色，有助于充实闽西客家民居理论研究的薄弱环节。

（3）为制定适宜山区新农村建设的布局模式及规划方法体系提供理论准备。

早期村庄规划布局缺少规划理论的引领，很少考虑村庄的地缘与血缘的因素，简单沿用城市居住小区的模式，采用大片的行列式布局，断然割裂村庄既有的文脉与传统。虽然现在的村庄规划开始重视景观的塑造，美丽乡村和村庄整治等相关规划技术规范条例相继出台，但是始终没有形成符合我国国情和民情的村庄规划理论体系。本书试图归纳山区传统村落的规划布局模式，总结传统的规划方法，为制定适宜山区村庄布局模式及规划方法体系提供理论准备。

2）现实意义

（1）全面系统地梳理闽西客家传统村落的数量、分布以及建设现状，为传统村落的甄别与保护提供参考依据。

闽西客家汀江流域不仅分布着培田、芷溪、坪埔、苏竹等21座国家级传统村落，而且还拥有1座国家级历史文化名城，以及10座国家级历史文化名镇名村，具有悠久的历史和深厚的文化内涵。同时，区域内还有众多分布在偏远山区却尚未被发现的传统村落待挖掘。随着经济发展和城镇化水平的加快，这些传统村落正处于凋敝状态。因此通过本研究，促进人们对闽西客家传统村落的全面认知，提升人们对传统村落的保护意识，进而明确保护对象和范围。

（2）为闽西客家美丽乡村规划编制提供直接应用的规划理论体系。

通过分析闽西客家传统村落空间形态的营建策略，掌握传统村落规划布局理念与技术，形成以选址、整体空间景观塑造、布局模式选择、空间结构构建等为主体内容的规划理论体系，为引领当前山区美丽乡村的规划编制提供理论基础。

（3）探索传统村落保护的有效途径。

在农村经济高速发展的推动下，农村生活发生了深刻变化，旧有的民居及村落空间由于不适应生活需求而被否定成为必然。如果囫囵吞枣式地对传统村落进行全盘保护，这对某些以旅游为主业的村庄具有一定的现实意义，但对众多居住条件差且用地少的村落，并非行之有效的办法。笔者认为，延续村庄既有的文脉与布局模式，深刻领会村落的空间肌理和内在结构，探寻重内涵而不重形式的保护模式是传统村落的有效保护途径，这样方能解决保护与发展之间的矛盾。因此，通过本研究，有助于探索传承与创新的途径，研究传承的模式，为保护规划编制提出建议，切实解决保护与发展问题。

1.2 国内外研究现状

1.2.1 国外研究概述

1）聚落形态的相关研究

长期以来，西方学者对传统村落空间形态研究，主要围绕类型、保护以及演变机制等展开，各时期研究的侧重点不同。

（1）20世纪初至60年代前后——农村聚落的空间形态类型相关研究

聚集和散布是1928年德孟雄（Demangeon）提出的对村落形态的两种划分法，到1939年，他将法国村落划分为星形、团状和线形村落三类[11]。1961年，克里斯泰勒根据群集村落的规则与否分为规则型与不规则型，不规则型群集村落又分出街道村落、线形村落、庄园村落等[12]。从1972年起，藤井明调查与分析了40多个国家500多处聚落，2000年撰写了《聚落探访》，全面探析聚落选址、聚落形态、住居形态等内容[13]。

（2）20世纪60年代至80年代——农村聚落空间形态保护的相关研究

20世纪60年代后，国外相继出台系列文件，落实历史文化遗产保护。1964年，《威尼斯宪章》诞生，确定传统村落进入文化遗产保护范围。1976年，《内罗毕建议》诞生，进一步明确了保护范围：史前遗址、历史城镇、老城区、老村落及古迹群[14]。1982年《关于小聚落再生的特拉斯卡拉宣言》诞生，专项阐述小聚落的保护；1999年，《关于乡土建筑遗产的宪章》则提出，乡土建筑要保护好乡土性，必须保住建筑的典型特征[15]。

此类相关研究逐渐增多。鲁道夫斯基（Rudofsky）于1964年出版了《没有建筑师的建筑》，通过收集的150多张传统村落、民居照片，对乡土建筑进行集中的展示[16]。学者盖·鲁达（Gy Ruda）认为：整个乡村地区内恢复自然的、人文的建筑环境是实现乡村的可持续发展的重要途径[17]。拉普卜特（Rapoport）的 House Form and Culture 探讨民居聚落的空间形式，以及聚落形态与社会文化的内在关系[18]。瓦特沃斯（Vos

W.）和米克斯（Meekes H.）在 *Trends in European cultural landscape developmen* 中提出：欧洲乡村文化景观可持续发展利用的路径和策略是建构多功能的乡村聚落空间形态；只有通过居民获益，国家和政府权力下放，才能使乡村聚落的文化景观得到保护[19]。此外，拉扎里（M. Lazzari）在意大利南部应用 GIS 技术评价村落的历史建筑的保护状况[20]。

（3）20 世纪 80 年代以后——村落空间演化机制的相关研究

乡村聚落的空间形态演变近些年被众多学者关注。许多学者分别从文化、经济、社会、技术和政策等不同角度研究传统聚落空间形态演变的机制。斯佩丁（Spedding）于 1984 年从社会学角度探讨改变乡村社会聚落环境的路径与方法[21]；1990 年特纳（Turner）从景观学视角分析乡村聚落的生态机制和过程[22]；1995 年纳维兹（Na VehZ）从文化的视野揭示传统聚落演化的动力机制[23]；萨利赫（Saleh M. A.）在沙特阿拉伯南部乡土村落空间形态变迁的研究中，解释沙特乡土建筑和城市形态的消失的内在因素是现代化的压力和不断变化的文化动力[24]。2001 年，伊萨贝尔·马丁尼奥（Isabel Martinho）将人文与经济、社会、政治等结合起来进行研究，指出乡村聚落空间形态的文化机制是由文化传统、政治背景、市场经济、社会构成等要素构成[25]；而 2003 年，希尔万（Sylvain）对农业耕作方式变化带来的新乡村聚落进行了探讨，指出农村迁移过程和村落景观形态发展之间的关系，提出用各种农村动力学探讨传统聚落形态演化的方法[26]。此外，倪培春（Ni Pei-chun）在 2009 年以永安聚落为研究对象，探讨了都市发展对原有的生活环境基础的破坏和冲击，进而提出改善修复的方法与建议[27]；2010 年，丽萨（Lisa Dwi）以巴厘岛传统村庄为研究对象，运用形态类型学和形态学方法，研究文化入侵和同化作用下传统居住模式的空间演化机制[28]。

2）形态基因的相关研究

"形态基因"是国内学者将"Morphogenesis"转译而成，"Morphogenesis"一词由"Morphe"和"Genesis"两个单词组合，其原义是"形态生成"，即有机生物体的形态生成与演化过程，属于生物学的范畴。将这一生物学概念应用到城市形态的研究，最早是德国的斯卢特，他提出了"Urban Morphogenesis"的概念。此后，康泽恩学派将这一概念进一步演绎，由此形成"城镇平面格局分析法"，提出时间和空间维度的传统城镇的空间形态解析方法，在此基础上总结出"形态遗传优先性"结论，而这个结论正是对形态基因的有力注解。这种遗传优先权反映出各形态要素变异和遗传的强弱，如传统的街巷空间具有极强的遗传特性，不易产生变异，土地变异性最强，建筑变异性则居中。虽然，康氏的理论方法体系并未从基因的视角进行系统性的建构，但是其多维的空间解析框架及其研究结论为形态基因的研究开辟了新视野。

1.2.2 国内研究概述

我国村落的研究始于20世纪90年代，从中国期刊网的数据来看，自1979年至2013年，村落相关研究论文有17541篇，其中博士、硕士学位论文共有2323篇；村落空间相关研究论文有345篇，其中博士、硕士学位论文共111篇；村落形态相关研究论文有84篇，其中博士、硕士学位论文共39篇。

1）传统村落的相关研究

（1）类型与结构的相关研究

① 类型研究

从类型学上对村落形态进行分类是研究的起点[29]。村落空间形态类型分别从宏观、中观与微观的视角进行探讨。宏观层面，金其铭在1988年《中国农村聚落地理》中将我国的农村聚落形态分为散村与集村两大类，散村包括规则型和不规则两类形态；集村包括团状、带状和环状等3种形态[30]；陈晓键从分析关中地区乡村聚落分布特点入手，对其分布类型进行了初步区划，并通过乡村聚落空间形态演变和空间结构演变两方面的研究揭示造成关中地区乡村聚落类型差异的原因及其聚落分布逐步扩散和空间结构由松散向协调发展的过程。在此基础上，对乡村聚落空间发展模式进行了初步探讨[31]；李雅丽1994年在上述类型划分基础上，以陕北村落形态为研究对象，总结了陕北乡村聚落的位置和集镇分布特征、组织形态和平面形态及五种结构形式[32]；尹怀庭等在探讨陕西三大地区乡村聚落宏观分布的基础上，对各地区传统的农业乡村聚落的形成及发展的空间类型、原因作了比较研究，同时，总结了目前乡村聚落的一些空间演变趋势，进而将村落平面形态划分成聚集型、松散团型及散居型等三类[33]。中观层面，彭一刚从自然地理环境角度将村落分成：平地、水乡、山地、背山临水、背山临田、散点布局、渔村以及窑洞村等8类[34]；车震宇在《传统村落旅游开发与形态变化》中从旅游开发的视角分析影响传统村落外部空间形态和结构的因素，探索性地将旅游村落形态划分为渐变型、突变型、稳定型、恢复型及消亡型 5 类[35]。在微观层面上，业祖润和段进分别从不同视角对我国传统聚落空间形态进行划分。其中，业祖润认为传统聚落的空间形态应该分成集中型、组团型、带型、放射型、灵活型、象征型等 6 类[36]。

② 结构研究

村落空间结构研究内容主要包括村落形态各构成要素及其组织关系。首先，众多学者对乡村聚落空间结构定义的界定，最早的是范少言等，对乡村聚落空间结构的定义是农业地域中居民点的组织构成和变化移动中的特点，以及村庄分布、农业土地利用和网络组织构成的空间形态及其构成要素间的数量关系[37]，同时明确村落空间结构构成要素由村庄地域结构、社会结构、产业结构、土地利用结构及文化结构等组成，并将上述要素细分为如下二级指标：区位、分布形态、职能规模、演变的动力因素，以及动力模式、内部结构特征、景观外貌、类型、群体结构及乡村文化与地域环境的关系。对于聚落内部空间结构层次划分方面，范少言将聚落空间分为区域乡村聚落空间结构、群体乡村聚落空间结构、单体乡村聚落空间结构等 3 个层次。张小林在范少言所界定的概念边界基础上，进一步将乡村空间分成经济、社会、聚落三大空间结构[38]。其次在案例研究方面，李英等研究陕南的村落体系，揭示了不同层次空间结构受不同因素的影响，如整体空间结构受自然因素的制约，个体空间结构变化受到交通和非农产业的影响，民居院落的空间组织受农户经济收入的影响[39]。郭晓东在对陇中黄土丘陵区秦安县 1838～2004 年乡村聚落的时空演变过程进行模拟分析后，认为秦安县域近 170 年来村落经历了数量增长、规模扩张、等级增多和空间分布上由疏到密的演变过程。科学规划村镇，优化乡村聚落空间结构不仅是节约土地资源和保护生态环境的需要，也是建设社会主义新农村和促进城乡一体化发展的必然选择[40]；陈志文等对江南农村的宗族结构进行研究后，提出基于宗族特征的组团式、松散式、紧密式等 3 种空间结构[41]。此外，村落空间结构的案例研究还从传统美学特质、风水理念、单体建筑形式与村民生活生产方式等几方面进行机理分析[42][43]。

（2）保护与发展的相关研究

许多学者从对策建议、规划编制、模式建构、机制保障等方面展开了广泛而深入的研究。单德启以广西融水苗寨木楼改建为例探讨欠发达地区的传统村落保护与发展问题，认为谋求经济发展、脱贫致富和改善生活是主要路径，提出少量传统民居保存和大量民居改建的规划策略，强调在"消费"传统的同时，还应生产和创造传统[44]。罗德启提出了保护文化和消除贫困传统村落保护与利用的措施[45]。在保护与发展的模式研究方面，孙璐通过楠溪江地区古村落机理成因机制的调查，提出在调查中发现的许多乡土建筑在现代社会中所遇到的问题，并探求这些问题的成因和解决方法，认为住宅与村落环境和自然环境相协调应是解决保护问题的出发点和基石[46]。吴承照分析历史保护与发展间的主要矛盾后，提出补型与共生型两种保护模式，以及基于旅游视角的三种发展模式：大城市依附型、风景区依附型和规模自主型，创新性提出传统村落可持续发展的前提是文化保护与发展经济，动力是文化经营与社区旅游，约束是生态安全与容量控制[47][48]。朱光亚认为发展是古村落生存的基本形式，并提出面对发展的具体问题，这些问题都是围绕生活方式与经济发展提出的[49]。张鹰基于"愈合"概念，调研分析福建省周宁县浦源村的自然、人文环境资源，从技术层面研究保护古村落自然、人文环境、传统建筑风貌以及改善乡村居住环境的方法，依此探索乡村现有人居环境资源的有效利用途径[50]。阮仪三对保护与更新方式进行探讨，认为保护更新需从整治风貌和改造设施两个方面入手，进而提出处理好保护与更新，以及旅游与生活的措施[51]。李艳英以福建省南靖县石桥村为研究对象，深入研究村落的生长记忆——空间形态，从点线面、图底关系探讨村落的空间构成，并从中挖掘乡土建筑特色——建造材料、建筑形式、空间等。在保护的基础上通过居民参与、旅游开发提倡一种整体的、自发的、延续的，能统一社会利益、经济利益、环境利益和城市文化利益的发展模式[52][53]。田密蜜以诸葛村景观旅游开发和履坦镇景观改造设计为例，通过研究新农村建设时代要求和古村落保护的历史重任，联系古村落景观空间形象的表达，针对当前古村落景观保护中存在的问题，探讨在当前历史任务下，如何实现古村落景观的保护与发展，以使古村落在新时期焕发新的生机和活力[54]。

（3）演变机制的相关研究

国内对村落演化机制的研究早期都集中在安徽、江浙一带。陆林等从历史发生学的视角，通过对徽州呈坎、棠樾、宏村和西递等4处典型村落演化过程的分析，探讨村落演化的经济、社会、环境、宗族、文化等各要素的影响机理，提出经济基础是村落发展的根本动力[55]。姚光钰[56]、陈伟[57]、马寅虎[58]及张晓东[59]等探讨风水对村落形态演化的动力机制，通过分析徽州西递、宏村等乡土建筑和整体形态的形成、发展与演变过程，研究风水与规划、生态的内在关联性。陈志华运用动态的研究方法，针对建筑类型、形制、构造方法、形式风格和聚落形态等内容，纵向比较楠溪江村的社会、经济、文化发展与村落整体和房屋形态的关系，横向比较不同区域的形态特征和演化机理[60]。李立以江南地区的乡村为例，在宏观的时空范围内分析乡村聚居形态演化的一般过程和作用机制，并从自然环境、文化特质、自然经济、城镇化等视角纵向分析村落演化的机理，总结新形势下乡村聚居形态发展的一般趋势，并指出调整将是今后聚居空间发展的主旋律[61]。范少言从农村经济与村民生活方式入手分析村落形态结构演化的内在机制，提出乡村聚落空间结构演化的四个不同阶段：发育阶段、发展阶段、成熟阶段和鼎盛阶段[62]。庄齐从文化的视野探索闽南惠安县的陈埭村村落空间发展脉络和演变过程机理，分析宗族发展对村落形态演变的作用机理[63][68]。邢谷锐从城镇化的视角研究乡村聚落空间的演变，认为城市化进程中乡村聚落空间的演变受到用地、人口、产业、设施和观念等多方面因素变化的影响，并根据自身发展趋向与城乡空间演变特征的差异性，将乡村聚落空间演变的类型归纳为主动型、被动型和消极型，同时对其发展演变特征分别进行分析总结[64][65]。

（4）研究方法的相关研究

早期的村落形态研究大量采用描述性、定性的分析方法，典型的研究手段是基于点、线、面及图底的关系研究村落的空间构成[66]。近年来，学科融合与新技术逐渐在形态研究中广为应用，特别是以定量为主导的新研究方法和手段运用后，取得了丰富的研究成果。如彭松的非线性分析法，尝试用非线性的元胞自动机模型法模拟村落的生长演变过程，为传统村落的形态研究提供新思路[67]；王浩锋采用空间句法，对徽州村落空间形态进行量化分析，进而探究宗族形态和经济结构的关系，阐明宗法制度对村落形态演变的作用，提出在社会宗法制度下的祠堂和书院等公共建筑受制于宗法制度而呈现出的空间形态与分布特征[68][69]。还有一些学者引入数学模型和统计学方法，如王恒山运用系统工程的思想，以决策支持的理论为核心，把数学模型和地理信息技术相结合，制定决策的基本模型，采用定性和定量相结合的决策方法制定科学合理的村庄搬迁合并方案[70]；管驰明等利用概率累积曲线与频率曲线，定量与定性相结合分析平湖市乡村聚落群的等级体系结构、组成规则和演化过程[71]。此外，地理学的 RS 和 GIS 技术进入新阶段，推进村落空间系统研究的准确性和系统性。如汤国安等在探讨陕北榆林地区乡村聚落的空间分布规律与区位特征的基础上，综合应用基于 GIS 的缓冲区分析、多层面的复合分析等空间分析方法，揭示了该地区乡村聚落的空间分布受自然条件与人为因素影响的基本特征[72]。王红等使用弹性理论，预测分析贵州黔东南侗族村镇生态空间环境未来演化趋势，揭示新村镇的扩张是造成生态安全威胁的主要因素[73]。

此外，文献法、多层次法、动力学法等方法开始应用于村落空间形态的研究。如张杰应用文献学的互相印证法推断村落空间演化[74]；郭晓东应用多层次法建构乡村聚落空间结构演变的解释性框架[75]；肖莉等在设计形态结构动力学模型的基础上，研究聚落的形态受力过程、运动状态与动力变化规律[76]。

2）形态基因的相关研究

（1）规划学与建筑学学科的相关研究

国内应用形态基因研究城镇形态的研究成果多集中在规划学和建筑学两个领域，较具代表性的当属同济大学杨扬的《城市形态基因作为城市设计空间生成的依据》与天津大学苑思楠的《传统城镇街道系统的空间形态基因研究》两篇硕士论文。杨扬从城市空间形态层面提出形态要素、要素性状和形态基因等概念，认为形态基因是控制城市形态要素性状构成的逻辑，包括要素性状的构成规律以及为何生成该性状的原因两部分。该研究立足城市设计，将城市形态要素分成土地使用、网格、街道和建筑平面等，并以此对上述要素确定形态性状指标为：生命力和混合度、渗透度、开放度及图底关系，同时分析各要素的构成规律和内在逻辑。与杨扬不同的是，苑思楠则从生物遗传学视角研究传统城镇街道系统的空间形态，结合街道的形态特征，提出基因组和基因条目的概念，认为传统城镇街道具有形态基因性状的稳定性、相似性和突变性等特征，通过分析影响街道系统形态基因的要素，建构传统城镇街道体系形态基因的量化描述模型，应用空间句法分析街道空间形态基因的演化过程，并以分维值作为核心指标描述街道弯折复杂程度。

（2）景观学学科的相关研究

此外，景观学应用基因概念系统探讨城镇空间形态，具有代表性的当属刘沛林的学术团队。刘沛林结合长期的古村落文化特征研究实践提出的景观基因概念，将景观基因分成原始基因和变异基因等两类，其核心内容是运用生物学中的基因分析方法来识别传统聚落在形态、类型、建筑等方面的文化特征，并确定整体布局、民居特征、图腾标志、主体性公共建筑、环境因子和基本形态等作为传统聚落文化景观基因的6个景观一级因子。该团队结合城市形态学的方法与景观基因的概念，分析了我国典型传统聚落在空间上的形态特征，通过图形符号简要地表达了它们的形态特点，由此提出了"胞—形—链"的理论，认为"胞"表现为时间序列上的变形性与空间上的继承性与变异性，是聚落景观构成的基本适时单元；提出"形"的6种基本性状：正方形、长方形、拟方形、椭圆形、圆形、不规则形等6种基本形状；解释"链"的本质是等级规制式和因地制宜式的结果，是胞与胞之间的关联形式。

1.2.3 研究述评

相关研究的综述表明，村落形态的研究近20年获得了一定的学术成果。综合这些研究成果，总结如下几个特点。

1）村落空间形态概念模糊

在界定村落空间形态概念方面，各学科基于自身的学科特点，缺少统一的认识，导致村落空间形态概念混乱。因此，许多研究成果在不同空间概念间游移，导致研究内容不明确，研究对象不确定[77]。

2）用地形态理论研究薄弱

用地形态是物质空间形态的一个方面。当前物质空间形态研究成果大多在建筑学科范畴内，建筑学科通常将二维的用地形态与建筑实体视为物质空间并作为城市建设的主要内容和对象[78]，以建筑实体空间为主，用地空间为辅，形成相对成熟的研究理论框架与方法，探讨村落形态的特征。事实上，二维用地形态与三维空间形态在概念边界上虽有交叉，但二者的内涵有本质差别。用地形态与地理学科、规划学有着更为紧密的关联性，这从现有地理学科和景观学的研究成果可见一斑。我国形态学的兴起正是建立在地理学科对于聚落用地的一系列研究上，地理学对于聚落形态的研究大部分聚焦在聚落分布、形态类型、机制等宏观方面的专业思考，尚未对用地形态进行专项的研究探讨。而规划学对用地形态研究具有先天优势，因为其本身的核心理论就是探讨用地资源的优化配置问题。但从目前研究成果看，规划学科视角研究成果，特别是专门对村落用地形态进行研究的成果较少。

3）多维度形态分析方法尚需完善

目前的研究成果中，多尺度村落形态研究主要分布在建筑学科领域，如揭鸣浩的《世界文化遗产宏村古村落的空间解析》中,村落的空间要素分为整体空间、街巷空间和建筑空间等三个尺度空间,并从整体空间、内部空间、组团邻里空间和住宅单体空间四个层面对村落空间形态进行解析[79];张晓东的硕士论文《徽州传统聚落空间影响因素研究——以明清西递为例》中,村落空间形态分成整体形态、宅居邻里和居住单元等三个层面[80]。从时间维度探讨传统聚落形态的研究成果集中在地理历史学领域,较为典型的是引进康泽恩的"城镇平面格局分析"方法,对北京、广州市的传统街区、山西的平遥古城等形态研究,将时间与空间二者结合起来,分析传统聚落的演化过程和机理。但是,康泽恩的理论在我国形态研究的应用上尚处初级阶段,受到研究前置条件的局限,如何结合我国的现实条件,创新构建基于我国特色的形态理论框架,还需时日。特别是为数众多的传统村落的形态研究,结合该理论,尝试建构村落形态演化过程、特征总结和机制分析的理论框架体系和方法,尚有大量工作要做。

4）研究方法上还需多学科的交叉融贯

构建形态演化过程解析、规律总结和机制探讨等系统、完整的研究方法,需要学科的交叉与融贯,但目前的研究成果大多停留在自身的研究领域里。虽然我国形成以地理学、建筑学、规划学为主,历史学、考古学、景观学、社会学、经济学、信息学（GIS）、环境学、心理学、生态学等相关学科参与村落形态研究的局面,但是大多学者均从各自学科关注的角度对传统聚落进行解析,缺少学科之间的交叉综合研究[81]。

综上所述,从规划学的视角,构建多维度的用地形态特征演化解析框架,多学科融贯地量化描述、剖析和总结用地形态演化特征、动力机制,从而为新的社会经济背景下的传统村落的用地形态研究提供系统的框架,为传统村落的保护与发展规划编制提供理论参考与技术支持。

1.3 研究目的与主要内容

1.3.1 研究目的

本研究旨在通过建构规划学主导的传统村落用地形态研究体系,揭示闽西客家传统村落用地的形态特征、演化规律和演化机制,提出保护发展的规划策略。

1.3.2 研究内容

1）建构规划学主导的用地形态基因研究体系

以规划学的用地类型、用地布局和用地指标为核心内容，融合遗传学的基因元、基因链和基因性状的概念，提出"形态基因"理论模型。据此，融合形态学、景观学、遗传学的相关理论，建构传统村落用地形态基因的研究体系。

2）建构闽西客家传统村落的典型性甄选模型

针对闽西客家村落的人文基础、形态共性和形态类型等一般性特征，应用层次分析法，建构典型性甄选模型。在此基础上，通过闽西客家的21个国家级传统村落典型性分值的计算和比对，甄选出典型代表。

3）揭示闽西客家传统村落用地形态基因特征

针对甄选出的闽西客家传统村落典型代表，应用所建构的研究体系，对典型传统村落开展用地形态基因的研究，主要通过描述村落用地形态基因性状，分析其演化规律，解释演化动因，进而归纳用地形态基因特征。

4）提出闽西客家传统村落基因传承规划响应

通过基因动因机制的分析，揭示基因传承优化存在的现实问题和规划困境，进而建构基因传承优化目标体系，制定整合和优化驱动力的政策机制，提炼传承模式。在此基础上，提出建成区、主要功能用地和住宅建筑基底平面等三个层次的用地规划响应策略。

1.4 研究分期与特征解析

1.4.1 研究分期

根据闽西客家汀江流域经济发展的历史脉络，结合培田村落宗族繁衍的资料信息，采用简分与细分相结合的分期方法，培田用地形态变化大致划分为如下四个历史时期：

1）明清时期（1368～1911年）

（1）明朝时期

（2）清朝时期

2）民国时期（1911～1949年）

3）中华人民共和国成立至"文革"时期（1949～1978年）

4）改革开放时期（1978年至今）

（1）1978～2005年

（2）2005年至今

1.4.2 特征解析

封建时期由明朝与清朝两个子时期组成，其中明朝时期是村落用地形态的形成期，清朝时期则是发展期。由于历史记录资料缺乏，只能对早期的街道系统与地块形态作大致推测。清朝时期根据保留的各个时代历史建筑，作为判定地块变化特征的依据。此外，本文根据一些章节研究的需求，如基因成因的机制分析上，需要对村落宗族的发展做详细分析时，将明清时期宗族和经济历史脉络进一步细分为发育、发展、繁荣和鼎盛四个阶段，但不影响用地形态的总体分析。

民国时期街道、地块以及建筑形式变化不大，与清末时期用地形态基本相似。

中华人民共和国成立至"文革"时期的用地形态变化主要集中在外部的南北两侧，内部则受到明清时期道路固化的影响，街区形态变化不大，所增加的建筑为填充式，没有改变原有地块的产权，因此，该时期用地形态可以基本确定为明清时期基础上的建筑叠加结果。

改革开放时期，用地形态演变事件的节点为培田村被评为国家级历史文化名村后，即2005年。2005年前，村落用地形态仍在向外围扩展，占用东部农田用地，该阶段新增建筑并未改变原先街区格局。2005年后，村落用地形态发展受到外力的强力干预，形态演变模式从自组织向他组织转变，他组织的主体是政府与旅游组织，以及重构的宗族组织，其目的主要是对村落街区用地形态的保护与修复，建筑不再增设，原有建筑功能因现实需求而进行调整，街区与用地格局得到保护和修复。

1.5 研究方法及研究框架

1.5.1 研究方法

1）区域与个案分析结合

在自然环境与历史文化的背景下探析闽西客家传统村落的空间形

态的变化过程，选择具有典型性的传统村落进行比对，目的是点面结合，从典型个体的形态变化中寻找潜藏的演变动力与具有普遍性的演变规律。

2）田野调查与文献分析

查找整理文献资料、田野实地踏勘是收集基础性材料的主要环节。文献资料包含族谱、县志、当地年鉴、有关部门给出的图文与此前的研究成果。田野调查包含实地踏勘、访谈录、派发问卷、进行测绘等。为开展研究，笔者拟调查分析闽西客家 21 个国家级传统村落。

3）时间与空间维度分析

多维比较，含纵向比较与横向比较。纵向比较是以时间为轴，分为四个历史时间段，即明清、民国、中华人民共和国成立后至"文革"时期以及改革开放时期，分析闽西客家传统村落用地形态基因的演化过程、演化机理。横向比较基于建成区、主要功能用地和住宅建筑基底平面等三个不同尺度，将传统村落分为自然变化与外力作用两类的动力类型、动力主体和动力作用过程，并且对基因传承与优化制定目标，提出规划建议，设定基因传承模式，制定传承的保障机制。

4）多学科交叉融贯方法

本文拟采用多学科融贯的方法，围绕规划学科的核心问题，融合生物遗传学、景观学、形态学以及康氏的"平面格局分析法"，建构用地形态基因的理论模型，提出用地形态研究的研究路径，进而建构用地形态基因的研究体系。

1.5.2 研究框架

研究框架如图 1-2 所示。

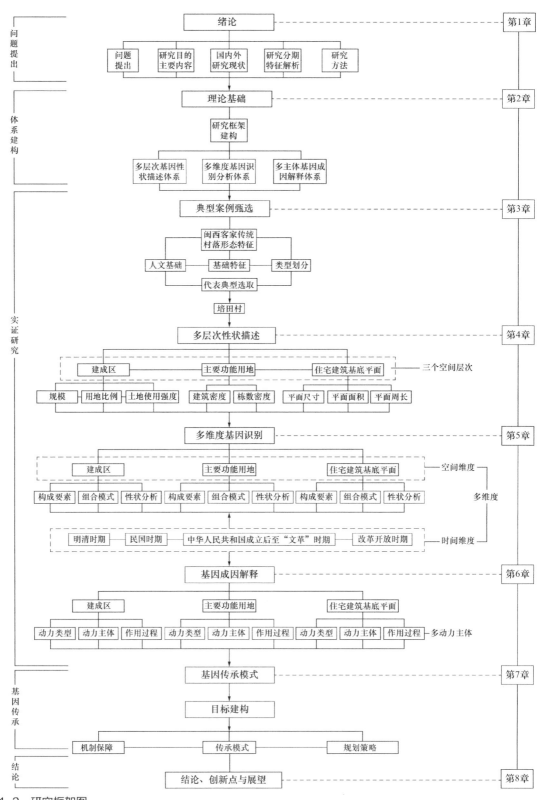

图 1-2 研究框架图

资料来源：笔者自绘

第2章 理论基础：传统村落用地形态的理论基础

2.1 概念内涵与研究框架建构

2.1.1 用地形态概念内涵

1）形态与形态学

形态（Morphology）一词在希腊文中有两层意义，即 morpho（形）和 logos（逻辑），其意是指形式的构成逻辑[82]。《辞海》对"形态"的解释是形状和神态的总称，即事物在一定条件下的表现形式。有学者认为形态有狭义与广义的差别，狭义的解释是指具体的空间物质形态，广义的解释是指除物质形态外，还包括非物质形态的内容[83]。

"形态学"（Morphology）是生物学的术语，指的是生物有机体的外形和各部分的组成的逻辑关系，亦指形式的构成逻辑。后来，城市形态学（Urban Morphology）借用了这个词，意将城市看作是一个生命有机体，它的发展、演进与生命有机体有着相似的规律，遵守共同的原则。城市形态是表象的，是构成城市所表现的发展变化着的空间形式的特征，是一种复杂的经济、社会、文化现象和过程，是在特定地理环境和一定的社会经济发展阶段中，人类各种活动与自然环境因素相互作用的综合结果，城市形态的变化恰恰是探求城市发展规律的一个重要方面[84]。

2）村落形态

村落形态在建筑学科、地理学科中通常指的是村落的空间物质形态[85]。20世纪80年代，金其铭将农村聚落形态定义为"农村聚落的平面形态"，即聚落内部各组成部分之间的结构，周若祁等将村落形态进一步界定为"由住宅地、耕地、山林、河川与道路等共同组成的景观表现，指出村落形态的构成内容"[86]；蔡凌则认为村落的形态指的是聚居的外观形象，主要表现为村落平面的形式和村落在空间高度上的形态[87]。

3）村落用地形态

不同属性空间对形态的定义不同。本书着重从物质空间的视角，结合金其铭对村落形态的定义，及蔡凌对村落形态的划分类型，将村落用地形态的概念界定为村落建成区平面外在形状特征与内部各构成要素的组合关系及作用机理。

2.1.2 用地形态基因概念

1）基因概念的引入

（1）基因的概念

基因是一个生物学的概念，它是指遗传信息的载体，可以通过复制把遗传信息传递给下一代，从而使后代表现出与亲代相同的形状。最早提出基因相关概念的是遗传学的奠基人孟德尔，他通过对植物杂交的研究，提出遗传因子的概念，并发现遗传因子的分离定律和组合自由定律[88]。在此基础上，丹麦遗传学家约翰逊于1909年在《精密遗传学原理》一书中提出了"基因"的概念，相当于孟德尔在豌豆实验中提出的遗传因子。基因不仅是一个遗传物质在上下代之间传递的基本单位，也是一个功能上的独立单位[89][90]。

遗传学发展的早期阶段，基因被认为仅是一个逻辑推理的概念，不是已被证实的一种物质和结构。此后，随着科学研究水平的提高，基因的概念从宏观到微观方面不断被修正和发展。20世纪30年代，基因被证明为以直线形式排列在染色体上，因此人们认为基因是染色体上的遗传单位。1953年，沃森与克里克相继提出DNA的双螺旋结构后，基因被普遍认为是DNA的片段，明确了基因的化学本质。20世纪60年代，S. Benzer研究基因内部结构，并把DNA片段区分为突变子、呼唤子和顺反子等三个不同单位。本泽进而从分子视角对基因进行了研究，认为基因是DNA分子上的一个个片段，经过转录和翻译能合成一个完整的多肽链[91]。

基因是DNA分子上具有特定功能的脱氧核苷酸组合序列[92]，是遗传物质的最小基本功能单位。DNA分子上某个位置点上核苷酸的排列序列所组成的基因链决定生物体的性状特征。

值得注意的是，生物遗传学的基因概念是分子DNA的位置点上核苷酸按照一定的规则排列而形成基因链，不同的基因链体现出不同的生物性征。因此，生物基因有基因元、基因链和形态性征三个要素构成。

（2）用地形态与生物体的相似性

本书将生物遗传学的基因概念引入形态学领域，主要基于用地形态与生物体，其存在如下四个方面的共性。

① 传统村落用地形态与生物一样，内在规律及其变化特征具有较强的相似度。村落用地形态可以看成若干构成要素按照一定的规则形成组合模式，并表现出一定的形态性状。而生物体形态基因则由核苷酸（基因元）排列而成的基因链构成，其在 DNA 上的特定位置点表达出特定的性征。因此，村落用地形态与生物体具有相同的内在结构与变化特征。

② 用地形态与生物体一样，在演化过程中具有遗传与变异的特性。村落用地形态稳定遗传或变异主要取决于基因链的稳定性，即构成要素（基因元）、组合模式（基因链）的稳定，形态性状的变化是基因稳定程度的外在表征，这与 DNA 在分子上控制某性状的位置点的核苷酸排列所发生变化引起的生物体变化相似。

③ 用地形态基因易受到诸如经济、社会、文化、技术、自然条件等内外环境变化，导致基因链排列秩序或基因元突变，从而促使形态基因的演变。而生物体的基因变异也是内外环境的变化所致。因此，传统村落用地形态的发育、生长与变异具有特定的环境背景。

④ 生物基因控制生物个体内不同层次的性状，如细胞—组织—个体的性征受到不同位置点基因链的控制。同样，村落内的建成区—功能用地—建筑基底平面受到不同基因的控制，表现出不同的形态性状。

（3）用地形态与生物的差异性

上述用地形态与生物的相似性是以生物基因学概念作为解析用地形态演化的认识论基础，但不应将用地形态与生物体完全等同，只有进一步清楚地掌握二者的差异性，才能客观地应用生态遗传学的理论工具，科学地构建出一个行之有效的传统村落用地形态演化解析的方法与路径。通过用地形态特性分析，笔者认为村落用地形态与生物体具有如下差异。

① 虽然用地形态与生物一样，都是一个具体的物质，但是，生物体的基因是基于分子的视角，是微观的、不可见的。而用地形态是宏观的、可见的物质空间。

② 生物体的基因是在生命过程中体现，具有很大的先天因素，需要通过多样本的基因分析，才能进行识别。而用地形态基因体现在历史演化过程中，是一个时间与空间的叠加结果，需以时间与空间两条线索进行基因识别。

③ 用地形态基因是某个社会群体在内外环境作用下的演化结果，而生物的基因则是种子或胚胎的先天成果[93]。

（4）引入用地形态基因的实质意义

引入用地形态基因概念的意义在于将微观与宏观的基因分析方法导入形态学领域，尝试性构建传统村落用地形态的研究方法与技术，目的是设计传统村落用地形态演化解析的一种方法和路径，为未来不同文化区的传统基因库的构建提供前期的理论准备和技术手段。

2）用地形态基因概念

结合生物遗传学基因的基因元、基因链以及性征的概念论述，传统村落用地形态基因的定义是二维物质空间形态内部各构成要素（基因元）按照内在的规则和逻辑而形成的组合模式（基因链），并表现出特定的形态性状（性征）（图2-1）。

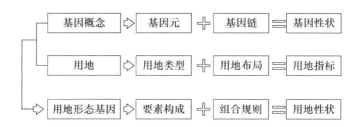

图2-1 基因概念与规划学用地融合推演图

资料来源：笔者自绘

用地形态基因受到经济、社会、文化、技术以及政治制度等内外环境变化的影响，在用地形态的时空演化中，呈现遗传和变异的特性。因此，通过对不同时期用地形态基因成因的分析，可以揭示用地形态演化的内在规律和深层机制。

2.1.3 形态研究框架建构

1）"描述—分析—解释"：城乡空间形态研究途径

一般而言，城市空间形态研究具有两种类型，一是分析性研究，二是解释性研究。分析性研究关注的是空间形态"是什么"，具体包括对空间形态的描述，以及对空间形态特征的规律总结；而解释性研究则关注"为什么"和"如何"，具体包括探究空间形态形成机理与成因[94]。

在日益注重经验研究的城市空间形态成因机制研究中，分析性和解释性研究已经成为紧密联系的两个方面，"分析的结果往往被用来检验或建构关于城市空间形态和社会过程之间相互关系的各种假设"[95][96]。栾峰在分析社会科学中的分析和解释性研究发展趋势的基础上，认为不同学科空间形态研究与其哲学基础关系紧密，即不同的研究取向及其对应的哲学基础极大地影响着研究与不同理论流派的形成和演变，同时提出不同研究视角产生不同的社会科学研究的途径，最后解释对于社会学研究中的分析性和解释性研究之间的紧密相关性，认为社会学研究中的解释在本质上是"常理世界的解释"。在此基础上，他从城市规划专业视角构建城市空间形态"分析—解释"的研究途径。但在笔者看来，空间形态的分析首先是在对空间形态客观描述基础上进行的规律总结[97]。当然，对于空间形态的描述常常会被研究者自身的学科定位和哲学基础所左右，但正是这种客观的描述，才是分析和解析的研究基础。因此，空间形态的研究路径可以理解为"描述—分析—解释"的逻辑过程。

2）路径设计："性状描述—识别分析—成因解释"

根据上述空间形态研究的途径分析，引入生物遗传学的概念，笔者尝试构建基因的"性状描述—识别分析—成因解释"的传统村落用地形态研究方法与路径。其中，基因性状可与用地形态特征对应，基因识别是在用地性状客观描述的基础上归纳性状演化规律，并依次探讨用地形态构成要素、组合模式与性状之间的内在关系；而基因成因则是在基因识别基础上的动力机制的解释。当然，本书将村落视为生物体，其基因具有传承与变异的特性。因此，本书是研究建构用地形态基因的研究体系，其目的是揭示用地形态基因的传承与变异特性，探索性地制定基因传承的规划策略和规划响应。

3）研究体系建构

根据上述研究路径，本书以传统村落用地形态演化机制的解释为目标导向，植入基因的"基因元—基因链—基因性状"概念，构建"性状描述—基因识别分析—成因解释—基因传承"的用地形态研究体系（图2-2）。

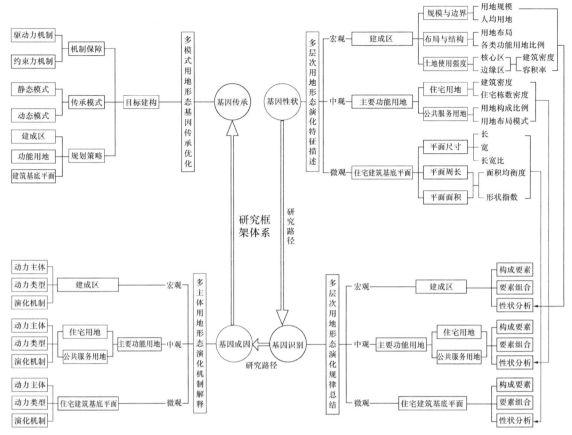

图 2-2 传统村落用地形态研究体系架图

资料来源：笔者自绘

2.2 演化过程的基因性状描述体系

2.2.1 康氏的理论启示

康泽恩学派研究的是城市布局如何形成、变迁以及各组成部分如何融为一体。康泽恩把城市景观分成若干组成部分，经过实地调查与档案研究，他提出城市形态由城镇平面、建筑类型和土地使用模式等三种形态要素组成。其中，城镇平面由不同等级的平面单元组成，平面单元则包括道路、街道系统、地块组合和建筑基底平面等四个二级因子；建筑结构包括建筑平面、立面和建筑风格等三个二级因子；土地建筑使用模式则是由单级因子组成，即不同性质的用地组成[98]（图2-3）。

可以说，康泽恩学派的形态学理论更多地立足于对城镇用地形态的分析。在规模较大的城市，其城镇平面单元与我国控制性详细规划中的规划控制单元有许多相通之处；规模较小的城镇，不仅城镇平面与控制性详细规划内容相重叠，土地使用模式也与总体规划相匹配，而建筑结构则与修建性详细规划要求相联系。因此，康泽恩学派虽然立足城市地理历史学的范畴，但其研究领域已经覆盖到城乡规划学的领域，并和我国的城乡规划体系产生某种程度的契合。

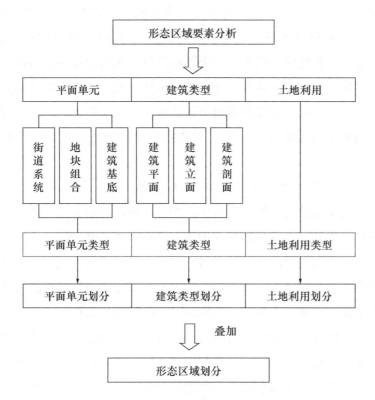

图2-3　康泽恩学派基础研究框架图
资料来源：周颖《康泽恩城市形态学理论在中国的应用研究》

当然，康泽恩学派的核心思想是通过不同历史阶段、不同层次的城市形态特征演变解读，探究形态演化背后的经济、社会与文化机制，进而提出城镇历史景观管理的概念[99]。自2001年，谷凯首次把康泽恩学派的理论介绍到中国，并与康泽恩学派的继承者——英国伯明翰大学的怀特汉德合作，开始进行跨文化的城市形态研究，其后华南理工大学的田银生教授参与，分别对北京、广州以及平遥古城开展研究，并取得了丰硕的研究成果。目前，我国康泽恩学派理论研究对象基本聚焦在历史文化名城和名镇上，对传统村落的研究涉足较少，主要原因在于受到康泽恩理论应用前置条件的制约。康泽恩城市形态学理论在欧洲的发展是十分成熟的，这在很大程度上得益于欧洲完善精确的地图资料和土地权属历史信息等，而中国的城市普遍存在历史资料有限、精确图纸匮乏等现状[100]，村庄的情况更是如此。

基于上述康泽恩学派的理论认知，针对传统用地形态研究，笔者得到如下启示：

（1）多层次构建用地形态性状描述体系

康泽恩学派利用不同历史阶段传统城镇街道固结的特性，通过对街区、地块和建筑基底不同层次的形态解构，自下而上地分析城镇形态演变的规律。可以说，街区、地块与建筑基底平面的划分是康泽恩的主要研究方法和前置条件[101]。本书尝试将传统村落用地形态分成建成区、功能用地和建筑基底平面三个不同尺度，虽与康泽恩的城市形态没有对应关系，但是建成区及功能用地和街区、地块存在内在联系，一般建成区由街区组成，功能用地由街区或地块组成。因此，此类分层法可以借鉴康泽恩学派的研究方法，对传统村落用地形态进行自下而上的解析。

（2）多方位采用城乡规划学的指标体系

康泽恩学派的城市形态解析体系中，与我国城镇总体规划、控制性详细规划及修建性详细规划等规划体系具有很大的契合度。传统村落的用地形态，可参考康泽恩学派对城市形态二级因子的构成，尝试性地结合当前我国城乡规划编制体系的相关内容，制定建成区、功能用地与建筑基底平面的二级特征因子，为村落用地规划提供参考。

但是，由于历史地图资料以及土地权属信息的缺乏，本书在应用康泽恩学派的理论上受到一定程度的限制，特别是古代与近代时期的平面单元、建筑类型与土地利用等图纸的绘制缺乏精确的资料信息，三图叠加不能客观地反映村落形态的演变规律。基于上述因素，本书用地形态演化过程的解析并非完全套用康泽恩学派的理论体系，仅是受到其研究内容与方法的启示，在解析体系上构建多层次的分析框架，并充分利用传统街区道路的固结特性，将建成区、功能用地的分析与街区地块有机结合，确保用地形态自下而上的分解。

2.2.2 康氏的融贯应用

1）规划学视角的用地形态理论

（1）城市用地形态理论方法

我国对城市形态的研究始于20世纪80年代，但针对用地形态的研究成果不多，典型代表是段炼的《城市用地形态的理论建构及方法研究》，其论文从用地形态的"形"的认知与"态"的探索构建了较为系统的理论方法[102]，并结合城市规划与建设的实践，将形态划分为都市区、城市规划区和城市建成区等三个层次,建成区形态又分为稳定区、可填充区、再发展区和历史文化保护区等四个次层次,提出了城市土地区位(地价)与开发模式、形态类型(形态学体系)、城市风貌特色建构,及其旧城更新及历史街区保护发展等四个重点研究内容[103](图2-4)。从建成区的层次间关系分析,四个层次属于平行关系。该理论虽与本书建成区层次划分标准不同,但其利用"形"与"态"将用地形态演化特征与机制分析整合成较为合理的逻辑关系,以及紧密结合城乡规划学构建城市用地形态解析的理论方法,是本书借鉴的主要内容之一。

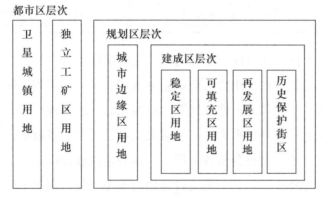

图2-4 城市用地形态层次划分

资料来源:段炼《城市用地形态的理论建构及方法研究》

(2)村落形态的相关研究

针对村落形态的解析,国内已有大量的研究文献,但对于物质空间形态的研究,多见于建筑学科的研究成果,研究主要针对个体村落的形态,并对形态特征的解析向纵深发展[104]。如揭鸣浩《世界文化遗产宏村古村落的空间解析》中,村落的空间要素分为整体空间、街巷空间和建筑空间等三类,并从整体空间、内部空间、组团邻里空间和住宅单体空间四个层面对村落空间形态进行解析[105];张晓东的硕士论文《徽州传统聚落空间影响因素研究——以明清西递为例》中,村落空间形态分成整体形态、宅居邻里和居住单元等三个层面[106]。上述两类研究都是从建筑历史学视角分析村落形态,因此对村落形态层次划分可以理解为不同规模、不同功能的建筑组合。虽然此种形态解析方式与本书有很大不同,但文中从住宅基本构成—建筑单元—住宅单元—组团邻里—居住单元自下而上的解构模式值得借鉴,特别是建筑基底平面的要素构成和组合模式的分析方法,为本书住宅建筑基底平面的探讨提供思路。此外,相关住宅建筑基底平面的研究成果,如石玉的硕士论文《建国后大阳镇民居建筑形态的演变及成因研究》,通过制定建筑平面的面宽、进深、长宽比及面积等四个要素的量化分析,研究民居建筑形态演化规律[107],

对本书住宅建筑基底的形态分析也有很大的启发。

2）平面单元与村庄用地分类对接模型

为了确保平面格局分析法在本研究中的有效应用，本书通过划分用地形态的层次和演化历史阶段，实现与平面单元的对接（图 2-5）。

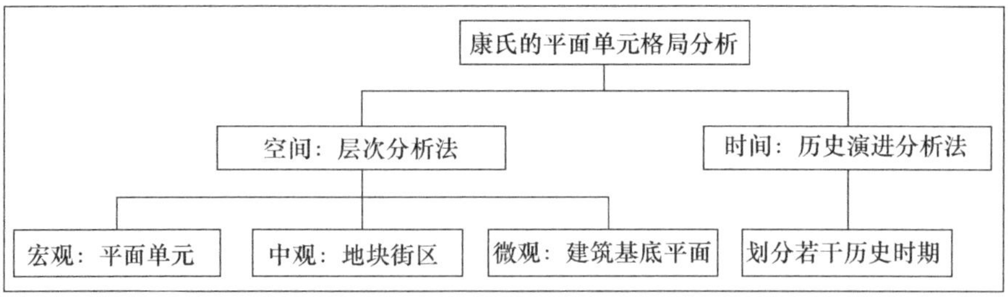

图 2-5 平面格局分析法的研究方法描述图
资料来源：笔者自绘

首先，平面单元分成街道系统、地块与街区以及建筑基底平面等三个子系统。为此，村落用地形态则划分成建成区、功能用地和建筑基底平面，形成"平面单元—建成区""功能用地—地块或街区""建筑基底平面—住宅建筑基底平面"三个对接关系；其次，平面单元是采用历史演进分析方法，通过分析各个形态时期的地块或街区的形态，探讨平面形态的演化特征。为此，传统村落用地形态可划分成若干历史阶段，以此分析用地形态演化特征（图 2-6）。

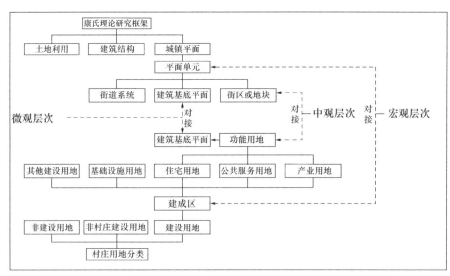

图 2-6 平面单元与村庄用地分类对接模型
资料来源：笔者自绘

2.2.3 描述体系的构建

1）多层次用地形态的构建

基于相关理论基础的总结，以及平面格局单元与传统村落用地形态对接模型，本书尝试性建构多层次用地形态基因性状描述体系，并将城乡规划编制体系的相关内容纳入用地形态特征因子中。将传统村落用地形态分为建成区用地、功能用地与建筑基底平面三个不同尺度。

2）规划学用地指标的设定

（1）规划学科的形态基因量化描述

规划学科领域，是以基因的视角研究聚落形态的成果，其中可以借鉴的是对形态基因描述方法的研究成果，如苑思楠的《传统城镇街道系统的空间形态基因研究》。该研究以基因学为切入点，提出传统街道系统的空间形态解析框架，结合基因组、基因条目的概念组合空间形态要素[108]，构建形态分析框架与形态基因的对应关系，利用空间句法，集合 GIS 平台量化城市街道网络系统发展过程；同时运用分维指数和计盒维数法量化描述街道弯折复杂程度[109]（图 2-7）。

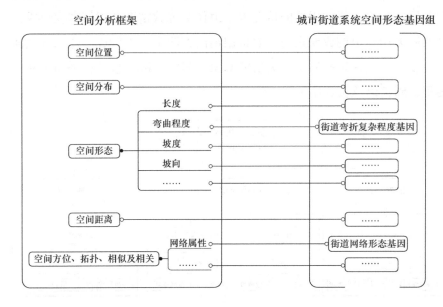

图 2-7 空间分析框架

资料来源：苑思楠《传统城镇街道系统的空间形态基因研究》

（2）规划学用地指标的植入

现行村庄规划编制体系包括村域和村庄建设规划。一般的村庄建设规划融合总体规划和详细规划的内容，因此村庄规划的指标包含总体规划和详细规划两个方面。总体规划的指标主要为用地规模、人口规模以及各类功能用地结构比例；详细规划则是容纳用地的建筑密度、容积率、绿地率以及村民住房的建筑基底面积等指标。此外，对于历史文化名村的保护规划，指标的设定是聚焦于用地强度的控制，即核心区和风貌控制区用地强度的控制，其内容偏向控制性详细规划的指标体系。根据上述村庄用地规划指标的分析，笔者认为传统规划用地形态基因性状描述的指标体系可与村庄规划编制的指标体系充分融合，内容上注重保护规划指标体系的衔接（图2-8）。

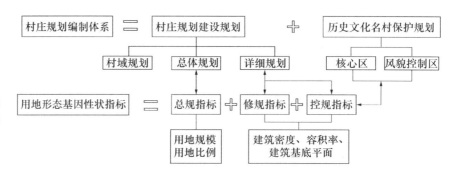

图2-8 用地形态基因性状描述指标制定推演图

资料来源：笔者自绘

3）性状描述指标体系的建构

制定三个层次的用地形态特征因子。建成区用地的特征因子由用地规模、构成比例和土地使用强度构成；功能用地主要以住宅用地和公共服务用地为主，住宅用地的特征因子由住宅栋数密度和建筑密度组成，公共服务用地由构成要素与各要素用地面积两个因子构成；建筑基底面积主要以住宅建筑基底平面为研究对象，其特征因子包括：平面尺寸、面积、周长以及长宽比（图2-9）。

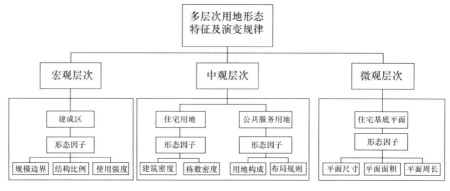

图2-9 用地形态基因多层次性状描述体系框架图

资料来源：笔者自绘

2.3 特征归纳的基因识别分析体系

村落用地形态特征演化规律的归纳是基于空间与时间的多维度交叉作用的结果，用地形态特征一方面受到内力的作用表现为一定的稳定性，一方面受到外来的影响表现为一定的活跃性。二者的特性均在多层次的空间体系和变化的时间历程中得以表现，这种表现形式与生物学基因有许多相似之处。生物学基因通过基因元的构成、组合模式以及组合下的形态形状等三者得以体现。同样，用地形态演化的特征也可采用基因的方法进行归纳总结。利用基因的概念对传统聚落形态开展研究，我国已有相当的研究成果,典型代表是刘沛林的学术团队,其从景观学的视角,构建我国传统聚落景观基因图谱的理论体系和应用方法为本书传统村落用地形态基因识别体系构建提供借鉴与参考依据。

2.3.1 识别方法的融贯

1)康泽恩学派的形态基因识别

最早用"基因"的概念阐述城乡聚落形态见于德国的斯卢特,后来"形态基因"被康泽恩进一步发展,他创立并运用了以下概念方法:规划单元、形态时期、形态区域、形态框架、地块循环和城镇边缘带。康泽恩学派的形态基因理论提出了基于时间维度形态基因的概念,并通过对各个形态时期的平面单元、地块和建筑基底三者的形态变化,评估形态的可变与不变要素,不变要素可判定为形态基因。事实上,康泽恩的理论是通过时间维度识别形态基因。

我国已有学者开始运用康泽恩学派的理论方法,从城市设计的视角探讨城市形态基因,并以城镇平面单元、建筑结构与土地利用为基本要素,构建形态要素、要素性状和形态基因的理论框架,提出通过形态基因定性原因与形成规律的识别方法,以此作为城市空间生成、形态发展目标、制定方案与控制导则的主要依据[110]。

2)景观学科的景观基因识别

目前,我国对于聚落形态基因的系统研究是从景观学的视角,探讨聚落的景观基因理论体系建构。景观基因概念是刘沛林结合长期的古村落文化特征研究实践提出的[111],其核心内容是运用生物学中的基因分析方法来识别传统聚落在形态、类型、建筑等方面的文化特征,从而揭示区域内的传统聚落在区划、空间格局等方面的规律[112]。刘沛林确定传统聚落文化景观基因的6个景观一级因子:整体布局、民居特征、图腾标志、主体性公共建筑、环境因子和基本形态等[113](图2-10)。该理论同时从形态发生学的视角,开创性地提出原型基因与变异基因的概念,用以解析景观基因的历史演化,进而识别景观基因。此外,该团队结合城市形态学的方法与景观基因的概念,分析了我国典型传统聚落在空间上的形态特征,通过图形符号简要地表达了它们的形态特点,由此提出了"胞—形—链"的理论,认为"胞"表现为时间序列上的变形性与空间上的继承性与变异性,是聚落景观构成的基本适时单元;提出"形"的6种基本性状:正方形、长方形、拟方形、椭圆形、圆形、不规则形等6种基本形状；解释"链"的本质是等级规制式和因地制宜式的结果，是胞与胞之间的关联形式[114]。

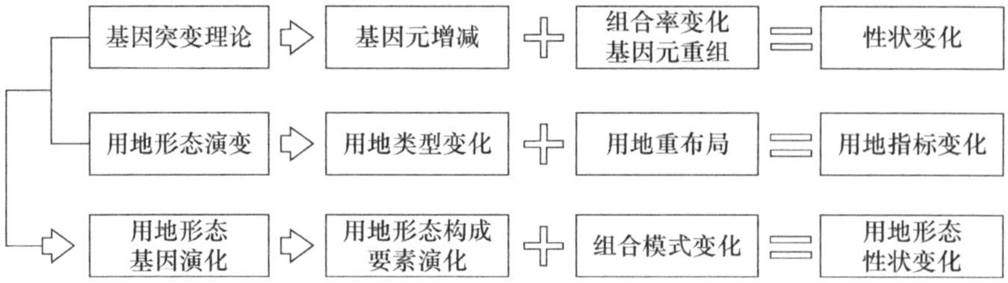

图2-10 基因突变理论与用地形态基因演化理论对接演绎图
资料来源：笔者自绘

基因突变理论	⇨	基因元增减	＋	组合率变化 基因元重组	＝	性状变化
用地形态演变	⇨	用地类型变化	＋	用地重布局	＝	用地指标变化
用地形态基因演化	⇨	用地形态构成要素演化	＋	组合模式变化	＝	用地形态性状变化

3）传统用地形态基因识别方法的融贯推演

本书用地形态基因识别方法是融合生物遗传学建构用地类型、规划布局和用地指标的基因表达模型。同时结合康氏的平面格局分析法，以及基因的时空二重性，形成时间和空间等多维度的识别体系。生物遗传学基因识别的主体思路是通过大量生物体横向数据的比对，获取所研究的生物某性状在染色体上相应位置的遗传信息。目前，国际上比较基因组学是基因识别的主要方法，其原理是不同基因变异的速率变化大小决定基因传承的能力。一般速率较慢的基因具有较强的传承力，速率较快的基因其传承力较小。可见，基因的遗传变异是基因识别的主要手段之一。对于传统村落用地形态基因，空间和时间上具有极强的遗传特性，通过多维度的基因演化特征的分析与比对，可识别基因传承特性。生物遗传学的基因由基因元、组合模式以及对应性状等三个因子组成。生物遗传变异的主要原因是基因元类型发生增减，或者基因元组合率产生变化，导致相应的性征变化。同理，用地形态基因的变异是视为用地类型变化，或者规划重布局而导致用地性状变化所致，以此作为识别原型基因和变异基因的主要依据（图2-10）。

2.3.2 识别体系的建构

用地形态基因识别体系是在多层次用地形态演化解析体系的基础上构建的一个规划学视角的分析框架，即将基因概念与变异理论转译成用地形态基因理论，形成用地类型、用地布局与用地指标间关系模型（图2-11）。

1）识别内容

（1）构成要素

对复杂多变的传统村落人居系统，如何识别用地形态基因，首先要

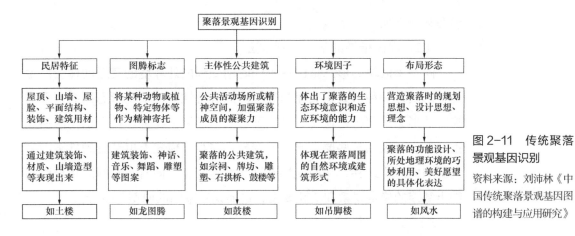

图 2-11 传统聚落景观基因识别

资料来源：刘沛林《中国传统聚落景观基因图谱的构建与应用研究》

从掌握传统村落用地形态的基本构成着手。村落用地形态系统的确立有助于对人们在解析不同历史阶段的用地形态性征的基础上开展形态基因的识别、归纳与总结。对于传统村落的用地形态要素，大致可以分成建成区、功能用地与建筑单体平面等3个不同尺度。

（2）组合模式

构成要素的组合模式是基因个性化的主要原因。组合模式受到地形地貌、文化、社会与经济等要素的影响，呈现不同的规则。组合模式中不仅体现形态基因的原型密码，同时因时因地因事而产生变异，由此体现一定地域性的特征。基因的形态性状正是由于组合模式的不同而不同。

（3）形态性状

建成区用地形态要素有住宅用地、公共服务设施用地、生产用地、基础设施用地等4类。基因的性状表达有人均占地、用地比例、聚合度、建筑密度与容积率等指标。功能用地主要以住宅用地与公共服务设施用地为主，住宅用地形态基因性状表达有住宅栋数密度、建筑密度与布局模式等，公共服务设施用地形态的性状表达主要是用地要素构成与布局模式。建筑单体平面基因形状表达主要有建筑基底的面宽、进深与面宽进深比等3个指标。

2）识别方法

（1）空间比对的基因识别方法

不同街区、不同地块的形态不同，虽然有相同的文化、社会及经济背景，但是受到区位的制约，其性状表征上存在差异性和相似性。因此，比对不同区块形态性状、构成要素与组合模式差异性与相似性，分析产生差异性的内在机制，探究相似性的固有机理，可以较好地识别个体的形态基因特征。

（2）时间推导的基因识别方法

同一个区块的形态基因在不同时期受到内外环境的变迁同样会产生两种形式，一种形式因文化与环境的固有特性而使某些形态固结，形成稳定的形态从而稳定遗传；另一种形式因经济、经济与社会结构的演化推动形态基因的某些要素湮灭或变异，在组合模式上也会受到外来因素的影响而产生迁移，从而使形态性状发生变化。同时，时间演化可以归纳出基因的稳定要素和活跃要素，进而识别基因的原型与变异。

3）基因类型

对聚落形态基因的分类，国内已有相关的论述。刘沛林在其博士论文中以聚落景观基因为对象，采用两类标准。一是从属性上，即按其在聚落景观中的重要性及成分，具体分为主体基因、附着基因、混合基因与变异基因等4种类型；二是从物质形态上，分为显性基因和隐性基因（图2-12）。相对刘沛林的分类标准，本书主要针对传统村落的用地形态，根据基因的空间属性将村落用地形态基因分成建成区、功能用地与住宅基底平面等三类基因；根据基因的时间属性将村落用地形态基因分成原型基因和变异基因两类。

4）多维基因识别分析体系构建

（1）建成区

根据《村庄规划用地分类指南》，村落建成区用地分成住宅用地、公共服务用地、产业用地、基础设施用地以及其他建成用地等五类。本

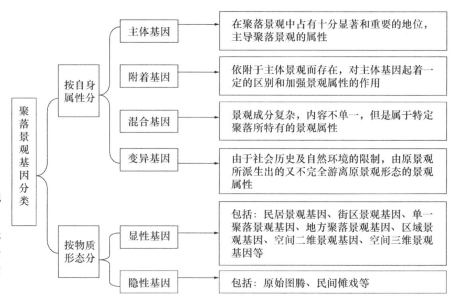

图2-12 聚落景观基因分类图

资料来源：摘自刘沛林的《中国传统聚落景观基因图谱的构建与应用研究》

书按照上述用地分类构建建成区用地形态基因的构成要素，并根据一定的布局规律组合成形态基因，其形态性状由用地规模、用地比例和土地使用强度等3个二级因子组成，土地使用强度则进一步细分为容积率和建筑密度2个三级指标。

（2）住宅用地与公共服务用地

住宅用地形态和公共服务用地基因的识别内容同样包括构成要素、组合模式和形态性状。住宅用地形态基因性状的二级指标包括建筑密度和住宅栋数密度，公共服务用地形态性状的二级指标为用地面积与构成比例。

（3）住宅建筑基底平面

住宅建筑基底平面形态基因由构成要素、组合模式和形态性状等3个因子组成，形态性状由平面尺寸、面积、周长，以及均衡度、形态制度等5个量化指标构成（图2-13）。

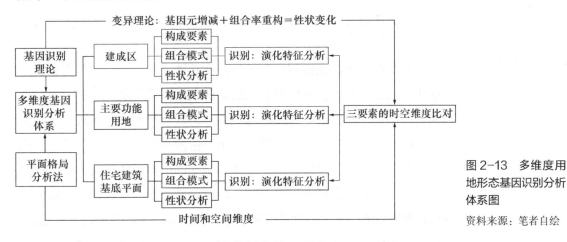

图2-13 多维度用地形态基因识别分析体系图

资料来源：笔者自绘

2.4 演化机制的基因成因解释体系

2.4.1 机制理论的融贯

1）城乡形态演化机制的研究

（1）动力类型

城市及其形态的演变是受多种因素综合影响的，本质是城市功能与城市形态的矛盾运动的结果[115]。城市社会经济的发展推动城市内部各种功能空间移动或外部扩张，从而引起城市用地形态的扩大，以及城市周围地带空间的重新组织。因此，城市经济与社会发展是城市结构形态演变的根本原因[116]~[119]；何流等（2000年）认为城市空间形态扩展的内外部动力主要有经济增长、产业调整与功能的演变，以及国家或区域的宏观经济发展状况、政策变动、外部资金投入、城市规划的制定和实施等[120]。因此，形态演变的动力类型在不同学科、不同视角的分类上存在差异性。如吴良镛院士将我国城市的更新归结为3个积极性（开发商的积极性、老百姓的积极性和市长的积极性）的推动；张庭伟则归纳为政府力、市场力和社区力3种力量[121]；陈前虎的动力类型归纳为产业结构的转换力、经济科技的推动力、国家政策的调控力和城乡之间的相互作用力[122]；孙施文将推动城市空间结构形态演进分析为6种力[123]，石崧在此基础上进一步归纳为2种力，即内在驱动力与外在驱动力[124]。此外，如黄光宇的山地城市学将城市形态的作用力分为自然力和非自然力两大类。其中，自然力对城市用地形态的生长演进起着客观的规律性约束作用，限定了用地形态发展变化的自然模式；非自然力的作用表现为这种变化的内在动力[125]。

（2）动力作用

城市空间形态演化机制研究方法是在功能变化中，寻找形态在新旧平衡体系的转化节点，并针对节点的功能与动力进行解析，进而揭示形态演进的动力作用实质。在国内对城市形态演化机制理论探讨中，城市空间的形态演进可以分成四个阶段，第一阶段是旧形态与新功能矛盾而产生演变应力；第二阶段是新形态体系量变和旧形态体系瓦解的发展阶段，开始出现新形态结构要素；第三阶段是新形态的潜在阶段，新旧两种体系相互混合、叠加，处于混沌状态；第四阶段是新的形态不断发展，最后取代旧的形态，进而占据主导地位，并与新的功能重新建立适应性关系[126]。可见，城市形态的演变是一个延续进化的动态过程，即新旧形态的交接过程[127]。在动力作用机制方面，张庭伟教授构建政府力、经济力和社会力三种力的力动体模型：合力模型、覆盖模型与综合模型。其中，合力模型是参照物理学的概念，通过相等权重的一组力的合力而得出。这个模型只是概念上的抽象模型，这三组力的相同权重在现实中很难实现（图2-14）；覆盖模型的前提条件是：政府、市场和社会三组力有不同的权重，处于权重最大的上层的决策意图，将覆盖处于下层的影响力较小的决策意图。影响力越大，其覆盖力也越大，最后形成的决策仅反映出占主导地位的力的意图，并不反映其他力的意图（图2-15）。综合模型是结合现实状况，将覆盖模型加以改进而得出的综合理论模型。

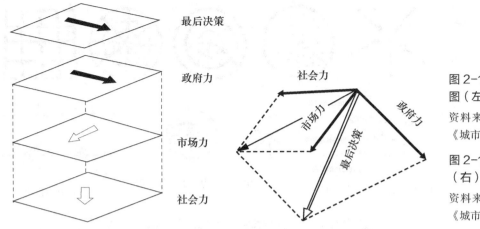

图 2-14 覆盖模型图（左）
资料来源：张庭伟的《城市规划》

图 2-15 合力模型（右）
资料来源：张庭伟的《城市规划》

政府、市场和社会三组力的权重不一，且对城市发展的意图不一。在制订城市发展决策时，有一组力为主因，提出发展的创意（initiative），并力图贯彻之。但由于另外两组力的存在，使这个动力受到约束而不得不加以调整。最后的决策主要反映了主因力的意图，但在某些方面可能作了调整，以满足另外两组力的要求。调整的程度则取决于其他两组力的力度大小[128]。

（3）动力主体

部分学者从经济学的视角探讨城市空间结构形态演进，提出"综合干预型模型"的空间演进解释框架，其核心理论是三个主体＋一个核心利益，即政府、市场与社会，三者各自掌控不同的资源，在上地"征收—出让—开发"过程中，共同围绕对土地租金剩余分配这一利益核心的争夺，进而形成对城市空间结构演变的综合干预作用[129]；张兵从利益主体论的角度，认为推动城市空间结构发展的动力主体有政府、城市经济组织、居民3种类型[130]；石崧认为城市空间结构演进的动力主体由政府、企业与居民构成[124]。

2）道氏的"力动体"理论

"力动体"是道萨迪亚斯提出的一个概念，即所有形成聚居的力的总和（考虑方向、强度和质量）构成了聚居中的力的结构（图2-16、图2-17）。道氏认为聚居形态主要表现为用地形态与建筑形态，聚居地形态结构是各种力综合作用的结果[131]。

"力动体"理论认为不同的"力动体"产生不同的聚居形态结构，如向心力作用的形态趋于圆形，线形力作用的形态趋于带形，自然力的形态结构是不规则线形。人类聚居系统动态演进过程中，形态结构的进

图2-16 力、结构、形态

资料来源：吴良镛的《人居环境学导论》

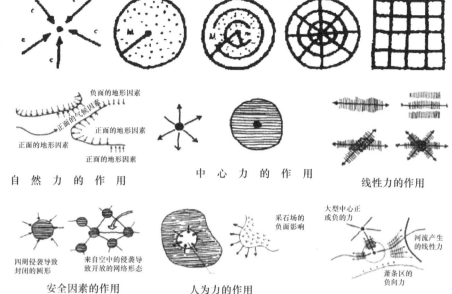

图2-17 力作用下的形态

资料来源：刘玉龙的《城市用地形态机制与动力研究》

化历程分成两个阶段，二者的动力类型、作用机理不同。第一阶段是静态发展阶段，从聚落形成到发展成高一级的聚落，或者组合成更大的体系，它完全是自然的发展过程。因此，聚落中心吸引力成为主导力体，聚落形态呈一定圆形。第二阶段是动态发展阶段，聚落系统的"力动体"发生很大变化，聚落受到中心引力、现代交通干线推力和良好景观吸力等三种力的作用，聚居呈现出不同的形态特征。道氏认为，聚居的形态和结构是各种力综合作用的结果，只要正确理解了影响聚居地力动体，就能够很好地分析聚居的结构形态[131]。

3）机制理论的融贯

本书用地形态基因演化机制解释体系的建构是通过融合形态学和道氏的"力动体"理论，参考用地形态基因识别体系而建构的。

（1）道氏"力动体"理论的融合

道氏的"力动体"理论对聚落形态演化机制研究是在不同层次形态、不同历史阶段和不同动力类型三种状况中进行的。不同层次形态和不同历史阶段可归纳为时间与空间的二重机制，这与形态基因研究框架的时空特性相吻合。因此，本书基因成因动力机制的研究是以道氏"力动体"为基础理论，动力类型的分析以"力动体"划分的类型为蓝本，进行进一步的探索。道氏将聚落形态的作用力分成11类，作为聚落的一种类型，传统村落用地形态基因的作用具有多动力的特性。本书尝试将其动力归纳为驱动力和制约力两类。驱动力细分为内在驱动力和外在驱动力。内在驱动力由经济与人口两种力体组成；外在驱动力由政策和投资组成。约束力分为内在约束力和外在约束力两类。内在约束力由宗族文化、风水文化、交通与技术、自然条件等要素构成；外在约束力主要包括：管理制度和规划等。各类力体在不同时期、不同层次的作用强度、方向和质量存在差异，导致用地形态基因的构成要素、组合模式和形态性状的不同。经济与人口产生的驱动力为有源动力，是村落形态演化的根本动力。约束力是无源动力，其强度随着驱动力而变化。不同时期动力作用强度、方向与质量的差异源于不同动力主体的作用；相同动力主体在用地形态的不同层面作用机制也不同。

（2）形态学动力机制研究路径的融合

形态学动力机制的研究路径一般为动力类型、动力主体和演化机制的递进式过程。传统村落用地形态基因的演化动力同样具备上述内容，一方面村落的动力类型具有多样性特征，不仅包括来自村落自身的内动力，还包括政府及其他社会组织的外动力，不仅包括显性的经济和人口动力，还包括文化和宗族的隐形动力；另一方面，动力主体对村落基因传承的影响巨大，特别在近现代时期，村落用地形态的演化受到外来动力的作用，外来动力与内动力的作用力、作用大小都有着很大的差异性，实质的原因是动力主体的变化所致，动力主体价值诉求的差异直接导致作用效果的差异，因此，研究动力在不同时期的作用效果，需要深入挖掘动力主体的价值目标，才能准确解释动力演化机制；此外，村落用地形态基因的演化实质是动力对基因元和基因链作用的结果，分析各类动力在用地形态基因上作用点、作用线，以及其大小质量，可以准确把握基因演化的内在机制。所以，形态学的动力类型、动力主体和作用过程的研究路径可全面准确地解释村落用地基因演化机制，本书将此路径融入基因演化机制的解释体系，这有助于深入探究基因的成因，解释其演化的机制特征，具体如图2-18所示。

2.4.2 机制体系的构建

1）时空维度的解释体系

结合上节探讨的用地形态演化解析体系和特征归纳识别体系，传统村落用地形态演化机制的解析体系可以从建成区、主要功能用地和住宅基底平面等三个不同尺度构建，并对三个层面的形态基因进行演化，如

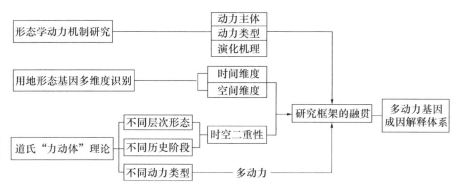

图 2-18 基因成因解释体系融贯演绎图
资料来源：笔者自绘

在四个历史阶段基因要素构成、要素组合规律和形态性状等三个内容的动力机制进行分析，特别是从行为主体、组织过程、作用力、制约条件等多层次逐步深入地进行探讨，并通过影响用地形态的三种作用力强度的变化来展示其动态变迁的过程，勾勒出传统村落用地形态演化的内在机理（图2-19）。时空维度的解释体系可以与基因性状描述、基因识别分析两个体系形成极强的衔接关系，有助于借用和归纳基因演化特征分

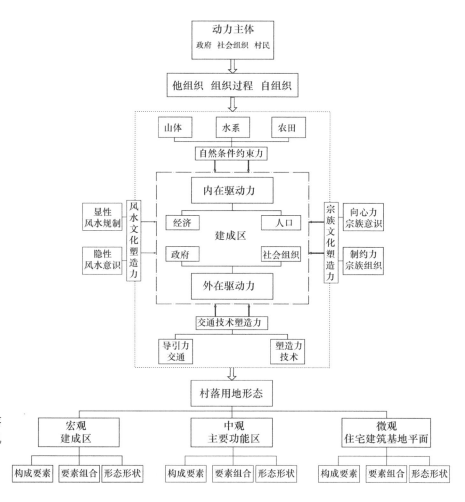

图 2-19 传统村落用地形态演化动力机制解析体系
资料来源：笔者自绘

析的成果，进行有效的机制解释。

2）多动力机制的解释体系

结合覆盖模型，构建传统村落动力机制分析方法。通过不同类型动力的强度、方向和作用点进行定量或定性的分析，依此法分别对不同时期不同层次动力模型进行描述，进而比对，以此总结归纳传统村落演化的动力机制。动力强度方面，可依据每个时期各类要素对不同动力的影响力的大小，明确四个标准赋值，量化评判各类动力的强度，并对各力进行叠加，综合分析合力作用和形态特征的内在联系。

2.5 小结

本章以规划学的用地类型、用地布局和用地指标为核心内容，融合遗传学的基因元、基因链和基因性状的概念，提出"形态基因"理论模型。据此，结合形态学"描述—分析—解释"的研究路径，建构用地形态基因"性状描述—演化分析—动因解释"的研究框架。在此基础上，融合康泽恩的"平面格局分析法"、基因的"变异理论"和道氏的"力动体理论"，提出多层次形态基因性状描述、多维度形态基因识别分析和多动力基因动因解释的研究体系。

1）多层次基因特征描述体系

通过论述康泽恩"城镇平面格局分析"理论的核心思想、基本内容和研究方法，分析我国引入康氏理论的历史脉络、研究成果和应用前景，指出康泽恩学派虽然立足城市地理历史学的范畴，但其研究领域已经覆盖到城乡规划学的领域，并和我国的城乡规划体系产生某种程度的契合；在此基础上，结合本书传统村落用地形态研究内容和目的，依据《村庄规划用地分类指南》，构建"建成区、功能用地和建筑基底平面"三个不同层次的用地形态特征解析体系。体系所构建的层次虽与康泽恩的城市形态划分没有鲜明的对应关系，但是建成区及功能用地和街区、地块存在内在联系，一般建成区由街区组成，功能用地由街区或地块组成。因此，此类分层法可以借鉴康泽恩学派的研究方法对传统村落用地形态进行自下而上的解析。此外，结合我国城乡规划编制体系，制定村落建成区用地形态特征的指标体系，建成区指标对应总体规划，功能用地对应详细规划，住宅建筑基底平面对应修建性详细规划。

2）多维度形态基因特征识别分析体系

传统村落用地形态基因具有时间与空间的二维属性。用地形态基因的特征归纳需要经过对形态演化过程的特征解析，才可得出准确的判定。因此，多维度基因识别法是用地形态基因识别的基本路径。在对形态基因的体系构建上，结合生物学基因的概念，利用"基因元—基因链—性状"的基因概念框架，构建"构成要素、要素组合模式和形态特征"的分析体系，而形态基因特征则是在用地形态解析的基础上识别得出的。

3）多动力形态基因成因机制解释体系

用地形态演化机制的解释理论方面，本书论述道氏的"力动体"理论是在动力类型、力作用点、强度、方向等内容的基础上，结合形态学动力机制研究路径，以及张庭伟的合力模型和覆盖模型的作用机理，建构用地基因动力机制解释体系。

第3章　典型甄选：闽西客家传统村落典型案例甄选

3.1　一般性描述——闽西客家村落形态解析

3.1.1　甄选要素一——人文基础

本章对闽西客家典型传统村落进行典型甄选，甄选要素包括人文基础、形态特征、形态类型和保护概况。针对闽西客家传统村落形态解析，本文从人文基础、形态特征和形态类型等三个方面进行，通过一般性解析，探究各因子的指标体系。

1）闽西客家的人文基础

（1）经济发展脉络

根据罗香林的研究，闽西的客家系由中原汉人经过5次南迁而形成。最早客家的聚居地在宁化的石壁村，而后沿汀江流域迁居，并与当地民族融合，形成独具文化特色的客家民系。汀江作为闽西客家的母亲河，历史上经历了四次航道建设，带动了汀江流域的经济发展[132]，具体可以分为三个阶段。

① 萌芽阶段（南宋—明初）

这一阶段属汀江航道分段开辟阶段。首先，潮州沿韩江驳运到峰市，再由峰市驳运上杭回龙；接着，南宋端平三年（1236年）又开辟了长汀至回龙航道[132]，到明朝嘉靖三十年（1551年）再行开辟了回滩与龙滩两处险滩，最终使汀江航运得以全线贯通。

② 形成阶段（明中叶起—清初）

这一阶段的海上贸易推动了我国东南沿海与世界各国的贸易往来，民间贸易也得到了强力推进。但明朝中期厉行海禁政策，民间贸易只能以不正常的方式进行，为此出现了许多具有私人武装的海上贸易集团。其中的潮州走私集团则以韩江、汀江、梅江流域为广阔的经济腹地。因此，汀江流域是走私的重要区域，明朝政府为打击走私，设置了抚民馆城与河头城，作为打击走私的重镇。明朝后期，随着海禁政策的解除，两城的功能由军事向贸易转化。同时，汀江流域的六大支流在明中叶得以全线贯通，贸易的驱动力深入汀江腹地。

③ 繁荣阶段（清中叶—清末）

这一阶段，汀江流域的转口贸易以汀江韩江为大动脉，潮汕为中心市场，积极拓展了东南亚和国内市场[132]。因此，汀江流域各县商人的足迹不仅遍布东南亚，也几乎遍及南中国各大城市。此外，汀江及其各大支流流域都参与了商业经济活动，流域内的乡村利用航道优势结合自身的资源，发展了造纸、矿冶、种蓝、竹木加工、种烟等产业，带动了整个流域的经济发展。此时闽西客家发展至鼎盛时期，航运码头等配套设施遍布流域各处，主要有：长汀的灼水桥、五通桥、赤岭、水口和羊枯，武平的店下、亭头，上杭的回龙、石下、东门、南门、南蛇渡、峰市，永定的坎市、抚市、湖雷、凤城、芦下坝，连城的朋口、新泉等。同时，各县城出现了许多会馆：清初设有潮州人的"义安会馆"、连城人的"连城会馆"、长汀人的"长汀会馆"、湘赣人的"湘赣会馆"[132]。众多商业设施与航运设施使汀江流域的经济发展出现了空前的繁荣，汀江流域的许多土特产、手工业产品得以通过贸易运送到国内与世界各地。

（2）产业发展脉络解析

① 种植业的发展

闽西客家农业以种蓝业、竹木业和种烟业等三大种业为主。

a. 一是种蓝业，闽西境内种植的马蓝和槐蓝，均属优质蓝靛作物。种蓝业始于宋代，发展于明清时期。随着明清时期江南和华南地区手工棉纺业的大规模发展，蓝靛的需求快速增长，拉动闽西地区大面积种植蓝靛，上杭与永定山区有相当一部分以此为生的农民开山种蓝。明中叶后，很多贫苦的闽西客家人成群结队，先后飘流到闽东、浙南以及赣南、闽北等地垦荒种蓝，产品直接供给江南地区[132]。这一时期，种蓝业带动蓝靛运销业和染布业的发展。江西、浙江、广东、湖北等处都有上杭会馆，染布业都为上杭等汀属各县人所垄断。清乾隆以前，因此致富的人数量激增，但鸦片战争以后因洋靛运入而衰落。

b. 二是竹木业，闽西地区是福建三大林区之一。从明代开始，闽西客家地区都把竹木作为大宗输出产品，绝大部分编成木排，顺汀江漂流而下。著名侨领胡文虎的祖先胡海隆，就是利用金丰溪流放木材毛竹到潮州，成为"父创三千，自创十八万"的富户。民国时期，这种情形仍未改变。据有关资料统计,长汀、上杭、连城、武平、永定五县中以武平一县产量最高,该县产木材曾达 40 万元,五县抗战前产量达 90 万余株,价值 100 万元左右。战后稍微减退,1939 年产量为 53.4 万余株,价值 53 万元左右。竹木的出口为潮州、广州、澳门、香港、菲律宾等地的造船业和建筑业提供了充足的原材料。

c. 三是种烟业,烟草的种植始于明朝万历年间,并迅速向全境蔓延。到明末清初,整个闽西客家有 30%～40% 的地区种植烟叶,其中以永定、上杭最为兴盛。据传说,乾隆皇帝巡视江南时,在长沙品尝"永定条丝"后,因吸味醇和,大加赞赏,赐名"烟魁",自此列为朝廷贡品,因此独占烟叶市场。福建最优等的盖露烟,都是上杭和永定两县生产。据《大中华福建地理志》载,民国初年永定县烟草产值达到 300 万元,最繁盛时期全县种烟人口达到 80%～90%。全区每年销往外省的产值达 500 万元。永定条丝加工业的盛兴,带动相关产业链的发展,如烟刀和刀面的加工业,产品远销日本、东南亚,盛誉内外。但在民国中后期,日本的三井洋行通过低价收购烟叶,回销中国市场,闽西条丝业从此受到打击进而一蹶不振[132]。

② 手工业的勃兴

闽西客家的传统手工业主要包括造纸业和印书业。

一是造纸业,造纸业是古代闽西最大的行业,早在宋书的著作中就有记载,到明朝中叶闽西客家已成为全国著名的产纸地区。其中长汀、连城、武平、上杭和明溪等五县均有产纸,且各具特色。长汀主产玉和纸与毛边纸,上杭和武平主要出产海纸。据统计,民国时期五县产量最高达 31.6 万余担,产值 50.6 万元,均占全省量值的 1/3 以上[132][133]。自清代以来,闽西客家的产纸业长盛不衰,以纸为生的人口超过半数。抗战胜利后,外国机制纸大量进口,对传统造纸业产生了巨大的冲击,手工造纸业开始出现衰弱迹象,到 1949 年濒于停滞状态。

二是印书业,主产地在连城四堡乡。四堡印书源于南宋,经过明朝万历至清朝道光的 270 年的发展,成为中国四大印书基地之一。四堡印书业的产地主要在雾阁与马屋两村,两村共有作坊上百家,从业人数达到 1600 多人,占两村总人口的 60% 多。四堡发行的书籍包罗万象,总数不下 600 多种,内容涵盖启蒙读物、四书五经、诸子百家、历代文人诗文词曲、小说传本,以及医药、历法,甚至巫、卜、星、相、地理等。书贩人数最高时达到万人,书商分布囊括 30 多个州县,曾有"独占江南发贩半天下"的盛誉。但咸丰、同治年间，机械石印技术从西方传入上海后，四堡的印书业便失去竞争力[132]。

③转口贸易的兴衰

汀江流域的转口贸易面向潮州、汕头和东南亚等地区，通过汀江和韩江航道，贸易范围遍及中国沿海城市和东南亚。转口贸易的主要产品是蓝靛、烟丝、纸品、印书以及闽西的土特产品。转口贸易使闽西客家商人遍布东南沿海城市，以及东南亚一带。永定的烟草贸易南延伸到新加坡，北则到张家口，上杭蓝靛会馆在中国南部各大城市均有分布。此外，汀江流域及各大支流的转口贸易发展带动了闽西各县的商贸繁荣。清初，汀州城有广东大埔、潮汕、赣州等地商人开庄号，民国初仍保持500多间行店；峰市清初设有潮州人的"义安会馆""连城会馆""长汀会馆"和"湘赣会馆"，许多纸业行会如"长汀安澜纲""连城篓纸纲"，以及木材行会的"怀顺纲""三益木纲""连城纲"也都设置在峰市。清初乾隆年间，粤海关的十三洋行商如黄洋华、朱广菊都先后到连城葛溪和姑田镇设立纸庄。这一阶段汀江及六大支流的航运码头都有几十间的过载行，航运码头主要有长汀的灼水桥、五通桥、赤岭、水口、羊枯；武平的店下和亭头；上杭的回龙、石下、东门、南门、南蛇渡和峰市；永定的坎市、抚市、湖雷、凤城和芦下坝；连城的朋口和新泉。过载行主要集散土纸、油盐米豆、生猪、布匹、香菇、笋干、枯柴、香烟等。常年以船为业的汀江船户有2000多户[132]。

转口贸易到民国初期开始进入衰退阶段，主要原因是洋货对土特产和手工业产品的冲击。第一次世界大战结束后，各资本主义国家加紧对中国进行商品倾销。许多过载行开始转向经营洋杂货。这一阶段外地商号纷纷迁出，一度出现萧条景象。但在第二次国内革命战争时期和抗战时期曾出现一时的复兴[133]，主要原因是中国共产党在赣南闽西建立了革命根据地，为抵制投机商人操纵盘剥和打破国民党的封锁，通过合作商业的形式大力发展转口贸易，使汀州流域的转口贸易得到恢复。虽然短暂，但却成为后来的社会主义商业历史基础和实践起点；此外，抗战时期的汀江流域成了抗战后方，许多沿海城市的机关、学校，以及大商号和银行也内迁于此，造成了市场的短暂繁荣。20世纪20年代初，公路铁路的兴起，特别是中华人民共和国成立后社会主义计划经济体系的建立，逐步使汀江流域的商品经济结构和流向发生变化，负有转口贸易使命的汀江沿岸过载行也就基本上退出了历史舞台。从而使得从南宋以来发展起来的外向型客家经济纳入了社会主义经济体系，走上了新的发展道路[132]。

④ 工矿业的发轫

唐代工矿业处于萌芽时期，到了两宋则发展到鼎盛时期，此后均是元明清三代的重要产业。两宋时期，据记载汀州共有23个矿场，居福建八个州府的第二位，品种包括金、银、铜、铁、铅等五种，开采矿业范围涉及长汀、永定、武平、上杭、连城等五县。其中最为繁盛的当属上杭，在清代仍保持七座铁炉，拥有工人数千。近代，永定后来居上，煤和石灰土法开采日趋兴盛[132]。

2）人文精神内核

（1）宗族形态构建

宗族社会是以地缘与血缘两种关系合一而形成的家族共同体。其基本形态是以夫妻及子女构成的小家庭"户"为单位的生产生活模式与一群有血缘关系的小家庭聚居的居住形态[134]。宗族社会的组织结构分成3个层次：家庭、房族和宗族，族长、族老高居结构的顶端，有辈分和亲疏等级之分，有族规、族学、族谱、族产、支祠和宗祠等联结工具。上述是中国基层组织的一般形态，是中国封建社会广大地区的普遍现象。相对客家而言，宗族组织结构虽不是特有现象，但形成时间、过程、基本形态以及盛衰规律均有着地域性的特色。闽西客家多数在明、清两代才形成宗族组织和宗族制度，有两种基本形式，一种以单姓宗族为主，另一种是多姓宗族聚居而形成的。根据谢重光先生的研究，无论何种形态，闽西宗族社会组织的发展历程分为4个阶段，即隐而不显、形成与兴起、扩张及形成网络[135]。

（2）特质文化形成

闽西客家在特殊地域内进行了长期竞争、演化与融合，进而形成了具有独特文化特质的一个汉族民系。根据相关学者的研究论述，闽西客家的文化特质可以归纳为三种：儒家文化、移民文化、山区文化[136]。

① 儒家文化是客家文化的基本特质，突出表现在崇祖先、重教育以及守旧与变革的两重性方面[137]。儒家文化渗透到客家村落每一个空间，无论是空间形态与结构，还是布局上都有儒家文化的印记。

② 客家的移民文化较为鲜明，因为历史上客家民系经历5次的迁徙活动：

第一次大迁徙在汉末—东晋时期，中原汉人南迁豫鄂以南，到达皖、赣，进入长江流域；

第二次大迁徙在东晋—五代，汉人从长江流域迁至皖南、赣东南、闽西南，直至粤东北；

第三次迁徙是客家民系形成的大迁徙。两宋中期，客家第二次迁徙的一部分先民分迁至粤东北；

第四次迁徙在明末清初，二三次迁徙后的部分客家先民分迁至粤中及滨海地带，以及台湾、湘、川、贵等地；

第五次大迁徙在清同治时期，受到太平天国运动及"广东西路事件"影响，分迁至粤南、海南、港澳台地区、东南亚以及欧美等地[138][139]。

由于经历多次的迁徙，客家文化中呈现出寻根思源的情怀，表现出重传统、重本源的观念。

③山区文化的根源在于客家地区是典型的丘陵山地，山地是客家生产、生活与文化活动的平台，对客家独特的文化形态产生影响，而村落属于山区空间的一个组成部分，也对客家文化的形成产生了影响。

（3）多神信仰的发展

随着西方天主教、基督教的传入，闽西客家地区固有的多神崇拜更显得多元化。除了传统的佛教、道教外，客家人也信奉基督教、天主教，崇拜祖先，信奉鬼神。闽西的天主教，始于"清顺治年间，意大利教士艾儒到汀州的老古井传教"[140]。基督教于清光绪九年春传入，惠安籍的周之德、陈秋卿等到长汀创教。

闽西客家在近代出海谋生者增多，福建湄洲湾的海上保护神——妈祖在客家地区得到更多的信奉者。妈祖同样受客家人欢迎，闽西地区各地均建有天后宫祭祀妈祖，甚至一些村落建设妈祖庙常年祭拜。[141]

3.1.2 甄选要素二——形态共性

1）村落选址理念

（1）生产生活下的选址思想

自给自足、自有天地的农耕时代思想从来都是中国古代先民生活的信条，对于以山区文化、儒家文化以及移民文化为特质的客家人也不例外。上述三种文化特质造就了客家既封闭又开放的二维性格，因此交流与自给自足的需求也就影响了村落的选址。交流的需求主要是通过交通的可达性来实现的，因此交通的便捷程度是村落选址的主要参考指标。闽西客家位于山区，自然环境恶劣，交通闭塞，在陆路交通技术落后的时代,村落总是选址在靠近水路的区域。此外,自给自足的生活需求促使村民对土地的向往,特别是在山多地少的闽西区域,肥沃的良田是客家人追求的重要目标,由此在村落的选址中也表现出强烈的意向。

(2)安全防御下的选址思想

在客家先民的迁徙过程中,饱受战乱、匪患以及族群械斗等困扰,防御意识经过长期的内心积淀,一直以"潜意识"的形式影响客家村落的选址和布局。村落的选址首先能利用周边的自然环境,选择背山面水、依山就势的地形,构筑天然的守卫险障,实现其村落外空间的防御功能;其次为确保封闭被动式的长期防御,生活水源成为选址的重要考量,特别是卫生、充裕的地下水源是首选因素。最后是防御自然灾害的因素,水灾频发的区域以及有地质灾害隐患的区域,都是村落选址需要回避的主要指标。

(3)风水理念下的选址思想

风水融中国传统哲学、阴阳、五行、八卦及"天人合一"思想,是一门追求理想生存环境的景观哲学[142]。风水在客家传统文化中扮演重要角色,客家地区是风水文化发源地。对于村落选址,闽西客家有一套口口相传的理论体系作为引导。这种理论不仅是客家人思想哲学的融入,还是长期的经验积累,具有一定的科学性和实用性。客家的风水受到江西派的影响,结合闽西多山盛水的自然条件,以及复杂山地所围合的众多小型山间盆地,形成独具地域特色的风水村落选址规范,闽西客家村落风水形势的基本模式:后必须是厚实宏伟、逐级升高、蜿蜒绵长的山脉;前必须是宽阔平坦的,主要以形势平、有环状围合的河湖水体;面对的远山需是书案形势,或如一座倒钟,或形似笔架的山峰,切勿形如锯齿;左右两侧应有扶手样的护卫山体,山体宜挺拔俊秀,不宜雄伟厚重。这种模式就是风水理论常说的:后龙脉,前朱雀,左青龙,右白虎。闽西客家的相关资料对此作了具体阐述。

2)外部空间布局

自古以来,"天、地、人"三者合一的思想贯穿了传统村落形成发展的全过程。我国风水学有福建派与江西派两大派系。闽西位于福建西面,靠近江西,风水说受江西派的影响。

江西派以"理形"为主导,重视形胜,村落的布局则依山就势,将山、岗、河川等自然要素总结为"龙、穴、砂、水"等风水形态四大类因子,并以此构建"后龙脉，前朱雀，左青龙，右白虎"理想的村落外部环境。当然，理想的外部环境并非所有村落可以寻获，许多不理想的风水形势需要一定程度的补充与改造。笔者根据闽西客家国家级传统村落的风水形势，归纳为水环境的改造和山环境的改造两种形式。

（1）水环境的改造

传统风水理论中常有"登山看水口，入穴看明堂""得水为上，藏风次之"的说法。水是人类最基本的生存要素，也是古代中国人对外交往的重要交通出行方式。闽西客家村落多分布在汀江流域，汀江流域除了主干流之外，沿线分布了大大小小的支流多达28条，得山得水对于闽西客家村落并非困难之事，因此改造水系成为闽西客家村落的主要形式，并独成一体。

常见的水系改造多见于水口设置。由外部进入村落的所在地方，称水口。作为沟通内外交通要道的水口，左右两侧须有山峦夹峙，俗称龟山与蛇山，具有守卫的象征意义[143]。水口忌宽求窄，有"水口不通舟"的说法。客家与村落对水口的设置非常重视，客家风水师认为水口关系全村的文风、财富与人气。如上杭院田村的水口发源于芒荡的儒溪，自东而西至湖梓坑，会大地丙山源之流，历张芬而彩霞而珠琅至村首之沤潭南，劲折而绕南山之麓，至故万缘圩，接济桥下，纳源出双康等处，南来之大坑溪水，抱村而流，北至榕树下，乃西行及太保庙前，又折而南，然后西出村口，而泻出于两山交峙、巨石盘踞之隙间，逶迤由荷坪历圪辉，复流六七里至荣葭寨下，得大臬障之更三折其澜逆流出口，入黄潭河[144]。

客家人对水口环境营建主要采用筑坝、植树、造桥以及建宫等4种方式。水口筑坝是为了提高水位，控制流速，储存水量，确保水不会"一泻而去"，如中都的奖坊村、湖洋上逕村和上登村等；其次是水口植树以构筑屏障，所种树种极为讲究，着重选择如枫树、榛子树等高大乔木，将水口严实围护，不受外族破坏；再次是造桥，造桥在风水上的目的是增加一道锁，在闽西客家传统村落中最为常见，此种形式已为当地广泛认同；最后是建宫，在水口上建设宫、庙、楼、阁也是普遍现象，建宫的目的也是为了锁住风水，体现风水术中的"关镇"的理念。

当然，闽西客家村落中并不都具有得水的天然条件。为此，缺水村落多采用凿井挖塘的办法进行完善，典型的村落如中都的仙村，因所处砰地过于狭窄，水源短缺，于是在村中开凿72口水井，挖掘36个水塘，并特别在村口开挖 5000m² 规模的深水塘，在塘边筑堤，遍植高大乔木以营造水口。同时，村落内部的院落空间营造也普遍采用挖塘凿井的方法取得风水优势，如客家的围垄屋前半月塘、方塘就是明证。

（2）山环境的改造

山环境的营建主要有围林补山与建塔阁补形两种手法。围林补山是在村落山形势不理想的情况下而采取的改造措施。围林所修补的山一般为村落背后的龙脉山。龙脉与村落形成前高后低的形势，但有些村落的龙脉形势上欠高大，与村落构不成明显的高低态势，因此闽西客家人在龙脉上大范围广植高大乔木，形成围合形的风水林，营造山林合一，与村落高低有致的空间形态。较为典型的就是上杭古田镇的五龙村，古田会议遗址所在的李家宗祠背后的微丘上广植高大乔木，构建了多层次的立体轮廓线，增加村落外部景观的深度感与距离感。此外，两翼护山形势不理想的村落空间营造则采用建塔的补形方法，理想护山形势是地平而不险峻，形态缓和而不突出，确保聚气而不阻气。常有村落护山缺失时通过建楼阁来完善，护山险峻时通过建塔来镇煞气，实现"化凶为吉"。这在闽西客家村落中较为常见，诸如培田村的关帝庙、院田村的文昌阁等。

无论围林补山还是建塔阁补形，山环境的营造总是追求一种人与自然的和谐统一，人工景观与自然景观的有机融合，构建了一种优美、赏心悦目的村落外部空间，使村落空间形态具有围合封闭、多层次均衡对称的特点。

3）内部空间格局

传统村落空间是若干院落空间的组合，院落空间的组合规则由于区域的不同而呈现多样特征。可以说，村落由于组合的多样性而形成精彩纷呈的空间形态。但是，无论地域性差异多大，村落整体布局、建成区、功能用地以及民居形制等各层次无不渗透着中国传统文化思想。具体而言，闽西客家传统村落营建具有两个方面的特点。

① 向心性与礼制秩序

从整体区域分析，闽西地区崇山峻岭，沟壑纵横，远离政治中心，呈现相对封闭的状态，聚族而居有利于闽西客家移民在恶劣的自然环境，以及激烈竞争的社会环境中取得有利的发展空间。因此，村落空间的营造首先体现向心的空间形态。不同区域向心趋势不同，距离冲突地域较近的村落，由于专注与防御，村落空间向心性减弱，院落向心趋势则增强，村落空间的尊卑秩序相对弱化；距离冲突地域较远的村落，尊卑秩序内化于院落空间，村落空间的向心趋势得以加强。向心空间主要通过宗祠来表达，宗祠位于院落中心时，院落向心趋势大，村落向心趋势弱；宗祠位于村落中心时，院落向心趋势小，村落向心趋势强。如南靖的田螺坑，位于汀州与漳州的交界处，是客家与福佬两民系竞争较为激烈的地带，防御是村落的主要功能。村落由5个土楼群组成，即5个院落空间组成，宗祠设于土楼建筑的中心位置，具有强烈的中心性。为抵御山匪入侵，土楼在高度、规模上均超过礼制等级制度的限制。同样，培田村因临近官道，位于经济相对发达的区域，因此村落空间强调尊卑秩序而无须专注于防御，宗祠的位置则位于院落外，布置在村落的核心区域，而院落空间则类似于北京四合院，讲究对称，布局上强调尊卑有序。

② 对称性与等级秩序

对于村落层面的空间，"对称"始终是不同功能空间、不同尺度空间组合的重要组合模式，同时也是构建礼制秩序的主要手段。上至皇城营建，下至院落空间建造，无不采用轴线对称的手法。与城镇建制不同的是，城镇的轴线是正南北，村落轴线则依据山形地势而定，而且采用的不是严格的对称形式。特别在闽西客家区，由于复杂的山地形态、水流走向以及小型的盆地限制，村落的对称受到天然的制约，轴线走向可以是南北向，也可东西向，不拘一格；对称形式可以是象征性的，无须严格中规中矩。一般说来，村落以宗祠为核心构建中轴线，将院落空间串接成一体，各实体空间根据与轴线的关系亲疏、距离远近，体现其等级尊卑关系。当然，以土楼为院落构建的村落空间，由于圆楼的多向性特征，可用大门确定其轴线，有多少圆楼就有多少轴线，这些轴线应该是平行的。为进一步明晰村落的空间等级关系，通常在圆形土楼群中建一方楼，清晰引领土楼群的地理方向。如南靖的田螺坑"四菜一汤"土楼群就是采用的这种营造手法。

4）居住院落格局

聚族而居的院落营造模式蕴含着宗族血缘的脉络、风水的理念、防御的功能以及对建造工艺的创新。这就是客家人在恶劣环境中，为适应外围环境变化，而构建的复杂的人居环境系统。

（1）防御空间的营造

院落防御空间是通过多手段的综合运用加以营造，首先在风水布局层面，如上节所述，利用自然山水与地势形态，结合院落建筑布局形成一种防御的意向与环境；同时在院落前后不种植树木，即使是风水林，也是保持一定的距离。其次注重院落内部防御体系的构建，主要由外围防御、内部组合和生活供给等三部分组成，外围防御主要依靠修筑坚固的院落外墙，外墙厚达 1～2m，墙体采用三合土夯筑，并掺和糯米和红糖水，十分坚固，墙体上还预留枪眼、炮楼位置，形成立体防御体系。此外，开口是院落外围空间最为薄弱的环节，客家民居通常一方面尽量少设出入口，另一方面在入口处砌建条石块门框，设置 10cm 以上厚的实木门板，以及猫眼、横门闩等拒敌于院落之外。内部空间布局方面，主要建设四通八达的巷道和天井，顶层设置环形通道；另在内部设置较大的粮食储备空间、外墙排泄暗道及水井构建生活供给系统。院落空间还注重精神层面的防御理念与气氛的营建，利用封闭围合空间布局与生活方式一体化所构建的人与人之间联合防卫手段成为安全防御的关键。这种聚族而居，住防一体的模式、高大的围墙、曲折迷离的巷道、严密的布局以及周到细致的生活体系为族人带来心理安全方面的慰藉的同时，也给入侵者以震慑。

（2）聚族而居的演绎

闽西传统村落一般由村落的内外部空间构成。村落的内部空间由院落组合而成。院落是村落的居住基本单元，根据里坊的构成模式，通过山墙横向叠合构成坊，坊进而组合成更大尺度的空间形态。从笔者所收集的村落资料分析，闽西客家村落还未见由院落聚合的坊空间。可以说，闽西村落的空间构成中，院落是构成村落的基本单元，也是唯一单元。笔者认为，这是由聚族而居的特性决定。首先，闽西客家聚族而居的规模较大，一方面是因为村落在早期形成中人口规模小，另一方面防御需要一定规模的人口集聚，因此早期村落是院落的形态。院落空间往往由堂屋式组合而成，早期的堂屋是祖堂居中，居住厢房分置两翼的"一堂二横"模式，随着人口的增长，溢出的人口部分则进行重新集聚，有的在原来堂屋的轴线上分别纵向、横向增加堂屋与横屋，解决居住问题，通过多次的增加与扩充，最终在地形与生活容量的制约下，堂屋围拢演绎成为现代意义的院落空间。院落从雏形到成熟形态，祖堂始终处在中心位置，以此为原点进行纵横向的空间扩展直到成熟。可以说，以血缘为纽带的聚族而居是院落空间发展的原始动力。闽西客家的院落是闭合的居住空间形态，院落与村落构建二元的村落空间体系既是由地域经济、社会发展决定的，更是由家族血缘为主导的聚族而居的模式

（3）风水理念的运用

风水理念院落空间的应用，体现在布局朝向、入口、空间形态以及内部功能组合上。首先，院落的朝向不受南北向限制，由周边山形水势决定。闽西客家村落分布在大大小小的山间盆地中，每个盆地都有特定的风水形态，因此每个村落的朝向不同。依据风水形势，院落都有统一的朝向，朝向由主入口与祖堂构建的轴线而定。按照传统，院落主入口设置半圆形广场，形如铜钱，意为财源广进；在主入口对侧布置半圆形鱼塘，形成聚气的风水格局，确保院落住户吉气集聚，运道恒升。由于闽西客家不同地域的功能需求，院落空间发展成圆形、方形、多边形等多种类型。在风水形制上，这些模型是对称的，形态上是稳定的。最后是院落内部布局上，祖堂的方形与院落的圆形不仅在形态上相互呼应，也表达出闽西客家人"天人合一"的风水哲学思想观。

（4）建造工艺的创新

闽西客家院落由一个大型民居建筑构成，这类民居以生土为主要建筑材料，按照建筑的"三段式"进行建造，基础、墙体、屋顶或楼面，自下而上依序施工。其中，墙体有砖、石、土三种模式。外墙采用夯土模式，夯土选用黏性较好的建筑材料，配以砾土、田泥组成"三合土"，加入竹条、稻草和秫米，并采用"板筑混凝土"建筑技术以及"金包银"砌法筑造出坚固、美观的夯土墙体。另外，在基础施工上采用分阶段施工方法，利用几年或十几年时间，地基沉降完成后，再行完成墙体施工，有效解决地基沉降问题。整体上看，闽西客家民居建筑外墙与隔墙以生土结构为主，其他构建以木构为主，即"外土内木"的结构。外土作为承重墙，内木则以穿斗与抬梁为结构，因地制宜取材杉木、竹片、树枝及树皮等。土楼的内部木结构经历漫长的发展历史，是客家民居建造工艺的经典之作。最后的建造工艺在于客家建筑在封闭空间中，进行科学的热工处理与排水设计，客家建筑的热工效能在于夯土墙体，墙体厚达 $1\sim2m$，具有很强的隔热作用，墙体的吸湿功能还使民居具有防潮功效。闽西客家民居还有汇集雨水及污水的天井、排放污水的暗沟，以及进行水处理的水塘等设置，综合考虑建筑的排水。可以说，客家民居建筑工艺体现了客家人的发展脉络，也是客家文化的集中体现。

5）交通网络体系

村落由内外空间构成，内外空间形成整体的前提是交通的联系、景观的协调及功能的统一。

（1）内外交通联系

村落整体空间是外部自然要素与村落人工要素按照一定的规则进行组合而成的。首先是保证内外空间的交流，内外的交通联系是构建统一村落整体空间的保障要素。古代村落对外交通是依靠水路和陆路两种出行方式。闽西客家村落中，由于地理区位的不同，主要出行方式不同。如临近汀江水系的村落，水路为对外交通主要方式，村落空间布局则通常与水路相呼应，如引水入村，院落组合以水为纽带，形成水乡的模式；或者村落交通与水路码头有着紧密的联系，水路码头通常成为农产品和手工业品集散市场，村落因此发展成具有中心市场功能的商业型村庄。而具有陆路交通区位的村落，由于出行方式的不同，村落布局也随之变化。例如培田村，由于官道驿站的交通职能，村落内部布局上不同于其他一般村落，一些服务性的馆驿设施得以配套，村落的功能也得到扩展。

（2）景观协调

传统村落十分注重内外景观的协调，采用的手法与中国园林造景有异曲同工之处。将外部的山水引入内部空间中，首先要控制内外部的空间关系，特别是竖向。村落内外部的竖向高程一般依据风水的布局思路，以龙脉山—民居—田地为天际线依次降低，即使是体量较大的土楼建筑，建筑高度的设置也要根据这种规则，如永定下洋镇的初溪土楼群，土楼的布局依据山地的态势依次跌落，形成高低错落的整体空间形态。其次是采用引景与借景的手法，利用视觉通廊、轴线对称，综合风水说法，顺理成章地将外部环境纳入内部空间，成为景观的有机组成部分[145]。

3.1.3 甄选要素三——形态类型

1）不同自然条件

（1）沿河型村落

闽西群山重叠，在丘陵山谷中，流淌着许多不大不小的溪河，汇聚成哺育客家民系的三江水系。一是江西的赣江，源自闽西长汀县城西北黄竹岭的长乐山，一路合诸山水而为万安溪，经长汀古城镇后入江西瑞金，又合诸山水为贡江，流经于都，至赣县与章水汇合而为赣江，东流入鄱阳湖。二是闽西长汀县北武夷山麓的汀水，南流宝珠峰，与诸山水

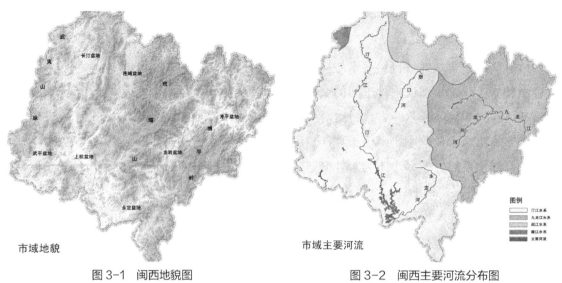

图 3-1　闽西地貌图　　　　　　　　　图 3-2　闽西主要河流分布图
资料来源：龙岩市总体规划　　　　　　资料来源：龙岩市总体规划

汇流成汀江主流。汀江一路向南，流经上杭、永定峰市，先后有连水、黄潭溪、永定溪分别自东北方向注入，而后入广东境内，与客家的第三条水系梅江汇合，形成韩江，流向潮州、汕头。汀江是福建西部最大的河流，全长约 200km。汀水所到之处，也大多是客家人聚居的地方。汀江还包括 6 条支流：桃溪河（武平县境）、旧县河、黄潭河（上杭县境）、永定河（永定县境）和金丰溪等[146]（图 3-1、图 3-2）。

早期客家先民沿着赣水至古汀州盆地，随后沿着汀江水系的一级与二级支流，进入人口稀少的山区。福建省的五个纯客县是汀水所经过的五县，是客家人居住最密集的地方。由于网状分布的水系，闽西客家分布着许多大大小小的山间和河谷盆地，基于这种自然地理特征，客家地区的耕地呈星状，几乎都是在小溪小河两岸台地或山坡上。客家先民的聚居与生产耕作联系紧密，这就构成"依山而居，依水而耕"的关系。从而形成客家民居依山傍水的特点。因此，水系的分布形式基本上决定了客家村落分布的格局[146]。闽西客家近 95% 的村落选择在沿河，笔者根据河流与村落形态的内在联系，将村落分成沿汀江主干流和支流两种类型。

① 沿汀江主干流

沿汀江主干流的村落形态主要考虑安全对村落的影响，一方面基于防洪的要求使村落与汀江保持一定的安全距离，另一方面更高的防御需求催生村落防御型形态，如长汀县的三洲村。三洲村三面环山，一面临江（汀江），属河谷盆地。三洲村内有三个小山头，地处东林寺的小山为"东洲"，戴坊桥头西林寺的山头为"西洲"，石桥头北边的山头为"中洲"，这三个洲合称为三洲。从村落布局分析，基于防洪考虑，三洲村与汀江间保持近1000m的距离。由于地处交通节点上，三洲历史上属于商业发达，经济富庶的重镇，常常受到来自汀江盗匪的骚扰，因此空间形态上注重防御设施的布局（图3-3）。

图3-3 三洲村总平面图

资料来源：厦门大学闽台建筑文化研究所

② 沿汀江支流

闽西客家村落大部分选址在沿汀江支流的河谷山涧之间。村落形态因盆地内部大小以及村落人口规模而存在差异。在稍大盆地内的村落，村落建成区与河流通常保持一定的安全距离，如培田村、坪埔村和中南村等（图3-4）。当然，建成区与河流间保持距离，主要原因在于两个方

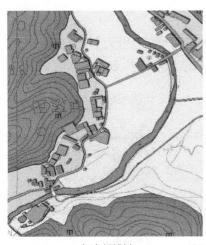  

（a）坪埔村　　　　　　　　（b）培田村　　　　　　　（c）中南村总平面图

图3-4 村落平面图1

资料来源：坪埔村美丽乡村规划

图3-5 院田村总平面图
资料来源：摘自院田村保护规划

面，一是风水格局的要求，客家风水一般需要前有明堂和水系，后有龙脉。建成区与河流间留出空隙作为农田，体现明堂的风水规则。另一方面，如果在较小盆地内的村落，建成区一般紧邻河流布局的村落占多数。如长汀的中复村、上杭的院田村、芷溪村、清流的赖安村。较为典型村落是上杭的院田村，院田村建成区用地紧挨河流进行布局，此类布局按照客家风水说法为"渔网形"，沿河布置每栋建筑如渔网边缘的坠子（图3-5）。

③河流内置型

在盆地内，村落随着人口的增加，沿河流一侧用地发展至饱和时，建成区往往向河流另一侧扩展，最终河流成为建成区内的用地构成要素，影响建成区形态。此类村落具有两种特征，一是村落人口规模较大，二是河流一般是汀江的三级或四级支流，河流丰水期的水量不会对村落建成区防洪造成很大影响。类似的村落如南靖的河坑村、永定的湖坑村、连城的雾阁村、明溪的御帘村等（图3-6）。

（2）山地型村落

闽西客家传统村落受山地影响大，村落形态与山间盆地村落形态截然不同。复杂地形势必使村落用地的布局呈现离散状态，这与防御为第

图3-6 村落平面图2
资料来源：摘自各村保护规划

（a）雾阁村　　（b）河坑村　　（c）御帘村总平面图

一需求的闽西客家村落不相符，因此村落用地通过化整为零，将零散的形态整合到一个住宅建筑内，一栋建筑往往代表一个街区或一个住宅用地，建筑平面形态则呈现大型化形式。此类村落一般出现在土楼较多的区域，如永定县偏远山区的初溪村，南靖县书洋镇的田螺村等、长汀的苏竹村（图3-7）。

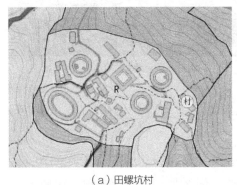

(a) 田螺坑村　　　　　(b) 苏竹村总平面图

图3-7　村落平面图3
资料来源：笔者自绘

（3）平原型村落

闽西境域山峦起伏，从西北向东南有两条大型的平行山脉贯穿全境，即武夷山脉和博平岭山脉，两条山脉间有许多大小不一的山间盆地和河谷平原。闽西地区的山间和河谷盆地分成两个区域，一个是武夷山南段视为平原区，东与闽中山地、盆谷区南部毗连，西界江西省，北接武夷山脉北段山地、河谷平原区，南临汀江高丘河谷平原区。包括龙岩市的连城全部，漳平、龙岩、长汀、武平、上杭、永定的大部分或一部分[147]，三明市的永安、清流和宁化的南部地区。区内平原包括河谷平原和山间盆谷平原，面积1493.25m²，占全区面积11.64%，其中，较大的是龙岩盆地、连城盆地和北团河谷两侧平原；二是汀江两侧的丘陵、平原区，地处汀江河谷两侧。东、北、西三面均与武夷山南段、低山、中山、河谷平原区相接，南界广东省。包括长汀、武平、上杭和永定四县的大部分或一部分[147]，集中分布于长汀、河田、濯田、武平、岩前、上杭、兰溪和永定等盆地中，地面平坦开阔，面积较大。

在上述两个区域的大型山间盆地和河谷平原内闽西客家先民在此落脚定居，由此发展出许多平原型村落，较为典型的村落包括在灵岩盆地的灵岩村、连城盆地的芷溪村等（图3-8）。芷溪村是第二批福建省历史文化名村、第五批中国历史文化名村，村落面积约10.8km²，共2994户11930人，主要聚居黄、杨、邱、华四姓客家人，以黄、杨两姓居多。其中，北宋以前邱、华两姓客家人就定居于芷溪，并成为旺族；宋末元

(a）芷溪　　　　　　　　　　　　　　（b）灵岩村总平面图

图 3-8　村落平面图 4

资料来源：摘自各村保护规划图

初和明成化年间，杨、黄两姓客家人到此开基。清末民国初，芷溪已是"千烟之家"的大村落了[148]。

灵岩村村落面积为 9.6km²，户籍人员为 5029 人，常住人员 9870 人。境内灵岩溪清流如带、四周群山环绕，绿树如烟，清丽幽雅，宛如世外桃源。村落历史悠久，文化底蕴深厚，灵岩村还是中国神话中的"八仙"之一何仙姑的故乡。村落内部基本为巷道交通，路网结构清晰，基础设施配套基本完善，大部分地段传统建筑保存完好，均为客家民居建筑，土墙瓦顶，部分住宅分上下厅，内设天井，入口大门造型大气，石制门槛门框，门联石刻，尽显主人权势。

2）不同文化区位

不同文化流起源、社会状况和时代背景对村落形态的演化产生了影响。闽西客家传统村落在历史上受到中原迁徙文化影响的同时，也吸收了地域文化的要素。从文化区位分析，闽西客家文化可以分成文化的核心区和边缘区。闽西客家文化核心区是以汀州为核心，形成长汀、上杭与连城所形成的区域，培田处在闽西客家文化的核心区内。

边缘区根据与不同文化的区位关系划分成三类：

一是与闽南文化相衔接的永定东地区，村落形态表现为强烈的防御需求，而此类防御需求源于边缘区域的盗匪猖獗，以及社会治安的不稳定，因此，防御需求与宗族聚族而居叠加，进而形成高大的居住建筑。居住建筑代表某一宗族或族群的空间，村落则以土楼为单位构建特殊的结构形态。此类村落如永定的湖坑村、初溪村、南江村，以及漳州平和的庄上村、南靖的田螺村和河坑村等，该区域村落形态体现出防御和聚居的特性。

二是与赣南客家相衔接的过渡区，主要以武平村落为代表。赣南客家地区建筑以防御为主导，无论是建筑单体，还是在村落形态上，均表现出强烈的防御特性,如围合、防御设施的设置,以及山水自然防御地形的利用等方面。武平的村落形态中对于防御功能的重视与赣南村落相类似,如武平的中山村历史上就是军事重镇。因此,笔者认为:与赣南相邻的闽西客家村落空间形态以防御性空间为主导特征。

三是与粤东地区相衔接的文化区,如上杭与永定大部、武平小部分的地区。虽然三者同属于客家,但是受到不同地域文化、政治、经济的影响,具有不同的文化特质。这种文化特质体现在村落形态上,常常有共性,又有个性。共性在于风水文化、宗族文化以及耕读文化的同源与传承使村落在布局、结构以及内部用地构成上存在相似之处。特别是风水文化的同源特性,村落形态呈现强烈的"背山面水、依山就势、轴线对称"的组合形式。但是,不同区域的社会、自然以及技术的差异性,不同区域的村落用地形态出现分化,一方面表现为防御需求的差异性,三者的防御需求从强至弱依次是:赣南衔接区、闽南衔接区、粤东衔接区;其次是文化的差异性,三者文化主体虽然都是客家文化,但基于地缘关系,分别受到赣、粤以及闽南文化的影响,呈现截然不同的形态特征。

3)不同产业业态

在闽西客家文化中,耕读文化和儒商文化是重要的组成部分,也是影响村落形态的主要因子。

(1)农业型村落

传统村落是从农业基础上发展而成的,虽然经过历史演化,但是村落形态仍然具有浓厚的农耕元素——农田。受到多山少田的自然条件的限制,闽西客家对农田尤为重视,以培田为例,当人口发展到极限时,村落并非通过占用农田以解决居住问题,而是实行人口迁徙的措施保持人口与农田的平衡。农田的布局有两种形式,一是分布在建成区内部,即内田模式,形成居耕一体的居住模式;二是分布在建成区外部,即外田模式,常常以族田的形式予以保护(图3-9)。培田村落形态是内田与外田模式兼具。

(2)商贸型

农耕模式是闽西客家村落的主要生活形态和生产方式。但一些村落因为交通区位的驱动,特别是在驿道与航道交通节点上的村落,因商品交易的需求,而逐渐发展成为商贸型的村落。受到商贸经济和外来文化的影响,村落居住形态和社会组织方式等均发生了巨大的变化,并体现在村落空间形态、建筑类型和格局等方面[150]。如三洲村和培田村,村

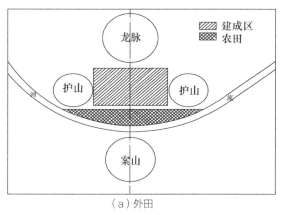 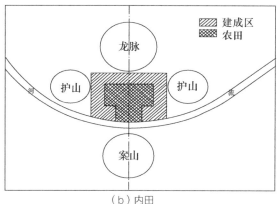

(a) 外田　　　　　　　　　　　　　　　(b) 内田

图 3-9 外田、内田模式的村落形态特征

资料来源：笔者自绘

落建成区内部常常构建带状的商贸街。三洲村内的街巷布局是随着商业的发展和民居的增加而自然发展起来的[149]。村内主要有两条主街：上街与下街，统称老街。老街呈曲尺形，上街为北南走向，北起石桥头，南至四角亭旁的三角店。从三角店开始街道拐弯为东西走向，这段东西走向的老街统称为下街。老街长达百余米，街宽 1.5～2m 不等，街道两边共有数十家商店，其中比较有影响的是药店济生堂、日生堂、宝源堂、广济堂、同安堂，复和昌布店、源丰布店等，其余如豆腐店、饮食店、食杂、小百货等琳琅满目，十分繁荣热闹[150]。此外，培田村落形态也体现出典型的商贸特征，因与朋口溪的航道联系，故具备得天独厚的交通区位条件，从而为其商贸形态的打造创造条件，村落内部千米商业古街就是最好的诠释（图 3-10）。

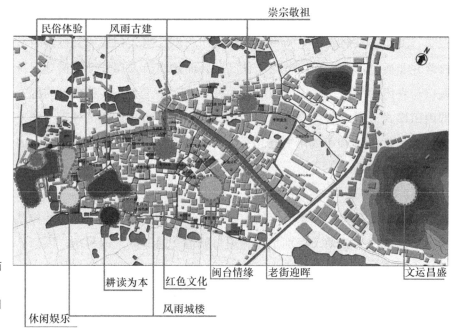

图 3-10 三洲村商贸老街图

资料来源：摘自三洲村保护规划

 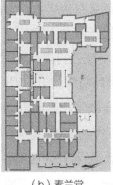  

（a）林兰堂　　　　（b）素兰堂　　　　（c）子仁屋　　　　（d）中田屋平面图

图 3-11　村落平面图 5

摘自：雾阁村建筑群保护规划

（3）手工业型村落

闽西客家有造纸与印书两大传统手工业，并经过 300 多年发展，成为全国重要的生产基地之一。四堡乡的印书业遍布村落，以雾阁村最为典型。村落形态融居、产、商、祠为一体，构建独具特色的手工业型村落形态特征。首先是建筑形态，具有如下四个特征：临水而建的古书坊选址、多元化建筑功能、宏大的作坊型建筑规模、复杂有序的合院式平面格局（图 3-11）。其次是用地空间形态，村落古书坊建筑群之间的大街小巷依势而建，曲直随意，具有"通而不畅"的特点；两侧建筑前后错列，有高有低，使街道边缘和天际线微微凹凸、参差错落、形态可人，构成变化丰富的动态空间。此外，在临水、靠山等地坪落差较大的地方，还以石阶、夹道等形式作为通道，增强巷道空间的趣味性与实用性。

4）不同防御体系

防御对传统村落至关重要，特别是在明清时期盗匪猖獗的客家区，村落都不同程度地表现出特有的防御空间。通过分析 21 个传统村落，笔者总结如下防御形态特征。

（1）区域型村落

该类型村落临近府县，村落内的防御依靠不同级别的地方政府。所以，村落形态上防御功能相对较弱。例如灵岩村，由于村落位于岩前镇内，岩前镇由于受到广寇的骚扰和盗劫，建筑了城堡，并设有军队进行防御。因此，灵岩村受到区域防御的保护，村落内不单独设置防御设施。

（2）外围防御型村落

该类村落临近驿站或航道的交通节点，村落经济繁荣富庶。由于远离州府，村落常常受到盗匪洗劫，防御设施成为村落空间的重要因素。整体防御型村落形态特征是构建城墙，通过城墙与外围建筑高墙形成坚固的防线，典型如三洲村。元朝以前，三洲没有防卫城墙，是敞开的三洲

闽西客家典型传统村落用地形态研究

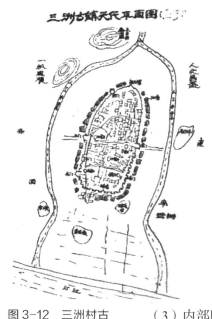

图 3-12 三洲村古代总平面

资料来源：摘自三洲保护规划

墟场，任何人都可自由出入。但由于三洲地处汀州南路官马大道，连接长汀与上杭、武平方向的交通往来，屡遭盗寇的侵扰，墟场及村内百姓财产常被盗贼洗劫一空，特别是元代，时局动荡，为了保护自己的生命财产安全，三洲村民合力建造了村落防卫墙（图3-12）。三洲的防卫墙并不是完完整整地建成一整圈，而是巧妙地利用了各户高大的封火墙，将村庄四周各户的封火墙连接起来，没有封火墙的地方就新建防卫墙，既节省了费用也节省了时间，三洲也因此成为长汀古代乡村唯一有城池的村落。三洲的城墙与城门一直完整地保存至20世纪50年代。到60年代末，为开发基本农田和开展镇集建设，城墙与城门陆续被拆除，现仅余部分城墙根与一个南城门[149]。

（3）内部防御型村落

内部防御型的特征是通过构筑曲折多变的街巷空间，以及聚族而居的防御建筑形成村落防御空间形态。典型的村落如雾阁村和培田村，雾阁村没有明显的对外出入口，内部道路也多曲折无序，且住居分散布置，在内部秩序的外在表现形式上尽量零散无序，以增强自身的御敌能力；同时，在内在认知上加强秩序性与团结性，体现了中原文化在千百年来所形成的比较成熟的思维模式[151]。培田村的防御格局也具备这种特性，村落内部三条南北向干道中，分别承担交通、商贸和生活功能。而生活功能的干道深置村落内部，连接村落粮仓、银库、祖祠的重要设施，道路通而不畅，曲折无序，具有很强的防御机能。

（4）自然防御型村落

自然防御性的村落特征是依赖天然屏障形成自然的防御形态，辅以村落聚族而居的大型高墙建筑，形成内外防御格局，如苏竹村、培田村等。相对上述三类，自然防御型的防御功能较弱，但是自然型村落多"躲"在偏远的山区，山高路远的区位减少了盗匪的骚扰。自然防御型一般有"背山面水"的空间格局，村落空间形态同样有较为复杂曲折的街巷空间。一般自然防御性村落的经济水平都不高，不为盗匪所窥视；但亦有经济发达的村落，通过组建民团或宗族武装加以补充。

（5）建筑防御型村落

此类村落主要以土楼型村落为主，村落内外不设防，防御设施都集中在建筑内，因此此类村落内的居住建筑不仅拥有防御设施，内部还设有防守所用的给水排水基础设施，以及粮仓等，因此，建筑的规模和形体都特别宏大。永定县历史上依靠种烟得以发展经济，进而成为客家区内富庶之地，这也常常成为盗匪觊觎之地，重视防御空间的设置是永定县内村落形态的重要考量。而独特的建筑形体为防御提供平台，并在长时间的演化中形成别具一格的空间格局。一栋土楼的人口规模常常和一般村落内组团规模相当，一座土楼可视为村落的街区单元（图 3-13）。

上述五种防御格局，闽西客家村落中并非独立存在，许多村落兼具多种防御格局。培田村就具备了自然防御、内部防御和建筑防御三种模式，形成独具特色的形态特征（图 3-14）。

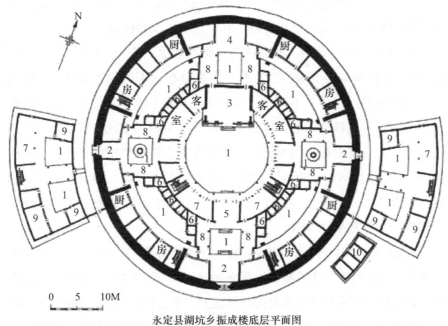

永定县湖坑乡振成楼底层平面图
1—天井；2—门厅；3—大厅；4—后厅；5—前厅；6—浴室；
7—书房；8—廊；9—储藏；10—厕所

图 3-13 土楼平面图
资料来源：摘自湖坑村保护规划

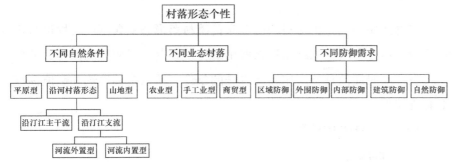

图 3-14 闽西客家传统村落形态类型划分图
资料来源：笔者自绘

3.2 理论化模型——典型村落甄选模型建构

3.2.1 甄选基本思路

与生态学生物群体不同的是，特定文化区域内的传统村落之间是一种平行关系。寻找文化区内的村落形态特征，须从共性与个性的视角探究形态基因的稳定和不稳定要素，从而揭示文化区内村落的原始形态。只有深入研究典型个体的空间形态特征，才能准确了解用地形态演化的深层原因，并在此基础上进行多个体的形态比对，进而提取形态的共性和个性基因。可以说，样本越典型，提取基因的准确率就越高。为此，需要一个成熟的普适性的个体形态研究方法和路径，便捷而精准地描述和分析用地形态，识别形态基因，解释基因形成的机制。

对于上述研究思路，笔者认为：闽西客家共有 1176 个村庄，现已审批 21 个国家级传统村落。这些村落都分布在不同的客家县内，代表各地不同的自然条件和不同经济社会文化背景下的形态特征。开展用地形态研究首先应该从村落个体入手，在初步分析客家区村落形态特征的基础上，划分村落形态的类型，并针对各类型选取典型样本开展个体的用地形态基因解析，进而对各类型用地形态基因性状、构成要素、组合模式以及形成机制进行分类比对，最后总结归纳闽西客家区传统村落用地形态的共性和个性基因。

总而言之，对于闽西客家文化传统村落的研究，重点在于对村落样本的研究。选取样本代表性越强，形态基因的解析就越准确。典型的选取需要立足对闽西客家村落形态分类的基础上。本书研究的重点是对村落个体用地形态研究的方法构建，目的是为多样本的研究提供简易的方法体系。

3.2.2 甄选模型建构

本书运用层次分析法对闽西客家传统村落形态的典型代表性进行定量评价。由于本研究围绕用地选取出的传统村落不仅应是闽西客家的典型代表，同时还需具备应用康氏方法的条件，所以指标遴选和赋值标准上有所偏重。

1）建立 AHP 的模型

（1）目标层

本模型的目标层是闽西客家传统村落典型代表性,以评价模型所得最高分值为典型性村落。

(2)中间层

准则层共设四项因子:人文基础的协同性、形态特征的代表性、形态类型的多样性以及保护概况的完整性等。

子准则层中,人文基础因子包括经济发展和人文精神二级因子,其中,经济发展因子包含经济发展脉络与主导产业两个三级因子;人文精神因子则包括社会宗族与文化因子。形态共性的因子包括选址理念、外部形态、内部形态、院落形态和交通体系五类;村落保护概况的因子包括历史建筑的完整性、保护利用现状、文献资料和入选国家名村情况等四项。

(3)指标层

针对中间层的因子,本文设定41个指标(表3-1)。

典型案例甄选指标体系表　　表3-1

序号	一级因子		二级因子		三级因子		四级因子	
	内容	代号	内容	代号	内容	代号	内容	代号
1	人文基础的协同性	B1	经济发展	C1	发展脉络	D1		
					主导产业	D2		
			人文精神	C2	社会	D3		
					文化	D4		
2	形态特征的代表性	B2	选址理念	C3	生活方式	D5		
					风水文化	D6		
					防御需求	D7		
			外部形态	C4	水环境	D8		
					山环境	D9		
			内部形态	C5	向心秩序	D10		
					对称秩序	D11		

续表

序号	一级因子		二级因子		三级因子		四级因子	
	内容	代号	内容	代号	内容	代号	内容	代号
2	形态特征的代表性	B2	院落形态	C6	防御安全	D12		
					聚族而居	D13		
					风水格局	D14		
					营造工艺	D15		
			交通体系	C7	内外联系	D16		
					街巷体系	D17		
3	形态类型的多样性	B3	不同自然条件	C8	沿河型	D18		
					平原型	D19		
					山地型	D20		
			不同文化区域	C9	核心区	D21		
					边缘区	D22		
			不同业态	C10	农业	D23		
					商贸业	D24		
					手工业	D25		
			不同防御格局	C11	区域防御	D26		
					外部防御	D27		
					内部防御	D28		
					建筑防御	D29		
					自然防御	D30		
4	保护概况的完整性	B4	历史建筑的完整性	C12	数量	D31		
					类型	D32		
					年代	D33		
			保护利用概况	C13	保护	D34		
					利用	D35		
			文献资料	C14	族谱	D36		
					地形图	D37		
					出版物	D38		
			各类国家级保护名录	C15	A 国家传统村落	D39		
					B 国家级历史文化名村	D40		
					C 国家级景观特色旅游名村	D41		

资料来源：笔者自绘

2）权重的确定方法

确定权重的方法有很多，如专家调查法、环比评分法、相关系数法、主成分分析法（PCA）、层次分析法（AHP）等，其中层次分析法是一种定性与定量相结合、面向多目标系统分析与决策的综合评价方法，与其他方法相比较具有系统、简洁、实用的优点，能够有效地分析目标准则体系层次间的非序列关系。基于层次分析法（AHP）的这些特点，本书采用其作为指标权重的计算方法（表3-2）。

萨塔（T. L. Saaty）的相对重要性等级表　　表3-2

标度	含义
1	第i个因素与第j个因素影响相同
3	第i个因素与第j个因素影响稍强
5	第i个因素与第j个因素影响强
7	第i个因素与第j个因素影响明显强
9	第i个因素与第j个因素影响绝对强
倒数	若因素比较得到B_{ij}，则因素j与i比较得到的判断$B_{ij} = 1/B_{ji}$

资料来源：参考《层次分析法与领导人决策》

3）成果评价的方法

本书采用综合指数评价对闽西客家21个国家级传统村落的典型性进行评价。

4）评价的具体步骤

（1）建立层次结构模型

闽西客家传统村落的典型性甄选评价的指标体系共有4个子系统，14项指标层，41项指标因子。

（2）构造判断矩阵

根据萨塔的相对重要性等级表，各层次因子进行两两比对，建构判断矩阵。

（3）指标权值计算及判断矩阵一致性检验

由于判断矩阵具有比较大的主观性，所以要对判断矩阵的一致性进行检验。

3.3 典型性甄选——典型村落甄选过程分析

3.3.1 甄选过程分析

1）指标数据库的建立

依据闽西客家各村落的《传统村落档案调查表》，结合上节对闽西客家村落形态共性、形态类型、人文基础以及一般性描述,构建指标数据库。闽西客家传统村落典型村落甄选的指标数据库及目标值如下。

(1)人文基础的协同性指标数据库及赋值标准

人文基础共有四个指标因子,即发展脉络、主导产业、社会和文化等。如发展脉络分为三个阶段,村落形成期与三个阶段对应,则赋3分,对应两个阶段2分;主导产业有3项,赋值10分;社会的指标因子的赋值以单性宗族人口规模为准;文化有三个指标因子,即耕读、红色和信仰,赋值标准如表3-3、表3-4所示。

(2)形态特征的代表性评价指标数据库及赋值标准

形态特征的指标因子共13个,赋值标准如表3-5、表3-6所示,并根

B1 人文基础的协同性指标赋值标值　　　　表3-3

内容	所在层	赋值	备注	内容	代号	赋值	备注
发展脉络(D1)	C1	3	分三阶段,村落形成期拥有三个阶段3分,两个阶段2分,一个阶段1分	社会(D3)	C2	3	以单姓宗族人口最高值为准,小于500人1分,500～1000人2分,1000人以上3分
主导产业(D2)		10	以烟叶、种蓝、种竹为标准,拥有3个种植业,3分,2个种植业2分,1个种植业1分;有商业街加3分;手工业3分;矿业1分	文化(D4)		5	耕读文化以所中进士或官员为准,3个以上2分,3个以下1分,0个不给分;红色文化:拥有革命历史遗迹的给1分;信仰文化:拥有佛教、道教1分,拥有定光佛、妈祖、基督教中一类加1分

资料来源:笔者自绘

闽西客家21个传统村落人文基础的协同性指标数据库　　　　表3-4

序号	村名	经济发展脉络(C1)		人文精神内核(C2)		序号	村名	经济发展脉络(C1)		人文精神内核(C2)	
		D1	D2	D3	D4			D1	D2	D3	D4
1	湖坑村	2	1	3	3	12	坪铺村	2	1	2	3
2	初溪村	2	4	3	2	13	中南村	2	1	2	2
3	南江村	2	1	3	2	14	灵岩村	2	3	3	4
4	河坑村	2	1	3	2	15	庄上村	2	4	3	2
5	田螺村	3	1	2	3	16	御帘村	2	1	3	3
6	壁洲村	2	1	2	4	17	培田村	3	4	3	5
7	雾阁村	3	7	3	5	18	赖坊村	3	4	2	4
8	芷溪村	2	7	3	5	19	翠竹阳	2	4	1	4
9	中复村	3	1	2	3	20	肖家山	2	4	2	4
10	苏竹村	2	1	2	2	21	三洲村	3	4	3	4
11	院田村	3	1	3	3						

资料来源:笔者根据《传统村落档案》及调研整理

形态特征的代表性指标赋值标准　　　　　　　　　　　　　　　　　　表 3-5

内容	层号	赋值	赋值标准	内容	层号	赋值	赋值标准
生活方式（D5）	C3	3	水源1分，农田1分，交通1分	防御安全（D12）	C6	2	土楼型2，一般1分
风水文化（D6）		2	典型风水格局3分，山环水抱模式但形势欠缺2，一般1分	聚族而居（D13）		2	大建筑如土楼和九厅十八井建筑2分，一般1分
防御需求（D7）		2	山水防御兼备2分，山防御1分，水防御1分	风水格局（D14）		2	对称格局1分，水池1分
水环境（D8）	C4	4	水口2分，引水入村2分	营造工艺（D15）		2	大建筑如土楼和九厅十八井建筑2分，一般1分
山环境（D9）		4	围林补山2分，建塔补形2分	内外联系（D16）	C7	4	驿道2分，码头2分
向心秩序（D10）	C5	3	祖祠1分，房祠1分，家祠1分	街巷体系（D17）		2	完整街巷体系2分，相对完整1分
对称秩序（D11）		2	村落拥有横向轴线1分，纵向轴线1分，纵横轴线兼具2分				

资料来源：笔者自绘

闽西客家 21 个国家级传统村落形态特征代表指标数据库　　　　　　　表 3-6

序号	村名	选址理念（C3）			外部形态（C4）		内部形态（C5）		院落空间（C6）			交通体系（C7）	
		D5	D6	D7	D8	D9	D10	D11	D12	D13	D14	D15	D16	D17
1	湖坑村	2	2	0	0	0	0	0	2	2	1	2	0	0
2	初溪村	1	2	0	0	0	0	0	2	2	1	2	0	0
3	南江村	2	2	0	0	0	0	0	2	2	1	2	0	0
4	河坑村	2	2	0	0	0	0	0	2	2	1	2	0	0
5	田螺村	1	1	0	0	0	0	0	2	2	1	2	0	0
6	璧洲村	1	2	1	2	2	3	1	2	2	2	2	4	2
7	雾阁村	2	2	1	2	4	3	2	1	2	2	2	4	2
8	芷溪村	3	2	1	2	2	3	2	2	2	2	2	2	2
9	中复村	2	2	1	2	2	3	1	1	2	2	2	2	2
10	苏竹村	2	1	1	2	2	3	1	2	2	1	2	2	2
11	院田村	3	2	1	2	4	3	1	1	2	2	2	2	2
12	坪铺村	2	2	1	2	2	3	1	2	2	2	2	2	2
13	中南村	2	2	1	2	2	3	1	2	2	2	2	2	2
14	灵岩村	3	2	1	2	2	3	2	2	2	2	2	2	2
15	庄上村	2	2	1	2	2	3	1	2	2	2	2	0	0
16	御帘村	3	2	1	2	2	3	1	2	2	2	2	2	2
17	培田村	3	2	1	4	2	3	2	1	2	2	2	4	2
18	赖坊村	2	2	1	4	2	3	2	2	2	2	2	2	2

续表

序号	村名	选址理念（C3）			外部形态（C4）		内部形态（C5）		院落空间（C6）			交通体系（C7）	
		D5	D6	D7	D8	D9	D10	D11	D12	D13	D14	D15	D16	D17
19	翠竹阳	2	1	1	2	1	3	1	1	2	2	2	2	2
20	肖家山	2	1	1	1	1	1	1	1	2	2	2	2	2
21	三洲村	2	2	2	1	1	3	2	2	2	2	2	4	2

资料来源：笔者根据《传统村落档案》及调研整理

据赋值标准，结合《传统村落档案》及相关材料，对各村的指标进行赋值。

（3）形态类型的多样性评价指标库及赋值标准

闽西客家村落的形态类型并非单一，许多村落兼具多类型特征。村落形态类型越多样，就越具代表性。因此，评价标准设定为有与无两类，分别赋值1和0（表3-7，表3-8）。

形态类型的多样性指标赋值标准 表3-7

子准则层	不同自然条件（C8）			不同文化区位（C9）		不同业态（C10）			不同防御模式（C11）			
指标层	沿河（D18）	山地（D19）	平原（D20）	核心（D21）	边缘（D21）	农业（D22）	商贸（D23）	手工业（D24）	区位（D25）	外围（D26）	内部（D27）	自然（D28）
赋值标准	1	1	1	1	1	1	1	1	1	1	1	1

资料来源：笔者自绘

闽西客家21个国家级传统村落形态类型多样性指标数据库 表3-8

序号	村名	不同自然条件（C8）			不同文化区位（C9）		不同业态（C10）			不同防御模式（C11）			
		沿河（D18）	山地（D19）	平原（D20）	核心（D21）	边缘（D22）	农业（D23）	商贸（D24）	手工业（D25）	区位（D26）	外围（D27）	内部（D28）	自然（D29）
1	湖坑村	0	1	0	0	1	1	0	0	0	0	1	0
2	初溪村	0	1	0	0	1	1	0	0	0	0	1	0
3	南江村	0	1	0	0	1	1	0	0	0	0	1	0
4	河坑村	1	1	1	0	1	1	0	0	0	0	1	0
5	田螺村	0	1	0	0	1	1	0	0	0	0	1	0
6	壁洲村	1	1	1	1	0	1	0	0	1	0	0	1
7	雾阁村	0	1	1	1	0	0	1	1	0	0	1	0
8	芷溪村	0	0	1	1	1	0	1	0	1	0	0	0
9	中复村	1	1	1	0	0	0	1	0	0	1	1	0
10	苏竹村	0	1	0	1	0	0	0	0	0	0	0	0
11	院田村	0	1	1	0	1	0	0	0	0	0	1	1
12	坪铺村	1	1	0	1	0	0	0	0	0	0	1	0

续表

序号	村名	不同自然条件（C8）			不同文化区位（C9）		不同业态（C10）			不同防御模式（C11）			
		沿河(D18)	山地(D19)	平原(D20)	核心(D21)	边缘(D22)	农业(D23)	商贸(D24)	手工业(D25)	区位(D26)	外围(D27)	内部(D28)	自然(D29)
13	中南村	0	0	1	1	0	1	0	0	0	0	1	0
14	灵岩村	1	0	1	1	0	0	1	0	1	0	0	0
15	庄上村	1	0	1	0	1	0	0	1	0	0	1	1
16	御帘村	1	0	1	1	0	1	0	0	0	0	1	0
17	培田村	1	0	1	1	0	1	0	0	0	0	1	1
18	赖坊村	1	0	1	1	0	1	0	0	0	0	1	0
19	翠竹阳	1	1	0	1	0	1	0	0	1	0	0	0
20	肖家山	1	1	0	1	0	1	0	0	0	0	1	1
21	三洲村	1	0	1	1	0	1	0	0	0	1	0	0

资料来源：笔者根据《传统村落档案》及调研整理

（4）保护概况的齐整性数据库及指标赋值标准

历史建筑的二级因子是数量、类型和年代。留存数量以50%为准，50%以上赋值为6，40%～50%为5，30%～40%为4，20%～30%为3，10%～20%为2，10%以下为1；闽西客家的历史建筑类型分成居住、宗庙和书院等三类，三者分别赋值为1∶1∶1，类型多样的为3，一般为2，较少为1；年代以明、清与民国三个时期为评价时期，拥有三个年代的建筑分值为3，两个年代分值为2，一个年代分值为1。

保护概况的两个次级因子为保护与利用两项，赋值为2∶2。其中，保护因子的评价主要以是否编制保护规划为标准，已审批编制的分值为2，在编的分值为1，未编的分值为0；利用因子的评价以是否开发旅游和使用情况为准，开发旅游的分值为2，未开发旅游但内部历史建筑作为博物馆予以保护的分值为1，未有任何利用举措的分值为0。

文献资料的三个次级因子分别是族谱、地形图和出版物，赋值分别为2∶2∶2。其中，族谱因子的评价主要以族谱资料的完整性为标准，内附村落地图，且明确表述村落形成发展脉络与风水格局的分值为2，表述不完整的分值为1，未有族谱资料的分值为0；地形图的资料以1∶1000的测绘图为准，具有1∶1000或1∶2000的地形图的分值为2，未有1∶1000地形图，但有其他如1∶5000的地形图的分值为1，未有地形图的分值为0；出版物因子的评价以出版物的等级或出版数量为标准，出版在具有影响力的刊物上，或者一般刊物，但数量在5篇以上的分值为2，出版在一般刊物，且数量5篇以上的分值为1，未发表的为分值为0。

各类国家名录因子包含国家级传统村落、国家历史文化名村和国家级特色景观旅游名村等三项，分别赋值为2：2：2。下表中的A、B、C分别代表国家级传统村落、国家历史文化名村和国家级特色景观旅游名村，具体如表3-9、表3-10所示。

保护概况的齐整性指标赋值标准 表3-9

内容	层级	赋值	赋值标准
数量（D31）	C12	6	留存数量以50%为准，50%以上赋值为6，40%～50%为5，30%～40%为4，20%～30%为3，10%～20%为2，10%以下为1
类型（D32）	C12	3	居住、宗庙和书院等三类，三者分别赋值为1：1：1，类型多样的为3，一般为2，较少为1
年代（D33）		3	年代以明、清与民国三个时期为评价时期，拥有三个年代的建筑的分值为3，两个年代分值为2，一个年代的分值1
保护（D34）	C13	2	以是否编制保护规划为标准，已审批编制的分值为2，在编的分值为1，未编的分值为0
利用（D35）		2	以是否开发旅游和使用情况为准，开发旅游的分值为2，未开发旅游但内部历史建筑作为博物馆予以保护的分值为1，未有任何利用举措的分值为0
族谱（D36）	C14	2	以族谱资料的完整性为标准，内附村落地图，且明确表述村落形成发展脉络与风水格局的分值为2，表述不完整的分值为1，未有族谱资料的分值为0
地形图（D37）		2	地形图的资料以1：1000的测绘图为准，具有1：1000或1：2000的地形图的分值为2，未有1：1000地图，但有其他如1：5000的地图的分值为1，未有地形图的分值为0
出版物（D38）		2	以出版物的等级或出版数量为标准，出版在具有影响力的刊物上，或者一般刊物，但数量在5篇以上的分值为2，出版在一般刊物，且数量5篇以上的分值为1，未发表的为分值为0
A（D39）	C15	3	被收录国家级传统村落3分，省级传统村落2分，市级传统村落1分
B（D40）		3	被收录国家级历史文化名村得3分，省级历史文化名村2分，市级历史文化名村1分
C（D41）		3	被收录国家级景观特色旅游名村传统村落3分，省级特色旅游名村2分，市级1分

资料来源：笔者自绘

闽西客家21个国家级传统村落形态保护概况评价指标数据库 表3-10

村名	历史建筑（C12）			保护利用概况（C13）		文献资料（C14）			各类国家级名录（C15）		
	数量（D31）	类型（D32）	年代（D33）	保护（D34）	利用（D35）	族谱（D36）	地形图（D37）	出版物（D38）	A（D39）	B（D40）	C（D41）
湖坑村	6	2	3	2	2	2	2	2	2	2	2
初溪村	6	2	3	2	2	1	1	2	2	1	2
南江村	6	2	3	2	2	2	2	0	2	2	0
河坑村	6	2	2	1	0	0	2	0	2	1	0
田螺村	6	2	2	2	2	2	2	2	2	2	2

续表

村名	历史建筑（C12）			保护利用概况（C13）		文献资料（C14）			各类国家级名录（C15）		
	数量（D31）	类型（D32）	年代（D33）	保护（D34）	利用（D35）	族谱（D36）	地形图（D37）	出版物（D38）	A（D39）	B（D40）	C（D41）
壁洲村	1	2	2	1	1	1	2	0	2	1	0
雾阁村	5	3	2	2	2	2	2	1	2	1	0
芷溪村	4	3	3	2	1	2	2	2	2	1	0
中复村	6	3	3	2	2	2	2	0	2	2	0
苏竹村	3	2	2	1	1	2	1	0	2	1	0
院田村	3	2	2	2	1	2	2	1	2	1	0
坪铺村	4	2	2	2	1	2	2	0	2	1	0
中南村	4	2	2	2	0	2	2	0	2	1	0
灵岩村	3	1	1	0	0	2	2	0	2	1	0
庄上村	3	1	2	2	1	0	2	0	2	1	0
御帘村	6	3	2	2	2	2	2	0	2	1	0
培田村	6	3	2	2	2	2	2	2	2	2	2
赖坊村	6	3	2	2	2	2	2	1	2	1	0
翠竹阳	5	3	3	2	1	1	2	0	2	1	0
肖家山	5	2	2	2	1	1	2	0	2	1	0
三洲村	6	3	3	2	2	2	2	2	2	1	0

资料来源：笔者根据《传统村落档案》及调研整理

2）评价相关指标计算

（1）A层指标权重计算

① 判断矩阵

针对A目标层的B1、B2、B3、B4两两比较，形成判断矩阵，如表3-11所示。

A目标层系统判断矩阵　　　　　　　　表3-11

指标	人文基础B1	形态特征B2	形态类型B3	保护概况B4
人文基础B1	1	1/3	1/5	1/7
形态特征B2	3	1	1/3	1/5
形态类型B3	5	3	1	1/3
保护概况B4	7	5	3	1

资料来源：笔者通过计算得到

② 归一化权重及一致性检验

根据上文所确定的判断矩阵，进行权重计算及一致性检验，计算结果如表 3-12 所示。

A 目标层权重及一致性检验表　　　　　　　　　　表 3-12

	Wi	Aw	λmax	层次单排序	占比（总）
人文基础 B1	0.05689	0.229882	4.118466	0.94676093	5.50%
形态特征 B2	0.121873	0.491902	一致性指标 CI	2.025882385	11.78%
形态类型 B3	0.263345	1.099376	0.039489	4.527742779	26.32%
保护概况 B4	0.557892	2.355519		9.701126104	56.40%
合计				17.2015122	

资料来源：笔者通过计算得到

（2）B 层指标权重计算

通过对 B 的 C15 个指标建构判断矩阵，计算结果如表 3-13、表 3-14 所示。

B1 与 B2 层判断矩阵　　　　　　　　　　表 3-13

B1	C1	C2	B2	C3	C4	C5	C6	C7
C1	1.0	0.3	C3	1.0	3.0	1/5	1/3	1/5
C2	3.0	1.0	C4	1/3	1.0	1/7	1/5	1/7
			C5	5.0	7.0	1.0	3.0	1.0
			C6	3.0	5.0	1/3	1.0	1/3
			C7	5.0	7.0	1.0	3.0	1.0
求和	4.0	1.3	求和	14.3	23.0	2.7	7.5	2.7

注：B1 与 B2 为不完全层次结构。　　　　　　资料来源：笔者通过计算得到

B3 与 B4 层判断矩阵　　　　　　　　　　表 3-14

B3	C8	C9	C10	C11	B4	C12	C13	C14	C15
C8	1.0	7.0	3.0	5.0	C12	1.0	7.0	5.0	3.0
C9	0.1	1.0	0.2	0.3	C13	0.1	1.0	0.3	0.2
C10	0.3	5.0	1.0	3.0	C14	0.2	3.0	1.0	0.3
C11	0.2	3.0	0.3	1.0	C15	0.3	5.0	3.0	1.0
求和	1.7	16.0	4.5	9.3	求和	1.7	16.0	9.3	4.5

注：B3 与 B4 为不完全层次结构。　　　　　　资料来源：笔者通过计算得到

归一化权重及一致性检验，如表 3-15、表 3-16 所示。

B层权重及一致性检验表1   表3-15

		Wi	Aw	λmax	层次单排序		占比（A）	占比（总）
B1	C1	25.00%	0.5	200.00%	C1	1	25.00%	1.40%
	C2	75.00%	1.5	CI	C2	3	75.00%	4.10%
				0.00%		4		
B2	C3	7.90%	0.4	513.90%	C3	2	7.60%	0.90%
	C4	4.00%	0.2	CI	C4	1	3.90%	0.50%
	C5	36.00%	1.88	3.50%	C5	9.7	36.20%	4.30%
	C6	16.20%	0.84		C6	4.3	16.10%	1.90%
	C7	36.00%	1.88		C7	9.7	36.20%	4.30%

资料来源：笔者通过计算得到

B层权重及一致性检验表2   表3-16

		Wi	Aw	λmax	层次单排序		占比（A）	占比（总）
B3	C8	55.80%	2.36	411.80%	C8	9.7	56.40%	14.80%
	C9	5.70%	0.23	CI	C9	0.9	5.50%	1.40%
	C10	26.30%	1.1	3.90%	C10	4.5	26.30%	6.90%
	C11	12.20%	0.49	CR	C11	2	11.80%	3.10%
				4.40%		17.2		
B4	C12	55.80%	2.36	411.80%	C12	9.7	56.40%	31.80%
	C13	5.70%	0.23	CI	C13	0.9	5.50%	3.10%
	C14	12.20%	0.49	3.90%	C14	2	11.80%	6.60%
	C15	26.30%	1.1	CR	C15	4.5	26.30%	14.80%

资料来源：笔者通过计算得到

（3）C层指标权重计算

判断矩阵，如表3-17～表3-20。

归一化权重及一致性检验，如表3-21、表3-22所示。

C层判断矩阵1   表3-17

C1	D1	D2	C2	D3	D4	C3	D5	D6	D7	C4	D8	D9	C5	D10	D11
D1	1.0	1.0	D3	1.0	1.0	D5	1.0	3.0	3.0	D8	1.0	5.0	D10	1.0	1.0
D2	1.0	1.0	D4	1.0	1.0	D6	0.3	1.0	1.0	D9	0.2	1.0	D11	1.0	1.0
求和	2.0	2.0	求和	2.0	2.0	D7	0.3	1.0	1.0	求和	1.2	6.0	求和	2.0	2.0
						求和	1.7	5.0	5.0						

资料来源：笔者通过计算得到

C层判断矩阵2   表3-18

C6	D12	D13	D14	D15	C7	D16	D17	C8	D18	D19	D20	C9	D21	D22
D12	1.0	1.0	1.0	1.0	D16	1.0	5.0	D18	1.0	1.0	1.0	D21	1.0	5.0
D13	1.0	1.0	1.0	1.0	D17	0.2	1.0	D19	1.0	1.0	1.0	D22	0.2	1.0
D14	1.0	1.0	1.0	1.0	求和	1.2	6.0	D20	1.0	1.0	1.0	求和	1.2	6.0
D15	1.0	1.0	1.0	1.0				求和	3.0	3.0	3.0			
求和	4.0	4.0	4.0	4.0										

资料来源：笔者通过计算得到

C层判断矩阵3 表3-19

C10	D23	D24	D25	C11	D26	D27	D28	D29	D30	C12	D31	D32	D33	C13	D34	D35
D23	1.0	0.2	0.3	D26	1.0	0.3	0.1	0.2	0.2	D31	3.0	1.0	1.0	D34	1.0	1.0
D24	5.0	1.0	3.0	D27	3.0	1.0	0.2	0.3	0.3	D32	0.3	1.0	1.0	D35	1.0	1.0
D25	3.0	0.3	1.0	D28	7.0	5.0	1.0	3.0	3.0	D33	0.3	1.0	1.0	求和	2.0	2.0
求和	9.0	1.5	4.3	D29	5.0	3.0	0.3	1.0	1.0	求和	3.7	3.0	3.0			
				D30	5.0	3.0	0.3	1.0	1.0							
				求和	21.0	12.3	2.0	5.5	5.5							

资料来源：笔者通过计算得到

C层判断矩阵4 表3-20

C14	D36	D37	D38	C15	D39	D40	D41
D36	1.0	0.1	0.3	D39	1.0	1.0	1.0
D37	7.0	1.0	0.2	D40	1.0	1.0	1.0
D38	3.0	5.0	1.0	D41	1.0	1.0	1.0
求和	11.0	6.1	1.5	求和	3.0	3.0	3.0

资料来源：笔者通过计算得到

C层权重及一致性检验表1 表3-21

B层	C层		Wi	Aw	λmax	层次单排序	占比(L1)	占比(A)	占比(总)
B1	C1	D1	0.5	1.0	2.0	D1	2	0.5	0.1	0.7%
		D2	0.5	1.0	CI	D2	2.0	0.5	0.1	0.7%
		求和			0.0		4.0			
	C2	D3	0.5	1.0	2.0	D3	2.0	0.5	0.2	1.1%
		D4	0.5	1.0	CI	D4	2.0	0.5	0.2	1.1%
		求和			0.0		4.0			
B2	C3	D5	0.6	1.8	3.0	D5	5.4	0.6	0.0	0.5%
		D6	0.2	0.6	CI	D6	1.8	0.2	0.0	0.2%
		D7	0.2	0.6	0.0	D7	1.8	0.2	0.0	0.2%
		求和					9.0			
	C4	D8	0.8	1.7	2.0	D8	3.3	0.8	0.0	0.4%
		D9	0.2	0.3	CI	D9	0.7	0.2	0.0	0.1%
		求和			0.0		4.0			
	C5	D10	0.5	1.0	2.0	D10	2.0	0.5	0.2	2.1%
		D11	0.5	1.0	CI	D11	2.0	0.5	0.2	2.1%
		求和			0.0		4.0			
	C6	D12	0.3	1.0	4.0	D12	4.0	0.3	0.0	0.5%
		D13	0.3	1.0	CI	D13	4.0	0.3	0.0	0.5%
		D14	0.3	1.0	0.0	D14	4.0	0.3	0.0	0.5%
		D15	0.3	1.0	CR	D15	4.0	0.3	0.0	0.5%
		求和			0.0		16.0			
	C7	D16	0.8	1.7	2.0	D16	3.3	0.8	0.3	3.6%
		D17	0.2	0.3	CI	D17	0.7	0.2	0.1	0.7%
		求和					4.0			

资料来源：笔者通过计算得到

C 层权重及一致性检验表 2　　　　　　　表 3-22

B 层	C 层	Wi	Aw	λmax	层次单排序		占比（L1）	占比（A）	占比（总）
B3	C8	D18	0.3	1.0	3.0	D18	3.0	0.3	0.2	4.9%
		D19	0.3	1.0	CI	D19	3.0	0.3	0.2	4.9%
		D20	0.3	1.0	0.0	D20	3.0	0.3	0.2	4.9%
		求和					9.0			
	C9	D21	0.8	1.7	2.0	D21	3.3	0.8	0.0	1.2%
		D22	0.2	0.3	CI	D22	0.7	0.2	0.0	0.2%
		求和					4.0			
	C10	D23	0.1	0.3	3.0	D23	1.0	0.1	0.0	0.7%
		D24	0.6	1.9	CI	D24	5.9	0.6	0.2	4.4%
		D25	0.3	0.8	0.0	D25	2.4	0.3	0.1	1.8%
		求和					9.3			
	C11	D26	0.0	0.2	5.1	D26	1.1	0.0	0.0	0.1%
		D27	0.1	0.4	CI	D27	2.3	0.1	0.0	0.3%
		D28	0.5	2.4	0.0	D28	12.4	0.5	0.1	1.5%
		D29	0.2	1.0		D29	5.3	0.2	0.0	0.6%
		D30	0.2	1.0		D30	5.3	0.2	0.0	0.6%
		求和					26.5			
B4	C12	D31	0.5	2.0	3.1	D31	6.2	0.6	0.3	19.0%
		D32	0.3	0.7	CI	D32	2.1	0.2	0.1	6.4%
		D33	0.3	0.7	0.1	D33	2.1	0.2	0.1	6.4%
		求和					10.4			
	C13	D34	0.5	1.0	2.0	D34	2.0	0.5	0.0	1.6%
		D35	0.5	1.0	CI	D35	2.0	0.5	0.0	1.6%
		求和					4.0			
	C14	D36	0.1	0.3	3.8	D36	1.3	0.1	0.0	0.6%
		D37	0.3	1.2	CI	D37	4.5	0.3	0.0	2.0%
		D38	0.6	2.5	0.4	D38	9.2	0.6	0.1	4.1%
		求和					15.0			
	C15	D39	0.3	1.0	3.0	D39	3.0	0.3	0.1	4.9%
		D40	0.3	1.0	CI	D40	3.0	0.3	0.1	4.9%
		D41	0.3	1.0	0.0	D41	3.0	0.3	0.1	4.9%
		求和					9.0			

资料来源：笔者通过计算得到

3.3.2　甄选结论论述

通过上述的计算及检验，得出甄选指标因子的权重值。综合上述各一级因子的数据库及标准值，进行标准化处理后，根据指标权重，计算

闽西客家 21 个国家级传统村落典型性综合指数　　　表 3-23

排序	村名	分值				综合指标	排序	村名	分值				综合指标
		B1	B2	B3	B4				B1	B2	B3	B4	
1	培田村	5.22	11.43	10.61	54.27	81.53	12	肖家山	3.9	8.12	9.93	37.45	59.39
2	三洲村	4.81	11.28	9.96	48.98	75.03	13	南江村	3.5	2.22	8.47	43.83	57.97
3	赖坊村	4.12	9.72	10.81	46.94	71.59	14	院田村	4.1	8.45	10.13	33.45	56.13
4	湖坑村	3.87	2.22	8.75	55.33	70.17	15	坪铺村	3.2	8.23	9.63	34.58	55.62
5	御帘村	3.87	8.97	9.88	47.37	70.09	16	河坑村	3.5	2.22	8.47	38.78	52.92
6	田螺村	3.41	1.95	8.6	55.33	69.29	17	中南村	2.8	8.23	7.75	33.82	52.56
7	雾阁村	5.52	11.1	10.33	41.64	68.59	18	壁洲村	3.6	9.82	10.14	27	50.55
8	中复村	3.82	8.23	9.37	47.08	68.5	19	庄上村	4.6	5.98	8.36	30.64	49.56
9	芷溪村	5.29	10.37	10.14	41.86	67.66	20	灵岩村	4.5	8.41	9.73	24.01	46.63
10	初溪村	3.75	3.04	8.79	49.83	65.41	21	苏竹村	2.8	5.41	7.66	29.63	45.46
11	翠竹阳	3.21	8.12	10.02	40.65	62							

资料来源：笔者通过计算得到

闽西客家 21 个国家级传统村落的综合评价数据指标，具体如表 3-23 所示。根据计算的数据，培田村的分值最高为 81.53，由此选取培田村作为闽西客家传统村落的典型代表。

3.4 典型性描述——培田村落典型代表性分析

3.4.1 人文基础描述

1）经济发展步调的协同性

闽西客家区依靠汀江流域的转口贸易，结合自身的农业资源优势，发展造纸、布业和烟业等三大产业体系。培田村正是以造纸和布业起家，其产业运行轨迹是闽西客家区经济发展的缩影。

（1）主导产业的一致性

培田吴氏家族的经济产业以造纸业、钱庄为主，布业为辅。据族谱记载，当时培田人经营的福州"云车纸业"、汀州"昌同油行、仁昌布庄、早珍号纸庄"名气很大。纸业商行大多集中在福州、潮州两地。当时培田广种竹子，用于造纸，以吴氏经营的纸行为中心，培田成为当地纸业经营的集散地，营销范围广及汀州八县、潮州和赣南等地区[152]。培田布业也很发达，当时种植的一种称为"兰靛"的植物，用于制成染料。

其他还有药局、客栈、轿行等。

（2）发展脉络的协调性

兴文重教之外，培田经商致富的传统十分鲜明。可以说，培田村教育的发达和大型民居的兴建与商业的繁荣密切相关。明朝时期，培田土地开发已饱和，随着人口的持续增长，许多山林和梯田毁坏，人口土地矛盾日益突出。由此在明朝嘉靖和万历年间第九代族人东溪和石泉兄弟开辟经商的先河，随后其子孙陆续弃儒经商。但从培田村商业的发展过程分析，培田人并非完全弃儒经商，重教兴文的思想根植于族群意识。因此，培田的商业文化中增添了儒学元素，从而形成"亦官亦商"的商业文化特色。如清代留守培田的吴氏族人中最为兴盛的是敬房，带领家族进入鼎盛时期。"因商致富，因富治学，因学而仕"的发展模式成为培田兴旺昌盛的重要路径。典型的例子是明清之际，培田人丁衰微，第十三代男丁只有五人，而第十四代日炎公"遂弃笔砚而理牙筹"，一生累积财富巨万后，兴建七座大屋，并重教兴文，培养出大量科举人才，故有"日炎生六子，二十九孙，生员三人，贡生三"的说法，此后培田商人和士绅大都出自该支派，如十七世"南顿公"的五子在道光至同治年间均为商业巨子。清朝中叶以后，培田商人富甲一方，完成村落发展的经济积累，开始新一轮买地建房，村庄建设达到高潮。

（3）商业空间的代表性

培田的古驿道是长汀与连城的重要通道，是官商士民的必经之地。得天独厚的交通条件使培田村成为汀州、龙岩等地农副产品贸易的水陆中转站，许多土特产经河源溪放排至朋口码头，然后装船直运潮汕。江西的药材、两广的杂货、潮汕的食盐海鲜又经此商路运往周边的永安、清流、龙岩、上杭等县，商路的发展促进了培田经济的繁荣。清朝中期，培田商人涉足金融领域，商业资本进入省外市场，并横跨东南数省打造庞大的商业金融网络。在此背景下，培田商品经济的繁荣促进墟场和千米长街的形成。墟场逢四、九开墟，为省内外商贩推销和购买货物构建便捷的平台；千米长街是河源地区上游的商品集散地，据载商业街经营油盐酱醋、铁银器皿、药材食品等日常用品，并设银库当铺、客栈赌场等娱乐场所，经济繁荣可见一斑。培田有各种商号37个，现留下23间店铺。如万福来客栈、早珍号纸庄、恒丰号豆腐酒坊、仁昌布庄等，经营豆腐酒店、京果杂货、布匹绸缎、药材诊所、木器铁器、裁缝剃头、香烛鞭炮、轿行赌馆、客栈旅店、布庄纸行及外埠洋货等。培田手工作坊有织布坊、打铁店、竹木器作坊、鞭炮作坊、糕点作坊、焙花生作坊、熬烧酒作坊等等。昔日的昌盛景象培田有诗云："庭中兰蕙秀，户外市尘嚣"（表3-24）。

培田村商业街店铺调查　　　　表3-24

店　铺	经　营	店　铺	经　营
A 原鸭姆丘水兴处	食品杂货	B 原济阶店	裁缝、针线店
C 原鸿哲店	剃头	D 原庆孜店	小食品
E 春娥店	豆腐酒	F 原有源店	香、蜡烛等
G 原树槐店	米果食品	H 原树银店	京果杂货
I 原流生店	小食品	J 原建义店	豆腐酒
K 原建绥店	绸缎、丝线等	L 原瑶阶店	酒花生
M 原建章店	京果杂货	N 原敬以居店	肉铺
O 原建极店（三让堂）	杂货、木制品等	P 原树容店	豆腐酒
Q 原焕枢店	利仁诊所兼药店	R 原焕朝店	药局（批零收购药材）
S 原松树店	香、鞭炮、糕饼、花生等	T 大通公司（在衡公祠）	布匹、洋货、南北货
U 原彩生店	刀剑、铁器店	V 原佐均店	京果杂货
W 原祥顺店	赌庄	X 原凤年店	香、蜡烛
Y 原华年店	裁缝、豆腐酒	Z 原寅官店	杂货
AA 原江湖佬店	豆腐（二爿店面）	AB 原永官店	酒
AC 原吴广文店	京果杂货、剃头	AD 原吴永官店	豆腐、肉铺
AE 原吴德春店	小食品	AF 原吴汝湘店	食品杂货
AG 原代聊场圃	人和堂药店	AH 原淑英店	绸缎、丝线、针椎等
AI 原致祥堂店	早珍号纸庄（批零、收购）	AJ 原大桥头鸿银店	杂货店
AK 原大大桥头良水店	酒店	AL 原大桥头春寿店	客栈
AM 原大桥头梅生店	饼花生	AN 原大桥头彩生店	振华新布店
AO 原鬼子楼饼店	（生产兼批零）	AP 原下业屋鞭炮厂	（陈姓人开）
AQ 原树横店	布匹	AR 原建得店（火墙背）	博记、永和店、京果杂货
AS 原大秧地生标处	客栈、轿行厂	AT 原大秧地瑜永处	仁昌布庄兼布
AU 原伯永打铁店	刀具、农具	AV 原熬烧酒厂	（李姓人开）

资料来源：培田保护规划

2）宗族形成的代表性

作为一种传统的道德规范，敬祖在客家宗族中表现得特别突出。原因在于，客家先民离开中原时，中原文化处于鼎盛期，而移居南方后，所处环境相对封闭和恶劣，亟待形成有助于族人团结一心的敬祖的道德规范。

培田居民对敬祖的伦理道德很敬畏，南迁过程中不论多颠沛多艰辛，也要背负祖先的骨骸同行。在各种版本的族谱都记载的十六条家训中，列为第一、二条的就是"敬祖宗、孝父母"。培田人总是把祖堂放置在居所最核心的位置。在民居墙柱上出现不少如"祖训书墙牖，家声继蕙兰"（敬承堂联）、"出门思祖德，入户念宗英"（郭隆公祠联）等楹联，表达对祖先恩德的赞颂和追念，以及作为后代子孙引以为豪的文化心理（表3-25）。

培田宗族组织形成脉络一览表　　　　　　　　　　　　　　　　　表3-25

时代		社会历史	历史遗产	历史调查与研究
元朝	始祖八四公	据培田乾隆和光绪版本的《吴氏族谱》记载："予始祖八四郎公，世传来自宁化"，八四郎为吴宣第十四世孙，宋时吴宣长子吴经"遭宋乱避居江西之崇仁"，吴经之子"念九公始迁居我汀宣和里"，至吴宣第十二世孙"居木公生伯雅公，当元乱隐居不仕，生八四郎公"	八四公祠	由此可见，培田吴姓先民与其他客家人一样，有着一段因战乱而流离南迁的辛酸历史命运
明朝时期	三世文贵公	据查，现培田居民的祖先，真正定居培田是在八四郎的孙辈即三世文贵公	文贵公祠	可考证早期住宅可能住宅建筑简陋，或者栖居原住民的房屋，这说明五世以前财力不足或比较困顿
	六世	六世郭隆官五品尚义大夫	衍庆堂	从六世起，培田先民的社会地位开始飙升，为培田村落的发展和进步，提供了必要而可靠的政治与物质保证
	七世	祖宽官五品昭武大夫		
		明成化年间创办石头丘草堂、六学堂和武厂		
	九世	九世石泉官贵州太仓史。东溪、石泉兄弟都分别传有二子，即长在敬、次在崇、三在忠、四在宏		从九世起，培田人丁走向兴旺
明清时期	十世	—	在宏公祠、乐奄公祠	奠定了整个村落吴氏民居建筑群的基本格局
	十一世		愈扬公祠	
	十四世		容奄公祠、配虞公祠	
	十五世		隐南公祠、衡公祠、畏岩公祠	
	十六世	吴馥轩官五品奉知大夫	官厅（吴馥轩）、双善堂	
	十七世	吴茂林官五品儒学正堂	南村公祠	
	乾隆三十年（1766）	社会相对稳定，经济发展	创办南山书院，继办紫阳书院	形成了"耕读入仕"的社会环境与教育机制

续表

时　代		社　会　历　史	历　史　遗　产	历史调查与研究
清末时期	十八世	吴昌同17岁学理财，后在两湖开钱庄，汀州办油行，潮州、福州经营纸业，终为家财万贯，富甲一方，并封五品奉知大夫及再封四品昭武大夫；其弟吴九同也封五品奉知大夫	继述堂（吴昌同）、济美堂、工房门楼、容膝居、久公祠（吴九同）、致祥堂、承敬堂、厥后堂、务本堂、敦朴堂等	从十六至十九世这四代中，出现了人才迭出和财势兴旺的局面，这种显要的权势和雄厚的财力，为建筑富丽堂皇的民居提供了保证。完成了培田村的最主要的民居建筑
	十九世	吴翰兴中武举、官四品昭武大夫；吴达均官四品布政使司，吴凤年宫五品九江刑检；吴拨祯中武进士、封文进士，官四品蓝翎带刀侍卫并领三品衔；其兄吴华年也封五品昭武都尉	都阃府（吴拨祯）、进士第、双灼堂（吴华年）、灼其祈祠、如松堂（吴震涛）、三让堂、承志堂等	
	二十世	—	承先堂、世德居、进德堂、集祥堂等	

资料来源：同济大学历史文化保护研究所

（1）形成

培田吴氏的始祖八四郎公，据说生于元末泰定年间，曾在江浙一带为官，元末为逃避方国珍之乱，由浙江迁徙至宁化，再从宁化来到长汀宣河里。他在培田附近的上篱村看到水口龟蛇交合，认为是风水宝地，就向地主魏氏购地建屋，并娶魏氏之女为妻，从此定居开族[158]。据考证，吴八四可能是闽西的土著，明初因编入里甲户籍而定居，成为上篱与培田等地吴氏家族的始祖[153]。

（2）发展

培田吴氏的开基祖名文贵，是八四郎的长孙。据族谱记载，八四郎生胜轻和胜能二子，胜轻生四子，胜轻的四子分家后，因人口太多，长子文贵迁到现在的培田村，从而开始培田吴氏家族的创业历史。明初至明中叶，培田吴氏族人力农起家，逐渐成为乡里中的领袖人物，据说五世祖琳敏曾掌国赋，即里长或甲首，因"乐善好施"而被朝廷赐"义民"称号，免除劳役，从而为宗族发展获取有利的政治条件；六世郭隆官封五品善义大夫，自此吴氏宗族社会地位开始提升，宗族发展有了可靠的政治与物质保障。郭隆在此时期控制当地的生态资源，并建"至德衍庆堂"，位于村落风水最佳位置，村内其他宗族开始迁移。明中叶，即七世至九世，吴氏陆续进入仕途，在当地具有很强的影响力。从三世到九世，培田吴氏经历了从农业传家向耕读传家模式的转变。在此阶段，吴氏第八代曾尝试创修族谱，但因故中断[153]。

（3）繁荣

明代后期,即十世后,随着人口的迅速增长,吴氏家族开始修族谱、建祠堂,明万历正式修成《培田吴氏族谱》,并建造最早的祭祖祠堂——大树下祠堂。用正统的宗法组织标准衡量,明代培田的宗族组织并不完善,但已经初具规模。明末清初,培田吴氏的科举事业一度趋于衰落。但清康熙以后,文风复兴,从第十五代到第十七代,共27人考取科举功名,这些士绅积极"修族谱,建祠堂,兴礼仪",推动培田吴氏的家族组织结构日趋完善,自此,培田吴氏形成了真正意义的正统的宗族组织。

(4)鼎盛

清代后期,培田吴氏族人进入亦官亦商的时代,并引领家族步入鼎盛时期。在出仕为官方面,先后有十七世梦香出任台湾北路千总、升守备,茂林出任寿宁县儒学教谕,十九世永年出任江西鄱阳司巡检,震涛出任松溪县学教谕,拔桢出任山东青州、登州守备。在经商致富方面,十七世南邨公的五子以经营土特产起家,逐渐扩大至金融、运输、食盐和洋货等,在东南各省建立了庞大的商业网络,积累了巨额财富。士绅和商人密切合作,他们一方面建祠堂、捐祭田、兴义学、设义仓,另一方面又修族谱,立家法,定族规,编章程,把各项家族事业推向了极致[158]。

3)特质文化

(1)儒商文化

"以儒律己,融儒于商"是培田村落儒商文化的根本特性。培田吴氏宗族的发展,虽以商起家,但崇尚耕读的观念根深蒂固。据培田吴氏族谱记载,培田吴氏始祖八四郎以行商起家,但历经几世后,便从经商转到耕读上来。相当一部分吴氏商贾仅把经商视作实现人生抱负的手段,认为"耕读"才是立身之本。经济与文化的同步发展,也带动其他领域的发展,村落形态逐渐呈现出开放性的特点。宗族教育与商业活动成为培田历史文化物质遗产丰厚的资源,追踪儒商文化也是培田古村落保护研究中必不可少的一环。

(2)兴文重教

吴氏六世之前是以农耕为生,七世之后是以耕读传家为主,此后培田文武英才辈出。据祖谱记载,明时期,培田吴氏共11人考取科举功名;清时期,培田先后出现三次人才辈出的高潮期。第一次是顺治七年到乾隆三十年,培田培养出191位秀才,主要是受教于福州的邱振芳、宁化的曾瑞春、上杭的袁南宫、永定的温恭等多位名师贤达；第二次高潮是从乾隆三十年到光绪三十一年，先后培养出邑库生、郡库生、国学生、贡生等120人。其中含3名举人、1名翰林、1名武进士，以及5人被诰封或驰赠大夫。该时期共有19人入仕，8人九品衔、4人八品冠带、5人五品衔、1人为三品宫廷内侍。第三次高潮在清末民初，特别是民国时期，造就了4名曾与周恩来总理一起赴法勤工俭学的学生，以及3名黄埔生。中华人民共和国成立至今，也培养了大中专毕业生200余人[154]。

培田的人才辈出与兴文重教的传统息息相关。明中叶以后，培田先后创办了许多书院学堂，如第十代的"十倍山学堂"、第十二代的"白学堂"、第十三代的"义屋学堂"和"伴山学堂"、第十四代的"岩子前学堂"、第十五代的"南山书院"，第十六代的"清宁寨学堂"。此外，吴氏祠堂和住宅设置许多私塾和学馆，从多层面施行兴文重教的重要举措。培田还实施了多形式的办学思路，先后设立各种不同形式的族产，专门用于办学、资助科举考试和聘请名师。不同支派中设有专门用于文教和科举的族产，如南邮公设立经蒙田、南坑学堂田、秀才田和义田等形式用于办学及助学。同时，培田还在省城设立试馆，解决考试住宿难的问题，以鼓励族人到省城应试。培田历史上还举办与文教有关的各种集会和结社活动，如乾隆四十一年（1776年）创立德孔圣会、文昌社与朱子惜字社；晚清在紫阳书院每年都举行一些文会等活动。历经了明清两朝的推动，培田文风昌盛，兴文重教的传统得以在族群中潜移默化、代代相传。

（3）民俗文化

① 民间技艺：十番、鼓吹乐、提线木偶、武术、根雕、龙灯、剪纸等[155]，各种文字及花、草、树木均可入图。

② 民俗：祭祖。

a. 族规制定：新正二日拜图祭祖，行三献大礼。

b. 续嗣：其中有续弦、过继、倒插门等秩序规则。

c. 订丁：生长子，初六庆花魁。以及婚嫁、诞生、贺寿、丧葬等以及各种节日风俗，其中以元宵节游龙灯最为知名和热闹[154]。

③ 美食：涮九品、芋子饺、漾豆腐、雪花鱼糕、鳝鱼苦笋、慈姑猪蹄、白鸭鲍鱼、鱼饺、珍珠土龙、荸荠羹、珍珠丸、金银酥、金包银等，其中河源米冻是培田现今最知名的百姓小吃（图3-15）。

图 3-15 培田民俗文化

资料摘自:《培田古村落保护与发展规划》及自摄

(4) 红色文化

培田官厅——松毛岭保卫战中红军指挥部原址;南山书院原校长室——朱德住宿办公处。会议期间,代交柴米及厨房炊具损坏补偿费——1932 年发行,中央苏维埃政府公债三圆券一张(其上有中央苏维埃政府印,还有毛泽东主席、林伯渠行长、邓子恢部长公私章鲜红清晰),现存培田村民吴柏生处。

3.4.2 形态特征描述

1）选址理念

闽西客家的选址理念包括风水、防御和生产生活三个方面，培田村落的选址充分考虑这三个要素。"水如环带山如笔，家有藏书陇有田"（大夫第）、"前有朝山溪水流，后有丘陵龙脉来"，是培田村落选址的风水依据。培田村西面以卧虎山（后山）为龙脉，东临河源溪，东面近处矮山为案山，远处千米笔架山为朝山，怀抱中的明堂呈虾形，因而村落建筑群因地制宜，以卧虎山为中心呈放射状结构。民居院落中轴线起于卧虎山止于笔架山，形成最佳的风水环境，所以住户大门常有"斗山并峙""三台拱瑞"（龙脉、案山、朝山）的横联[155]。如果俯瞰培田，有三道绿色山峦自北向南直抵培田，如三龙环抱；村外周边五个山头似五虎蹲踞；远处笔架山成为村落的东部屏障；蜿蜒曲折的河源溪如玉带环绕；南面水口处苍槠、香枫青翠挺立，像巨人把口；村落选址"枕山、环水、面屏"符合中国传统理念，创造了一个与山水天地融为一体、静谧和谐的人居环境[158]。此外，培田坐落于小型山间盆地内，拥有一定规模的平坦农田，农田紧邻生活区，生产与生活的联系十分紧密，二者用地规模在长期的发展过程中保持一定的平衡，这种选址充分考虑生活与生产间的距离、规模关系，在闽西客家村落中具有代表性。培田选址还考虑到防御的因素，"山环水抱，背山面水"的格局就是天然的防御屏障，这种自然防御是闽西客家村落中常见模式。

2）外部空间布局

村落外部空间布局的目的是构建一个自然、生活和生产三个环境要素的平衡关系格局。常见闽西客家村落外部空间布局手法在于水系的梳理、山体的改造。由于山体的改造，在生产力水平落后的时代，一般采用迁就山体，促使村落形态与山体协调的方法；相对山体，水系的改造难度小，客家人对外部空间布局的思考大都体现在对水系的改造上。培田村落中，水系的改造最具特色，特别是水口的设置，以及村落水圳的营建。

培田村的水口位于村落南面，河源溪的出口处。在苍槠、香枫掩映下，一座两层的文武庙扼住水口，庙前立"恩荣"牌坊，与村尾"乐善好施"牌坊遥相呼应。培田村水口的作用在于：标识了村落入口；丰富了村落景观；成为村落的天然屏障，满足村民"保瑞避邪"的心理，增强了村落的隐蔽性和安全感；表达了村民希望家族兴旺的心愿，为村民提供娱乐休闲和人际交往的空间[158]。

村落的水源由地表水和地下水组成。地表水是绕村而过的河源溪，用于农业灌溉、洗涤，还用于排污。地下水是从后山流出来的山泉水和井水，提供全村生活用水。村中的排水系统主要由水圳、暗沟和水塘组成。其中有两条水圳穿街过巷，贯穿全村，直通各户。暗沟排放的是家家户户天井排出的雨水和生活污水。民居屋面的雨水汇聚到天井，顺暗沟流入水塘。排水路径有讲究，"水为气之母，逆则聚而不散；水又属财，曲则留而不去也"。因此，排水暗而不显，弯曲而不直泄。培田民居在厅堂下往往设有陶制的暗水管，放养乌龟，乌龟爬动起到清淤排污的作用。培田村水圳、暗沟、水塘的合理布局，既保证了使用，也方便了村民。特别是借助两条水圳沟通全村，综合解决了村民取水、洗涤、观景、排污等生活起居问题[158]，如图3-16所示。

3）内部空间格局

培田古村落的空间结构呈现出一种自然开放的格局特点。村落里没有封闭的防御性设施，各代宗祠布局排列无明显的等级之分，建筑与建筑之间没有相互隔绝的高墙，而是沿着千米古街平行排列。培田古村落与广东梅县的围垄屋、福建永定的土楼等客家村落完全不同，其自然开

河源溪　　　　　水圳

水塘　　　　　万安桥

图3-16 培田村水空间营建图

资料来源：自摄

放的特性，一是由于村落周边山峦犹如天然的屏障，二是由于培田商业的发展形成了自由平等的格局[155]。

4）交通网络体系

培田村的街道体系主要由三条大致平行的街道组成。三条平行街道之间有七条纵向街道连接；两条水圳相伴在主要街道一侧（图3-17）。

这三条平行的街道是：驿道——官厅、继述堂门前的一条过境通道，位置最东；古街——全村的日常生活街道，留有许多商铺字号和公共服务设施，位置居中，曲折贯穿村头村尾；后街——一条辅助生活性街道，据说是为女人去祖庙看戏或串门以及日常挑粪送薪所用，位置最靠西[155]。

图3-17 培田街巷图
资料来源：摘自《培田古村落保护与发展规划》保护规划及自摄

新塘街（商业古街）　　　　巷道

3.4.3 形态类型描述

闽西客家村落用地形态类型根据自然地形、文化区位、产业业态和防御格局而划分，培田村用地最大限度地兼容上述类型，是客家村落形态特征的集中表达。

1）多自然条件兼备

闽西客家村落用地形态按照不同自然地形条件，分成沿河型、山地型和平原型，培田村具有如上三种类型特征。沿河型是客家村落的普遍类型，培田村在处理河流的关系，特别是河流的形状改造、引水、排水方面，都有一套特有的营造模式，这种模式不仅是客家风水文化的集中表达，也是客家人将自然环境与生活、生产完美结合的产物。其次，培田村地形的竖向变化虽然不如土楼型村落大，也不像灵岩村、芷溪村等那样拥有大规模的平原用地，但其发展的自然本底是山间盆地，山间盆地的地形地貌一般由一定数量比例的山地和平原组成，只是经历了600多年的不断改造，形成现在相对简约的用地形态，这种形态表现出村落与周边山地的融合模式，不同竖向用地的改造方法，集中演绎客家人对环境、生活与生产的哲学思考。因此，培田村落用地形态是河流、山地和平原三种类型的交集，是客家人对改造自然的综合表达。

2）多客家文化集合

培田虽然与汀州府有一定的距离，但因航道和驿道的便捷联系，与客家核心区的文化交流比较紧密。客家文化特质，如宗族、风水、商业、重教，以及近代的红色文化，在培田村落用地形态中都有相应的空间响应，并作为文化基因固结在用地中得到传承和延续。同时，经过长期的环境变化和空间博弈，特别是现代文化的冲击和城镇化的驱动，培田村落用地形态仍然可以完整地保存下来，不仅因为其处在变革动力的末端得以幸免，还因为客家文化与用地形态的有机融合而使其具有强大的适应性。可以说，客家文化进一步强化培田村用地形态基因元的链接力，使形态基因具有极强的遗传性和识别性。通过研究培田村用地形态基因演化特征，可以深入挖掘客家文化特质，寻找文化与用地相互融合的方法，创新客家村落用地空间营造模式具有一定的意义。

3）多产业业态融合

闽西客家村落的产业业态一般分为农业型、商贸型和手工业型三类。农业型是村落的一般形态，表现为村落建成区与农业生产的空间关系，以农田与建成区的用地比例、交通连接与空间构成等内容呈现。农业型是闽西客家村落的基本类型，个性鲜明的村落形态是在农业型的基础上叠加自身特性的结果。培田村则是农业型和商贸型两种类型的综合体，其内部的千米古街所形成的商贸空间格局独具特色，特别是"前店后居"的布局是农业与商业两种模式叠加的典型代表。虽然零星史料记载培田村内某个时期发展手工业，如造纸、染布等，由于产业无法形成规模，其空间发展缺少稳定性和连续性，所以现存的村落用地形态无法考证。但是，可以肯定，培田村落的用地形态介于农业型与手工业性之间，兼具三种业态村落的特征。

4）多防御形式统一

在重山复水、山贼猖獗的闽西客家地区，一般村落的防御空间由山水、村落和民居院落等三个尺度组成。在此基础上，不同村落根据自身的防御重点构建不同的空间防御模式。总体而言，三种尺度的一体化的防御形式是闽西客家的基本特征，培田村在这个方面较为突出。首先，村落"五山围合，背山面水"的山水形势为大尺度防御创造条件；其次，内部以驿道、古街和后街的渐进式防御格局，以及通而不畅的布局是村落尺度的防御空间的典型；最后是院落式的防御空间设置，培田村在这个方面也具有代表性，特别是客家聚族而居的居住模式，以及高墙大进深的空间形态，是客家院落防御空间的最佳演绎。

3.4.4 历史建筑描述

客家文化的根源为中原文化，其建筑融合原有的风格、迁居地的环境因素与南迁过程中各地区的建筑特点，形式上丰富多彩。保留下来的完整的建筑群落充分体现这种特色。培田的传统建筑占村落建筑总量的60%，大量的建筑群落组合而成完整的村落格局，充分体现客家特有的文化特质。

1）传统建筑留存数量巨大

培田古民居群占地71900m²，由30多座大型民居古建筑、21栋宗祠、6家明清书院、4座庙宇、2道牌坊，以及一条千米古街组成[156]。旧时，培田本族人只有近百户，500人左右有如此多的书院、祖祠、店铺，故有"十家一书院，五户一祖祠，三家一店铺，一人一丈街"的美誉。

30幢大型居民古建筑——继述堂（又名大夫第）、官厅、敦朴堂、都阃府、工匠房（即工房门楼）、双灼堂、灼其祈祠、如松堂、三让堂、进士第、双善堂、厥后堂、致祥堂、锄经别墅、纯熙公屋、树瑜屋、三伯公屋、银库屋、巨堂公屋、在宏公屋、畏岩公屋、焕枢屋、树容屋、南村公屋、一纯公屋、有烈屋、济阶屋、泉熙屋、下义屋、配虞公屋、溪垅居等。

21座宗祠——天一公祠、容庵公祠、衡公祠、久公祠、美三公祠、愈扬公祠、世昌公祠、泰均公祠、乐庵公祠、文贵公祠、三亭公祠、超北公祠、锦江公祠、乾生公祠、畏岩公祠、隐南公祠、配虞公祠、跃亭公祠、三亭公祠、南村公祠、衍庆堂、济美堂、在宏公祠。

6处明清书院——南山书院、紫阳书院、在宏公书院、石头丘草堂、云江书院、清宁寨书院。

4座庙宇——是指文武庙、马头山寺、天后宫、云宵寨庵。

2道跨街牌坊——村头的"乐善好施"坊和村尾的"荣恩"牌坊。

其他特殊建筑——如修竹楼（又名廉让居）、绳武楼、容膝居、武厂等，前二者都是规模较大的二层楼房建筑，分别用于村中儿童玩耍娱乐和存放粮食，后二者分别用于教化妇女和练武健身。

2）传统建筑类型丰富多彩

（1）居住建筑

客家民居中有广东梅州的多层围垄屋，永定的土楼，长汀的九厅十八井。九厅十八井指门楼、下、中、上、楼上、楼下、左花、右花等九个正向大厅，以及五进厅的五井、横屋两直各五井、楼背厅三井。其厅井布局合理，各有功用。上厅供祭祀、族长议事，中厅接官议政，偏厅会客接友，楼厅藏书，厢房横屋起居炊沐。九厅十八井集政、经、居、教于一体[157]。培田民居即是九厅十八井建筑，其中的继述堂、官厅、都阃府、双灼堂、致祥堂、敦朴堂、务本堂、济美堂最为著名，是闽西客家民居建筑的典型代表（图3-18～图3-20）。

图3-18 培田村民居群落图

资料来源：《培田古村落保护与发展规划》

继述堂

官厅

图3-19 培田村明清时期主要民居图1（一）

资料来源：《培田古村落保护与发展规划》及自摄

图 3-19 培田村明清时期主要民居图 1（二）

资料来源：《培田古村落保护与发展规划》及自摄

敦朴堂

务本堂

双灼堂

致祥堂

图 3-20 培田村明清时期主要民居图 2

资料来源：《培田古村落保护与发展规划》及自摄

济美堂

都阃府（遗址）

（2）祭祀建筑

① 祠堂

祠堂，维护了宗法等级制的尊严，也维系着家族精神，祠堂还成为军事指挥部和武装力量的集结地，当本族与外族发生纠纷械斗之时，祠堂便成为聚众中心。当然，祠堂更重要的功能还是祭祀祖先的场所[152]。当然，祠堂也有不同的规模。培田单一用于祭祀活动而非居住的祠堂有：衍庆堂、八四公祠、天一公祠、衡公祠、久公祠等。这些建筑的共同特点是：单一中轴线对称、一明两暗形制；多为一进，规模大的为两进，且进深小；大祠堂如衍庆堂配设戏台（图 3-21）。

② 庙宇

培田的四座庙宇中，文武庙和天后宫设在村内，一在村口，二在桥头。

衍庆堂（祖祠）　　　　容庵公祠

乐庵公祠　　　　八四公祠

图 3-21　宗祠建筑形态图

资料来源：《培田古村落保护与发展规划》及自摄

在绿树掩映下，文武庙扼住水口，它始建于明初，最初是关帝庙，仅一层，乾隆年间改成两层，上祀文圣孔子，下祀武圣关公。两座庙宇在中华人民共和国成立后复建，位置仍在原址，只是修复的建筑材料、形式与工艺与古村落整体的要求相去甚远（图3-22）。

图 3-22　培田村庙宇建筑图

资料来源：自摄

（3）书院建筑

培田历史上先后出现20多所书院学馆，其中南山书院名气最大，规模也大，其建筑形式自由，设计因地制宜别具匠心，于光绪三十二年（1906年）改办小学堂，现今还保留着主体建筑，书院外有一棵六百年的罗汉松见证了书院的辉煌历史，这里曾有"距汀城郭虽百里，入孔门墙第一家"的美称，并且书院之勤读标志——南山书声成为宣和十景之一。五百年培田村人文荟萃，而被誉为"文墨之乡"。此外，培田还拥有专门性的教育建筑，如专业培训的书院修竹楼，女子学校容膝居，以

南山书院　　　　　　　　　　修竹楼

图 3-23　书院建筑示意图

资料来源：《培田古村落保护与发展规划》及自摄

锄经别墅　　　　　　　　容膝居（女子学校）

及与居住结合的私塾锄经别墅等（图 3-23）。

正是重教的文化传统，提升了培田村落的教育设施用地比例，村落用地形态表现出独特的形态特征。培田也因此培养出秀才 140 余名，入仕 19 人，官至五品的有 7 人，其中有翰林、诰封大夫等；民国时期还出现了 4 名留学法国的学生，3 名黄埔军校的学生；中华人民共和国成立后，培养出大中专生 270 多人，人才出自书院，书院因人才而负盛名。

3）建筑年代囊括明清各时期

资料显示，现存的古村落建筑可划分不同的历史时段：明代、清初、清康熙、清雍正、清乾隆、清嘉庆、清道光、清咸丰、清同治、清光绪、清宣统、民国年间建筑、20 世纪六七十年代建筑、八九十年代建筑。遗留的传统建筑大多建于清代，少数可追溯到明代。清朝建筑主要为晚清，即同治与光绪年间的量最大，占 26.3%，如表 3-26 所示。现状表间接证明了汀江流域经济繁荣的鼎盛期是在清晚，培田的经济发展与汀江流域的经济发展同步。能这么完整地保留数量众多的明清时期各时代的建筑，在闽西客家村落极为少见，这些建筑再现了村落形成与发展的历史脉络，对于研究闽西客家传统空间形态提供了依据，同时也有利于分析各时期村落的用地形态特征。

建筑年代现状表　　　　　　　　　　　　　　表 3-26

类别	明代	清初	清康熙	清雍正	清乾隆	清嘉庆	清道光
面积（m²）	1210	300	1550	2550	3160	750	140
比例（%）	2.2	0.5	2.8	4.7	5.8	1.4	0.3
类别	清咸丰	清同治	清光绪	清宣统	民国建筑	20世纪六七十年	20世纪八九十年
面积（m²）	780	8070	6370	260	820	12020	16790
比例（%）	1.4	14.7	11.6	0.5	1.5	22.0	30.6

资料来源：摘自同济大学历史文化名城保护与研究中心

3.5 小结

本章首先从闽西客家传统村落的人文基础、形态特征和形态类型等三个方面进行一般性描述。通过研究，认为闽西客家经济发展经历形成、发展和繁荣等三个阶段，经济产业以种植业、商贸业、手工业和工矿业等四类为主；形态特征表现在选址理念、外部空间、内部空间、院落空间和交通网络体系等五个方面，客家村落选址理念包括生产生活、防御安全和风水文化等，外部形态主要通过改造外部山与水的环境体现人与自然的和谐统一，内部形态凸显向心秩序和轴线形势，居住院落的形态以防御空间、聚族而居、风水布局及建造工艺体现出客家独特的空间特色，交通体系则表现出内外交通的完美衔接，以及内外景观的协调；闽西客家村落空间类型依据自然条件、文化区位、业态特性以及防御格局划分，自然地形为标准的村落类型为沿河型、山地型和平原型；文化区位的村落类型为文化核心区和文化边缘区两类；产业业态的村落类型为农业型、商贸型、手工业型；以防御方式为标准，防御格局的村落类型为区域防御、外围防御、内部防御、自然防御和建筑防御等。

其次，结合一般性描述，建构典型甄选的评价模型，并设定甄选指标体系，及赋值标准，并结合《传统村落档案调查表》与收集的文献资料，制定甄选的21个国家级传统的指标数据库。根据指标体系，应用层次分析法，通过判断矩阵、权重计算以及一致性检验，甄选出培田村作为闽西客家传统村落的典型代表，开展本研究。

最后，本书对培田村的形态进行典型描述，通过分析，认为培田村与闽西客家村落群体间的关系是：经济发展脉络及主导产业与闽西区域经济的发展间呈现极强的对应协同关系，村落的宗族文化、儒商文化、民俗文化是客家文化的核心内容；村落保留的大量明清建筑涵盖了各个年代，建筑类型包括民居、宗教、书院等，是闽西客家村落中明清建筑保留数量最多的，对本书应用"平面格局分析法"有明显优势。总之，培田在经济、文化、建筑和村落形态上都具有一定的典型性与代表性，是本书典型案例的最佳选择。

第4章 基因性状：培田村落用地形态特征描述

4.1 研究思维方式及逻辑架构

4.1.1 思维方式

1）"康氏"方法的导入

目前，根据康氏城市形态学在我国开展的应用研究情况分析，研究对象主要有两类：一是城市中某一街区，用地规模一般在 10～80hm^2；二是更大尺度的研究对象，如城市中心区、侨乡、河流流域城乡聚落、古城等，对象空间有自身完整的内容和体系[100]。而本书所选取的传统村落，不同于上述两类，从尺度上应归于第一类，从研究内容的系统性、独立性和完整性看，又可纳入第二类。因此，"康氏城市形态学"导入传统村落空间形态研究是其在我国应用研究的新尝试。

需要强调的是，由于历史以及产权资料的缺乏，本书无法全盘按照康氏的方法对培田村用地形态加以分析。结合所掌握的资料及研究核心内容，本书从二维物质空间视角，重点借用"平面单元—街区或地块—建筑基底平面"多尺度的形态分析框架，具体如下：

（1）根据第一章所界定的研究分期，结合所掌握的历史资料、现场调研、访谈和地形图（1:1000），绘制村落建成区各阶段的用地平面图。

（2）通过田野调查和现场访谈，参考各时期建筑的分布与数量（明清建筑占村落建筑总量的60%），可知培田村道路系统在四个历史阶段未有大的变化，街道系统在四个历史时期是稳定不变的。在此基础上，划分四个历史阶段的街区和地块，并依次进行编号（图4-1）。

（3）根据各时期的建筑分布，结合划分

图 4-1 地块划分及编号图

资料来源：笔者自绘

的街区和地块，绘制各时期的街区或地块内的建筑基底平面。

2）康氏理论与规划学科的融合

值得一提的是，康氏城市形态学理论中的"城镇平面单元"概念框架与我国控制性详细规划中的规划控制单元有许多相通之处。特别是规模较小的村镇，不仅与控制性详细规划内容相重叠，土地使用模式也与总体规划相匹配，而建筑结构则和修建性详细规划要求相联系。因此，康泽恩学派虽然立足城市地理历史学的范畴，但其研究领域已经覆盖到城乡规划学，并和我国的城乡规划体系产生某种程度的契合。

基于上述的认识基础，本书尝试将康氏城市形态学理论与规划学科融合，主要从如下两个方面入手。一是根据《村庄规划用地分类指南》划分建成区用地层次为建成区—功能用地—建筑基底平面等三个层面，以此作为本文用地形态研究框架。需要强调的是，框架的中观层次与康氏不同，但功能用地与街区地块之间有着紧密的联系，功能用地一般由街区或者若干地块组合而成。二是采用城乡用地规划指标作为用地形态特征进行描述与分析。建成区层面，形态指标为建成区用地规模、人均建设用地与各类功能用地规模及比例；功能用地层面，本文选取住宅用地与公共服务用地作为研究对象，其形态指标分别是：住宅用地的建筑密度、住宅栋数密度，公共服务用地的内部用地规模及比例；建筑基底平面层面，选取住宅建筑为研究对象，其形态指标分别是：平面尺寸、面积和周长。

3）"基因"概念的植入

生物体与传统村落生物具有相同结构的形态性状。基因控制生物个体内不同层次的性状，如细胞—组织—个体的性征受到不同位置点基因链的控制。同样，村落内的建成区—功能用地—建筑基底平面受到不同基因的控制，表现出不同的形态性状。因此，结合基因的概念框架，本章构建基于传统用地形态基因性状的描述方法体系，重点描述"建成区—功能用地—建筑基底平面"的三个层面的基因性状特征。

4.1.2 逻辑架构

对于用地形态特征的描述，本章尝试将康氏城市形态学、规划学与生物遗传学融合，构建以"基因概念引领，康氏城市形态学理论为参考模型，规划学为核心内容"的多层次传统村落用地形态基因性状描述方法体系。

4.2 宏观层面：建成区用地形态性状演进描述

4.2.1 建成区现状

1）整体村落

培田古村落的空间结构呈现出一种自然开放的格局特征。村落里没有封闭的防御性设施，各代宗祠布局排列也不具有严格的尊卑等级之分。建筑与建筑之间没有隔绝外界的坚壁高墙，而是沿着千米古街平行排列[152]。这与福建永定的土楼、广东梅县的围垄屋、深圳龙岗的围堡等所见到的客家村落完全不同。一方面是由于培田村落的周边环境犹如天然的屏障，另一方面则是由于培田商业发展所导致的自由平等的格局[155]。

（1）村落的选址

培田村西以卧虎山（后山）为龙脉，东临河源溪，村东近处的矮山为案山，远处千米高的笔架山为朝山，怀抱中的明堂呈虾形，村落建筑群因地制宜，以卧虎山为中心呈放射状布局。民居院落中轴线迄于卧虎山而止于笔架山，自然生长一般，各自稍作调整，形成最佳的风水环境，故大门常有"斗山并峙""三台拱瑞"（意龙脉、案山、朝山）的横联。如果俯瞰培田，松毛岭的三道绿色山峦自北向南直落培田，如三龙环抱；村外周边五个山头似五虎踞护；远在东边的千米高的笔架山成为村落的东方屏障；蜿蜒绕村而过的河源溪似玉带环绕；南边水口处苍檀、香枫伟岸茂密，似巨人把口；村落选址"枕山、环水、面屏"，符合中国传统堪舆理念，并且创造出一个与山水天地融为一体、注重生活环境艺术质量、自然和谐的人居环境[158]。

（2）村落的结构

培田村的街道系统主要由三条大致平行的街道组成。这三条平行街道之间由七条纵向的街道相联系；两条水圳相伴在主要街道一侧。如果说街巷是村落的骨骼，水圳则是村落的血脉，它们共同组成一个健康、生动的有机整体。

这三条平行的街道是：

① 驿道——官厅、继述堂门前的一条过境通道，位置最东。

② 古街——全村的日常生活街道，留有许多商铺字号和公共服务性设施，可显见昔日的繁华，位置居中，曲折贯穿村头村尾。

③后街——一条辅助生活性街道，据说是过去为女人去祖祠看戏或串门以及日常担粪送薪所用，位置最西[158]。

（3）村落的理水

村落的水源由地表水和地下水组成。地表水是三面绕村而过的河源溪，供村民灌溉、洗涤用水并兼顾排污。地下水是从后山（松毛岭）东坡流出来的山泉水和井水，这是全村的主要生活用水。村中的排水系统主要由水圳、暗沟和水塘组成。在村中有两条水圳穿街过巷，贯穿全村，直通各户。暗沟是指家家户户从天井排出的雨水和生活污水。天井将民居中屋面的雨水汇聚到一起，顺沟而下流入水塘中。村落的排水路径也有讲究，"水为气之母，逆则聚而不散；水又属财，曲则留而不去也"，因此，排水宜暗藏，不宜显露；宜弯曲而去，不宜直泄而出。培田村民居在厅堂下设有陶制的暗水管，放养乌龟在管内、沟中爬动，起着清淤排污的作用[158]。

培田村这种水圳、暗沟、水塘的合理布局，保障了使用，方便了村民。特别是村中两条水圳沟通全村，合理利用，综合解决了村民取水、洗涤、观景、排污等一系列生活问题。

（4）村口的布局

"夫水口者，众水所总出处也"。营建水口的目的，一为界定村落的区域和标识村落出入口处的位置，其次从风水角度讲究瑞气不外泄，避免村外的邪气冲进来。水口的布局讲究形势[158]，一般在水口处多植树，并建有亭阁等建筑。

培田村的水口位于村落的南方，河源溪的出口之地。在茂密的苍槿、香枫的掩映下，一座两层的文武庙扼住水口，庙前竖立着一座"恩荣"牌坊，它与村尾"乐善好施"牌坊遥相呼应。培田村水口作为村落系列空间的起点，创造了独特的村落景观特色，为村落提供了天然屏障，满足了村民"平安吉祥"的心理需求，增强了村落的防御机能，表达了村民希望族兴家旺的心愿，同时为村民提供休闲、娱乐和交往的空间[158]。

2）村落建设用地现状格局特征

在对不同时期村落形态的演化进行探讨之前，需要对村落建成区的总体格局作一概览。明清时期以衍庆堂为中心构建的空间格局，是一个连续、紧凑的区域，覆盖了新塘街两侧的街区。新塘街为明清两代空间的分界，其西为明朝时期的空间形态，其东为清朝时期的空间形态。从区域出发，两条主路分别向南北和东西方向延伸，并与新培路和书院路衔接，构成古代时期的空间格局。民国时期，老城区的空间扩展体现在内部的填充与改建上，扩展速度较为缓慢，可以说，该阶段延续了明清时期的空间格局，老城区的空间格局未有较大的改变。

中华人民共和国成立后到"文革"时期，村落空间形成较大规模的扩展，扩展区域分布在老城区南北两侧，基本限制在新塘街南北延伸段，虽然地块内部的建筑分布较为零散，但其所在地块与老城区是连续的，因此在旧有格局上新增南北四个以居住为主的新街区，呈现出全新的空间格局。四个新街区，可以根据位置分为沿山的南北两个街区与沿河的南北两个街区，大部分建筑围绕沿山的街区进行建设。此外，老城区内部，位于新塘街与新培路间的一些农田、杂地得到小规模填充。

改革开放时期，特别是在20世纪80年代期间，村落空间发展较多集中在沿河的南北两个街区内，少部分则在沿山的居住街区中建设。该阶段的大规模建设使沿河的两个居住街区形态进一步明晰，村落的空间结构也逐渐稳固成型。同时，老城区与新培路间的旧街区内还有许多农田和空地，这些用地也成为该阶段空间扩展的主要方向，进而促使该街区空间的完善。90年代初期，村落空间扩展延伸至新培路与河源溪间的地块上，由于地块的狭长形态，该街区以带状进行布局，形成与老城区空间结构截然不同的新时代特征。

这种总的增长图景显示出培田村落不同时期的结构差异，此类差异与不同时期的演变机制相对应。相应内容将在下文进行详细阐述。

4.2.2 规模与边界

1）各时期建设用地规模

（1）明清时期

明清时期培田的建设用地位于新塘街两侧，新塘街是明清两代村落用地的分界线，以西是明时代建设用地，估测其规模近 $3.0hm^2$，东面则是清时代用地，规模近 $3.27hm^2$，两期总建设用地共计 $6.27hm^2$。

（2）民国时期

到民国时期，除了内部用地少量填充外，用地规模基本没有变化。

（3）中华人民共和国成立后至"文革"时期

该时期村落用地分别向南北方向扩展，用地规模增加近一倍，达到 $10.8hm^2$ 左右。

（4）改革开放时期

改革开放至今,建成区继续向南北扩展的同时,开始向河源溪的东西两翼呈带状发展,特别是20世纪90年代,新培路与河源溪之间建设一片新区,使村落用地呈现新形态。此时,村落用地规模达到14.5hm²左右(表4-1)。

培田村落建设用地规模与边界演进分析表　　　表4-1

演变阶段		用地规模(hm²)	演变时间(年)	扩展速度(hm²/年)
明清时期	明时期	3.0	172	—
	清时期	6.28	268	0.012
民国时期		6.28	37	0
中华人民共和国成立至"文革时期"		9.6	26	0.17
改革开放时期		14.5	36	0.10

资料来源:笔者自绘

2)各时期建设用地边界

(1)明清时期

新培路是村落建设用地的边界线,村落的建设活动全部限制在新培路以西的地块,而新培路与河源溪间的地块则划归为农田。此类农田在客家风水观念中被视为"明堂",明堂的规模在选址之初就已经界定,并作为强制性的规定,在古代时期受到宗族组织的严格保护。即使在民国时期,尽管宗族组织受到一定程度的削弱,新培路作为村落建设用地边界,始终发挥一定的效用(图4-2)。

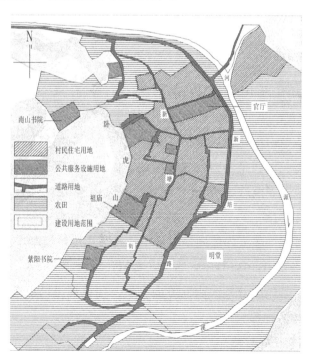

图4-2 明清时期(含民国)用地平面图

资料来源:笔者自绘

（2）民国时期

民国时期，培田因战乱纷争与经济萧条等影响，村落的建设活动几乎处于停滞状态。宗族组织对村落风水格局的保护以及村落建设活动的隐性管制仍然存在。该时期建设的4栋建筑都是在旧建成区内，对建设用地边界扩展未产生驱动作用（图4-2）。

（3）中华人民共和国成立后至"文革"时期

这一时期随着宗族组织的消亡，以及村落急速增长的居住需求，培田的建设用地开始突破旧有的用地格局，向新培路以东地区发展（图4-3）。

（4）改革开放时期

改革开放后，这种扩展逐渐延伸至河源溪。此时，河源溪则演变为村落在该时期的建设用地边界。建成区继续向南北扩展的同时，开始向河源溪的东西两翼呈带状发展，特别是20世纪90年代，新培路与河源溪之间建设一片新区，使村落用地呈现新形态（图4-4）。

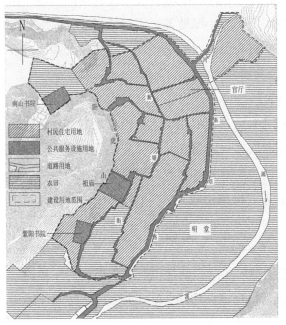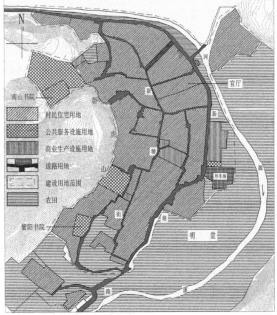

图4-3 中华人民共和国成立至"文革"时期用地平面图（左）
资料来源：笔者自绘

图4-4 改革开放时期用地平面图（右）
资料来源：笔者自绘

4.2.3 结构与布局

1）建设用地构成要素

根据《村庄用地分类指南》，村庄建设用地的构成要素由村民住宅用地（V1）、村庄公共服务用地（V2）、村庄产业用地（V3）、村庄基础设施用地（V4）和村庄其他建设用地（V9）等5类构成。

（1）村民住宅用地（V1）

村民住宅用地是指村民住宅及其附属用地，包括住宅用地、混合式住宅用地。

住宅用地（V11）是指只用于居住的村民住宅用地；混合式住宅用地（V12）是指兼具小卖部、小超市、农家乐等功能的村民住宅用地。

（2）村庄公共服务用地（V2）

村庄公共服务用地（V2）是指用于提供基本公共服务的各类集体建设用地，包括公共服务设施用地、公共场地。

村庄公共服务设施用地(V21)应为独立占地的公共管理、文体、教育、医疗卫生、社会福利、宗教、文物古迹等设施用地，以及兽医站、农机站等农业生产服务设施用地。考虑到多数村庄公共服务设施通常集中设置，为了强调其综合性，将其统一归为村庄公共服务设施用地，不再细分。

村庄公共场地（V22）是指用于村民活动的公共开放空间用地，应包含为村民提供公共活动的小广场、小绿地等，不包括村庄公共服务设施用地内的附属开敞空间。如村委会院内的小广场，属村庄公共服务设施用地（V21），而非村庄公共场地（V22）。

（3）村庄产业用地（V3）

村庄产业用地（V3）应为独立占地的用于生产经营的各类集体建设用地。考虑到不同类型产业发展对用地条件的选择和建设管理要求存在很大差别，有必要对其进行进一步划分，因此，将村庄产业用地细分为两小类，分别为村庄商业服务业设施用地（V31）和村庄生产仓储用地（V32）。

（4）村庄基础设施用地（V4）

村庄基础设施用地是指为村民生产生活提供基本保障的村庄道路、交通和公用设施等用地。包括村庄道路用地（V41）、村庄交通设施用地（V42）、村庄公用设施用地（V43）。

村庄道路用地（V41）包括村庄建设用地内的主要交通性道路、入户道路等。

村庄交通设施用地（V42）是指服务村民的独立占地的村庄交通设施用地，包括公交站点、停车场等用地。考虑到我国部分地区村庄有码头、渡口等特殊的交通出行方式，可将码头、渡口等特殊交通设施的地面部分用地及其附属设施用地计入村庄交通设施用地。

村庄公用设施用地（V43）包括村庄给水排水、供电、供气、供热和能源等独立占地供应设施用地；公厕、垃圾站、粪便和垃圾处理等环境设施用地；消防、防洪等安全设施用地。

（5）村庄其他建设用地（V9）

村庄其他建设用地是指未利用及其他需进一步研究的村庄集体建设用地，包括村庄集体建设用地内的未利用地、边角地、宅前屋后的牲畜棚、菜园，以及需进一步研究其功能定位的用地[159][160]。

2）各时期建设用地结构特征

（1）明清时期

从村庄建设用地各要素用地构成比例分析，明清时期村民住宅用地呈现增长趋势，公共服务设施用地在四个时期构成要素不同，明清时期以宗祠、庙宇与书院为主，这归结于客家人的宗族观念、崇儒重教以及风水观念的驱动，如培田村落配置19块宗祠用地、5块书院用地，以及2块风水性用地；同样，商业发展与交通区位的因素也提升了公共服务设施用地的配置比例，培田设置官厅、钱库等用地以满足商业与交通的特定功能，这些用地使公共服务设施的比例占总用地13%；古代培田村的商业服务业用地沿新塘街两侧呈带形布局。据资料分析，培田拥有37家商号店铺，现有可查证的有28家商铺，用地面积总计1100m^2。

（2）民国时期

到民国时期住宅用地出现停滞状态。民国时期，商业与经济活动日渐萧条，许多商号店铺外迁或关门，但其用地功能未有变化。

（3）中华人民共和国成立后至"文革"时期

中华人民共和国成立后至"文革"时期，建设用地则再次出现快速递增，其用地比例为80.3%，达到了历史最高水平。这期间许多宗祠用地被重新分配给村民，宗祠的祭祀功能转变为住宅用地，官厅与钱庄等用地因商业与交通功能的消失转变为住宅用地；私塾与部分书院等用地演变成住宅，南山书院则扩建成小学用地。该阶段的公共服务设施用地比例降至4.2%。集体经济体制的构建彻底改变了培田原有的经济模式，新塘古商业街两侧的商业服务设施则转变为居住用地。

（4）改革开放时期

"文革"后，虽然住宅用地依旧向村北与村东扩展，但速度开始减缓，其比例减少到72%。"文革"后至1990年代，公共服务设施未有大的变动，而到 2005 年 11 月，培田被评为国家级历史文化名村后，培田的旅游业快速发展，许多相应的服务配套设施大规模地配置，公共服务设施用地扩展至 0.94m^2，用地比例达到 7.1%。商业服务设施受到旅游业的驱动得以重新配置，沿河源溪东侧的带状村民住宅转变为商业服务用地，旅馆客栈也得到相应的配套，该阶段的商业服务设施达到 0.48hm^2，用地比值达到历史最高。

村庄基础设施除了民国时期外，每个时期用地规模分别是 0.73hm^2、1.49hm^2、2.25hm^2，用地比值则从 12.3% 增长至 15.2%，最后达到 17.0%。

根据上文所述，结合用地结构比对表，可知各类用地的增长速率并不相同。住宅用地与村庄基础设施用地在四个时期处于正增长，因为村落的人口在四个时期始终处在增长状态，从而推动住宅用地的增长，基础设施用地也就得到一定程度的配套（表 4-2）。但是，公共服务设施用地与产业用地呈波动性演变态势，其主要原因在于商业与交通区位的变化，以及宗族文化等多因素的变化导致。这些将在下文作详细阐述。

3）各时期建设用地布局特征

（1）古代时期建设用地布局

① 定居阶段（元—明初）

该阶段的用地布局有三个特征：一是村落空间的核心区域得到确立；二是村落历经六代发展，多姓村落变为单姓村落，空间解构由多核心向单核心演变；三是村落外部空间形态基本成型。

② 发展阶段（明中叶—清初）

村落建成区四个历史阶段用地构成比例表　　　　表 4-2

代码	用地名称		用地面积（hm^2）				比例（%）			
			明清时期	民国时期	中华人民共和国成立后至"文革"时期	改革开放后	明清时期	民国时期	中华人民共和国成立后至"文革"时期	改革开放后
V	村庄建设用地		6.00	6.00	9.80	13.23	100	100	100	100
	其中	住宅用地	4.09	4.09	7.87	9.55	68.1	68.1	80.3	72.2
		公共服务用地	0.78	0.78	0.41	0.94	13	13	4.2	7.1
		产业用地	0.11	0.11	0.03	0.49	1.8	1.8	0.3	3.7
		基础设施用地	0.73	0.73	1.49	2.25	12.3	12.3	15.2	17.0
		其他建设用地	0.29	0.29	0	0	4.8	4.8	0	0

资料来源：笔者自绘

从吴氏第七代吴祖宽开始，吴氏族群从"力农起家"的土豪式转变为"耕读传书"的士绅家族。"崇儒重教"逐渐成为家族传统，村落开始出现书院建筑。正德年间，七世祖吴祖宽创办"石头邱"草堂。从此，培田人重视读书教育，并不断建设更多的书院学堂。随着人口的增多，宗族组织也逐渐成形，因此单独祭祀祖先的祠堂也随之出现。如第十代钦道在河对岸建立祠堂，俗称"大树下祠堂"。村落发展阶段经历了两个人口增长高峰期。第一时期是明末，人口增长达到村落环境承受极限，生存环境急剧恶化，许多人被迫外迁；第二时期是康乾盛世，历经十三代到十六代，对外迁徙与失传人口日益增多，直至乾隆三十年（1765年），除了敬房派子孙留居，其他族系全部迁徙。应该强调的是，虽然村落空间发展到了饱和阶段，但在十四祖纯熙公时，建设了隐南公祠、官厅、双善堂、三伯公祠、银库、吴仰熙居、容庵公祠等建筑，民居建筑的格局才基本确定。

发展阶段，培田用地布局具有四个特征：一是在村落空间中出现书院学堂；二是宗祠空间得以在村落外独立存在；三是该阶段空间发展到极限，但是空间形态还是呈均质状态，并未出现促使空间重构的内外在机制，空间形态的演变呈对外扩展特征；四是村落民居建筑的基本格局形成。

③ 鼎盛阶段（清中叶—民国初年）

清中叶后，培田空间外向扩展处于饱和阶段，村落空间演变模式以内涵式改造与填充为主。在此阶段，汀江流域经济发展到了鼎盛时期，同时崇儒重教传统的坚持得到了回报。特别是在清后期，培田吴氏族人亦官亦商，进入家族发展的鼎盛期，村落空间发展至极致。空间各要素在中期组合后，鼎盛阶段则进行了优化与重组。首先，宗祠的建设达到高峰阶段。在传统村落中，宗祠通常作为空间的核心，对村落其他要素的组合具有导向性作用。培田的宗祠分为内外两种类型，从乾隆五十三年（1788年）刊刻的"乡图"上分析，培田村内部已建成了"祖堂"（衍庆堂）"文贵公祠""中公祠""宏公祠""江公祠""浩公祠""鉴堂公祠"；在村落外部，即河对面的山麓上也建成了"敬公祠""演公祠""瀚公祠""浩公祠""宏公祠""配尊公祠"等祠堂。大致说来，村落内部的祠堂主要是由明代的老宅改造而成的，外部祠堂则主要为派下子孙停放灵柩的"祖厝"。其次，民居建筑在这一时期得到提升（图4-5）。如上所述，在村落空间发展期，民居建筑按照行列式布局搭接成村落组团，其规模与

图 4-5 培田明清时期宗祠布局

资料来源：培田吴氏族谱

形制总体上是等同的，个性化不大，空间呈现均质状态，到后期，官商大户的出现使村落的均质空间发生根本性转变，如十八世祖吴昌同对培田村落空间格局的改良应该是革命性的，据史料记载，吴昌同"集十余家基业，萃十余山之树木，费二三万巨资，成百余间广厦，举先人有志未有逮者成于一旦"，建成了继述堂（大夫第、两房门楼）、济美堂、福州宜和试馆、南屯公祠等建筑，另外，十九世祖有华年、震涛、拔祯三公，建了双灼堂、灼其堂、如松堂、都阃府（世德堂）、进士第、三让堂等。

鼎盛时期的培田村落用地布局具有如下特征：一是受到驿道、商业经济的推动，村落建设用地要素中增加与之对应的功能性空间，如官厅、当铺、千米商业街、圩市等；二是以祠堂为主的村落及组团核心区进一步强化，村落建设用地布局得到优化；三是出现大型的居住建筑，村落内部均质空间被解构，非均衡性空间开始出现；四是受到商业、社会机制的影响，居住、宗祠、官厅等空间要素的进化也催生了街巷空间的根本性演变。古代培田村落用地布局影响因素可以归纳为风水术、经济发展、宗族组织、科举制度等四类，风水术是贯穿空间演变的全过程，其影响力应是一成不变的。但是，其他因素的影响作用是变化的，对空间各要素的作用力必然存在差异，因此村落空间适应性在上述三个时期也必然出现差异。

（2）民国时期

民国时期，村落用地布局的总体格局未有大的改变，但一些用地的功能发生转化。首先是公共服务用地，一些教育设施如南山书院与紫阳书院，由于独立于居住建筑而设，这些用地改变为小学用地，并依据小学用地设施需求，配套了操场及附属教育用房。受到土地改革以及社会制度变革的影响，村落家庙与大型民居的用地功能转化为办公用地，其次是商业用地功能的式微与转换。历史上培田构建以新塘街为轴线的带状商业用地形态，这得益于汀江流域经济的发展与培田交通区位优势。而在民国时期，汀江流域经济发展模式的日渐衰微与交通技术的进步，培田的交通区位优势逐渐衰弱，商业机制的衰亡使新塘街的商业功能弱化，许多商业用地被转换为居住用地。

（3）中华人民共和国成立后至"文革"时期

中华人民共和国成立后至"文革"时期，宗族组织的消亡使村落建成区原有格局失去保护。该时期的布局主要有三个特点：一是以家族为单位的建筑模式被以家庭为单位的居住模式所取代。为此，住宅单体建筑从大尺度向小尺度演进，传统附着在民居内部的休闲用地、公共设施用地开始分离，住宅用地增加了集中绿地、广场，以及配套的公共设施用地。二是传统的以宗庙为核心的向心式模式，因为宗族组织的消亡而呈离散状态，村落建设用地突破旧有的用地限制，向南北两翼延伸形成外延式扩展。三是公共服务用地的内容发生改变，现代生活以及社会的需求，一些新型的公共设施用地要素出现，如村委会、医疗站、中小学等用地。四是商业街的功能因经济萧条而被居住彻底取代。

（4）改革开放时期

改革开放时期，村落布局可以分成两个阶段：第一阶段是1980～2004年，为村落发展期；第二阶段是2005年至今，是村落的保护期。两个阶段村落用地发展模式呈现差异。第一阶段，村落向外扩展，并开始突破新培路的限制，在新培路东面布设了一片带状的住宅建筑；同时，新培路西面的A、D、F、J四个街区，增加了许多新建筑；村落各类建设用地发展基本均衡，在布局上基本按照服务半径满足村民生活需求。第二阶段，因培田被列为第一批国家级历史文化名村，村落建设的发展模式向保护修复转变，并投入了资金进行整治活动，对古村落的风貌、商业古街、部分的居民住宅、历史遗迹，以及公共设施、环境卫生、道路水圳等进行了修复维修，对部分影响古村落风貌的建筑物外貌进行了整治，初步解决了古村落整体风貌的完整及卫生质量的问题。此外，古民居建筑群保护范围得以明确，并在村落的东北面开设一片新村用地，用以满足村民的居住需求。

4.2.4 强度与形态

作为人口1400多人，用地面积$13hm^2$的村庄，培田村落规模类似城市的居住组团。与城市居住组团不同的是，村落是一个系统性的居住聚落，经历千年的历史演变，其土地使用强度并非呈现均质性特征。为便于分析村落建成区的土地使用强度，本书通过道路与自然地形将村落分成若干街区与地块，以此深入分析村落在不同历史时期土地使用强度的演变规律。从现状村落用地强度分析，村落不同区域的土地使用强度存在差异。核心区的街区或地块经历明清时期的建设具备一定的稳定性；而边缘街区或地块因村落的扩展，土地使用强度发生较大的变化。本书依托上述核心区与边缘区的街区或地块，分析建成区土地使用强度的演变。

1）核心区域用地强度分析

对于闽西客家村落，因为聚族而居以及防御的需求，村落内一些休闲、娱乐以及生活配套设施都安排在民居内部，所以在其所在的街区或地块内无须再配置绿地与其他的配套设施；其次，明清时期建筑普遍以1层为主，在用地开发上存在均质性的特征。所以从某种意义上讲，明清时期建成区的核心区域，建筑密度接近或等同于容积率。核心区包括以衍庆堂为核心的公共中心，即K街区，以及G、H、F、I、K、M，与O街区28#地块（图4-6）。

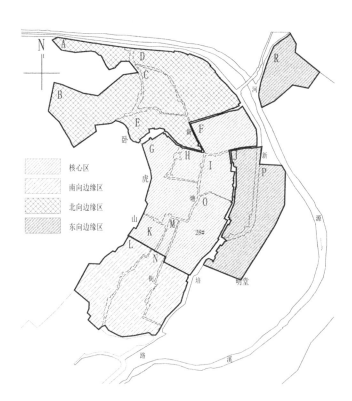

图4-6 核心区用地图

资料来源：笔者自绘

（1）公共中心用地强度分析

公共服务中心是以衍庆堂为核心构成的村落中心区，即K街区。作为吴姓家族家庙的所在地，K街区内部用地需要安排一定的场地用以村民集聚或召开会议，因此其用地形态有别于核心区的住宅用地，这也决定了使用强度的差异性。经过测算，K街区的土地使用强度为：容积率在四个阶段数值分别是 0.42、0.42、0.47、0.51，建筑密度分别是 42%、42%、44.6% 与 48.2%。因为明清时期街区内部用地增长趋于饱和，后期则以小型住宅填充为主，中华人民共和国成立后用地增长 58m²，建筑面积 116m²；改革开放后用地增长 79m²，建筑面积增加 79m²（表 4-3，图 4-7）。

K 街区各时期土地使用强度分析表　　　　　表 4-3

指标＼时期	明清时期	民国时期	中华人民共和国成立后至"文革"时期	改革开放时期
建筑密度	42%	42%	45.00%	48.00%
容积率	0.42	0.42	0.47	0.51

资料来源：笔者自绘

（2）各街区用地强度分析

G 街区属于一面临山、三面临街的街区。其内部不仅包括住宅建筑，

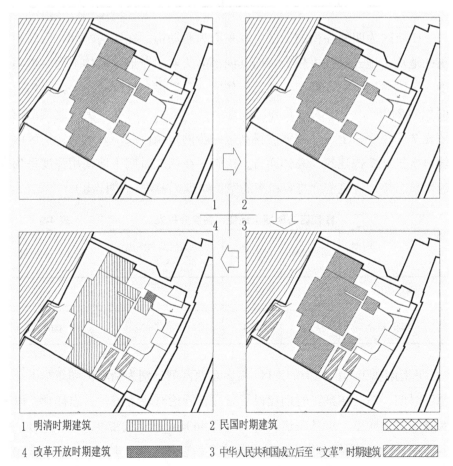

1 明清时期建筑　　2 民国时期建筑
4 改革开放时期建筑　　3 中华人民共和国成立后至"文革"时期建筑

图 4-7　K 街区各时期用地形态

资料来源：笔者自绘

还有银库、修竹楼及绳武楼（粮仓）等非住宅建筑。中华人民共和国成立后至"文革"时期，这些建筑虽然被用作村委会的办公场所，但只是使用功能上的改变，在建筑面积与用地面积上并没有发生大的变化，所以对使用强度没有影响。导致街区土地使用强度变化的主导因素是自然地形，由于地形产生的竖向差催生较多的农田杂地，明清后的三个时期，该街区的农田杂地内填充了较多的新住宅建筑，这就增大了建筑密度和容积率。通过建筑密度与容积率统计分析，四个时期建筑密度分别为52.5%、55.5%、60.3%、65.9%，其增长幅度在3%～5%之间；容积率分别是0.59、0.62、0.67、0.72，增长幅度为0.03～0.05（表4-4）。

G街区各时期土地使用强度分析表　　　　表4-4

指标 \ 时期	明清时期	民国时期	中华人民共和国成立后至"文革"时期	改革开放时期
建筑密度	52.5%	55.5%	60.3%	65.9%
容积率	0.59	0.62	0.67	0.72

资料来源：笔者自绘

H街区为四面临街的街区，其东面为新塘街。在明清时期，沿新塘街的地块土地开发强度较大，而其内部多为农田杂地，整体上为中等强度。民国时期，沿新塘街新建沿街住宅，其进深与两侧建筑一致，用地面积为$212m^2$；中华人民共和国成立后至"文革"时期，街区北侧沿街填充7栋建筑，土地使用强度得到进一步的增长；改革开放后，街区南侧再次扩展7栋建筑。总体而言，H街区在四个时期土地使用强度呈匀速增长态势，建筑密度与容积率的增长同步（表4-5，图4-8）。

H街区各时期土地使用强度分析表　　　　表4-5

指标 \ 时期	明清时期	民国时期	中华人民共和国成立后至"文革"时期	改革开放时期
建筑密度	35.4%	44.2%	52.6%	65.4%
容积率	0.35	0.44	0.56	0.69

资料来源：笔者自绘

F街区属于四面临街的街区，街区东西两侧分别为新塘街和新培街。明清时期，街区在雍正时期建设了官厅，同治时建济美堂、志祥堂，以及宣统时建横屋，总基底建筑面积达到$4606m^2$，建筑密度高达71.8%，容积率0.8；民国与中华人民共和国成立后至"文革"时期，F街区未建

第4章 基因性状：培田村落用地形态特征描述

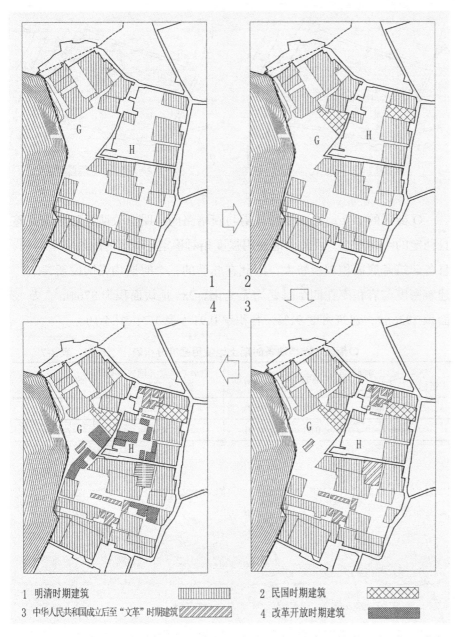

1 明清时期建筑
3 中华人民共和国成立后至"文革"时期建筑
2 民国时期建筑
4 改革开放时期建筑

图 4-8 G 与 H 街区各时期用地形态
资料来源：笔者自绘

设新住宅；改革开放时期，志祥堂的东南两侧增建 3 栋住宅，官厅东侧增建 2 栋带状住宅，总计基底面积 457m²，街区建筑密度升至 78.9%，容积率 0.87（表 4-6，图 4-9）。

F 街区各时期土地使用强度分析表　　　　　　　表 4-6

指标＼时期	明清时期	民国时期	中华人民共和国成立后至"文革"时期	改革开放时期
建筑密度	71.8%	71.8%	71.8%	78.9%
容积率	0.80	0.80	0.80	0.87

资料来源：笔者自绘

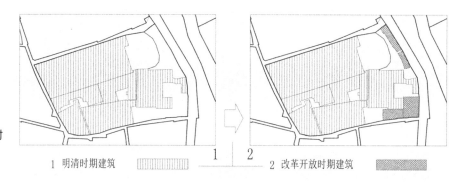

图4-9 F街区各时期用地形态

资料来源：笔者自绘

O街区的28#地块介于新塘街与新培路间。明清时期业已形成完整且稳定的空间形态，因此土地使用强度相对稳定，街区内用地完全饱和，且各建筑基底面积规模较大，因此在此后的三个时期均无增设新建筑，建筑密度与容积率在四个时期均无变化。28#地块面积为8764m²，基底面积7926m²，建筑密度91%，容积率0.91（表4-7，图4-10）。

O街区28#地块各时期土地使用强度分析表　　表4-7

指标 \ 时期	明清时期	民国时期	中华人民共和国成立后至"文革"时期	改革开放时期
建筑密度	91%	91%	91%	91%
容积率	0.91	0.91	0.91	0.91

资料来源：笔者自绘

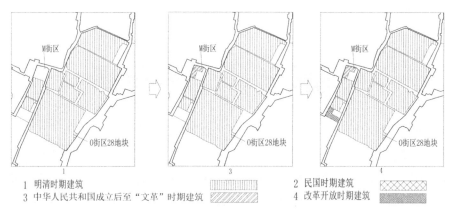

图4-10 M街区与O28#各时期用地形态

资料来源：笔者自绘

注：民国时期无建设，该时期与明清时期用地形态相同。

M街区位于K与O街区之间，街区尺度是南北宽66m，东西窄15m。因此，该街区内无法布置大型住宅建筑，内部建筑多为清早期建筑，与东侧明建筑及西侧的清中晚期建筑形成以时间为轴线的序列空间。街区占地面积1029m²，明清时期建筑基底面积521m²，民国时期无建设，中华人民共和国成立后至"文革"时期建筑基底面积增加了120m²，改革开放期时期增加了130m²。四个阶段的建筑密度分别为50.6%、50.6%、62.3%、75%；容积率分别是0.51、0.51、0.74、0.99（表4-8，图4-10）。

M街区各时期土地使用强度分析表　　　　　表4-8

指标＼时期	明清时期	民国时期	中华人民共和国成立后至"文革"时期	改革开放时期
建筑密度	50.6%	50.6%	62.3%	75%
容积率	0.51	0.51	0.74	0.99

资料来源：笔者自绘

2）边缘区域用地强度分析

边缘区包括A、B、C、D、L、N、P、J、R与E13#、O29#的街区或地块。建成区明清时期发展成熟后，中华人民共和国成立后至"文革"时期与改革开放时期两个阶段分别向东、南、北三个方向扩展。

（1）北向边缘区

北向边缘区包括A、B、C、D、E等5个街区。

A街区位于建成区的最北侧，明清与民国时期该街区未开发，中华人民共和国成立后至"文革"时期建设2栋住宅建筑，改革开放时期建设5栋建筑。由于街区地处山地边缘，内部地块竖向复杂，所以用地形态不规则，用地使用强度较小。中华人民共和国成立后至"文革"时期，建筑密度为4.5%，容积率0.05；改革开放时期，建筑密度为35.3%，容积率0.38（表4-9，图4-11）。

A街区各时期土地使用强度分析表　　　　　表4-9

指标＼时期	明清时期	民国时期	中华人民共和国成立后至"文革"时期	改革开放时期
建筑密度	0	0	4.5%	35.3%
容积率	0	0	0.05	0.38

资料来源：笔者自绘

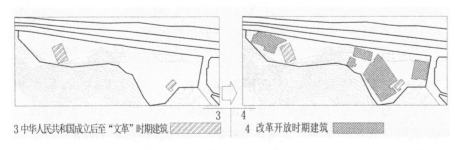

3 中华人民共和国成立后至"文革"时期建筑　　　4 改革开放时期建筑

图4-11　A街区各时期用地形态

资料来源：笔者自绘

B街区地处卧虎山北麓的山坳地，三面临山，地形复杂，竖向变化大，属于不宜居住地带，因此该街区的住宅建筑较少。明清时期，区内建设了南山书院与敬彰公祠；民国时期区内无建设，到中华人民共和国成立后至"文革"时期增建 2 栋 1 层住宅建筑。改革开放时期，南山书院北侧被规划为小学用地，增建了 2 栋 2 层教学楼。因为该街区的大部分用地作为小学用地，所以土地使用强度不高。根据统计，四个时期的建筑密度分别是 10.2%、10.2%、14.6%、21.1%，容积率分别为 0.11、0.11、0.15、0.28（表 4-10，图 4-12）。

B 街区各时期土地使用强度分析表　　　　表 4-10

指标＼时期	明清时期	民国时期	中华人民共和国成立后至"文革"时期	改革开放时期
建筑密度	10.2%	10.2%	14.6%	21.1%
容积率	0.11	0.11	0.15	0.28

资料来源：笔者自绘

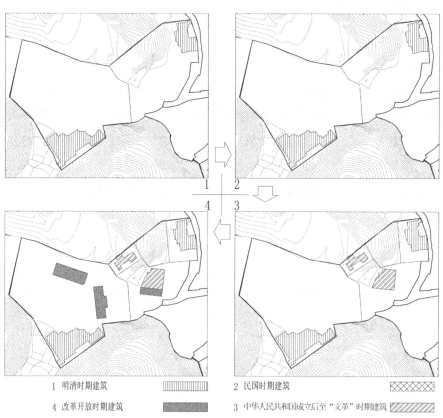

图 4-12 B 街区各时期用地形态

资料来源：笔者自绘

1 明清时期建筑　2 民国时期建筑　3 中华人民共和国成立后至"文革"时期建筑　4 改革开放时期建筑

C 街区紧挨核心区，平面形态呈三角形，三面临街，占地面积 4200m²。明清时建有基底面积 592m² 的居住建筑；民国时期没有建设，中华人民共和国成立后至"文革"时期，新增基底面积 846m²；改革开放至今，增加建筑基底面积 780m²。C 街区的建筑密度在各阶段分别是 14%、14%、34.2%、52.8%，容积率分别是 0.2、0.2、0.46、0.71（表 4-11，图 4-13）。

第4章 基因性状：培田村落用地形态特征描述

C 街区各时期土地使用强度分析表　　　表 4-11

指标＼时期	明清时期	民国时期	中华人民共和国成立后至"文革"时期	改革开放时期
建筑密度	14%	14%	34%	52.8%
容积率	0.20	0.20	0.46	0.71

资料来源：笔者自绘

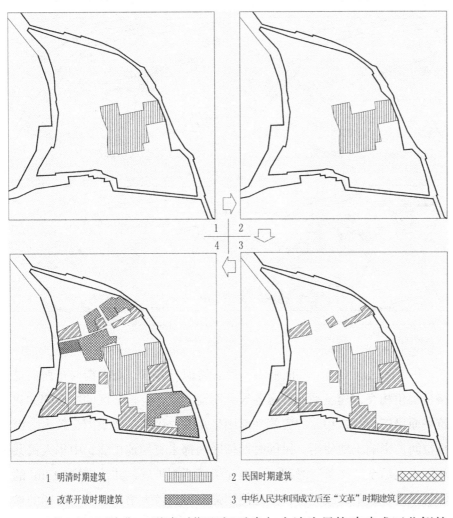

图 4-13　C 街区各时期用地形态

资料来源：笔者自绘

D 街区四面临街，明清时期以阙后堂与火墙为界构建建成区北侧的边界线。D 街区与核心区联系的地块建筑较为稀疏，土地使用强度相对核心区低；民国时期，仅增建 81m² 的建筑；中华人民共和国成立后至"文革"时期，该街区设置共计 1709m² 的建筑用地，突破了明清时期设置的用地界限，大大提高土地使用强度；改革开放后，建设力度进一步提升，增设了 2500m² 的建筑用地。四个时期建筑密度分别是 16.6%、17.4%、32.7%、55.2%，容积率分别是 0.17、0.18、0.34、0.60。可见，改革开放时期土地使用强度增幅最大（表 4-12，图 4-14）。

D 街区各时期土地使用强度分析表　　　　表 4-12

指标 \ 时期	明清时期	民国时期	中华人民共和国成立后至"文革"时期	改革开放时期
建筑密度	16.6%	17.4%	32.7%	55.2%
容积率	0.17	0.18	0.34	0.60

资料来源：笔者自绘

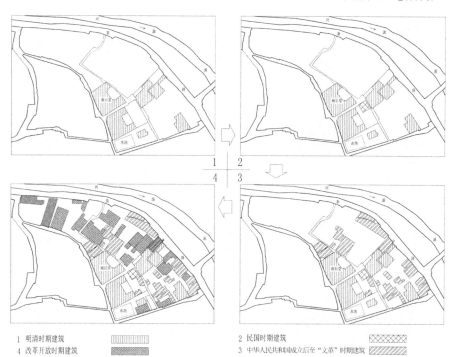

图 4-14　D 街区各时期用地形态
资料来源：笔者自绘

E 街区三面临街，一面临山，形态类似月牙状，新塘街与东西向道路呈锐角相交，建筑平面形态各异。明清时期，与核心区的结合部的建筑平面呈三角状，相邻的建筑平面则呈矩形，由两栋建筑围合较多的消极空间，影响土地使用。民国时期街区内部未有用地扩展，中华人民共和国成立后至"文革"时期，土地向街区西侧扩展，共计安排 613m² 的建筑用地；改革开放时期，土地使用强度得到较大增长。四个时期的建筑密度分别为 24.4%、24.4%、36.3%、53.7%，容积率分别为 0.24、0.24、0.40、0.60。可见，改革开放时期的土地使用强度增长幅度最大（表 4-13，图 4-15）。

E 街区各时期土地使用强度分析表　　　　表 4-13

指标 \ 时期	明清时期	民国时期	中华人民共和国成立后至"文革"时期	改革开放时期
建筑密度	24.4%	24.4%	36.3%	53.7%
容积率	0.24	0.24	0.40	0.60

资料来源：笔者自绘

第4章 基因性状：培田村落用地形态特征描述

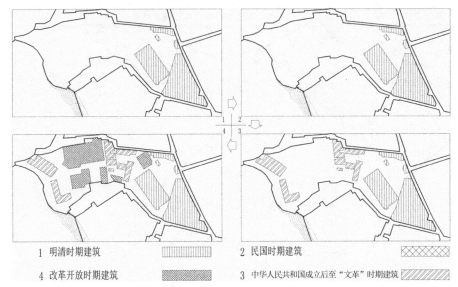

| 1 明清时期建筑 | | 2 民国时期建筑 | |
| 4 改革开放时期建筑 | | 3 中华人民共和国成立后至"文革"时期建筑 | |

图4-15 E街区各时期用地形态
资料来源：笔者自绘

（2）南向边缘区

L街区一面临街，明清时期距离核心区近70m处建设紫阳书院与天一公祠，基底面积752m²；民国时期，增建了八四公祠，基底面积187m²。上述两个阶段土地使用强度较低，主要原因是原建成区用地满足村民的居住生活需求，无须再向外扩充；同时该街区在明清时期属于农田，在闽西客家村落中，山地比重大，农田稀缺，保持一定规模的农田成为客家人不成文的规定，并作为族田加以保护。中华人民共和国成立后至"文革"时期，随着宗族制度的消失，这种规定也随之摒弃，住宅建设因此快速发展，增加建筑基底面积999m²；改革开放时期，再次增加建筑基底面积497m²。四个时期的建筑密度分别是10%、12.4%、25.7%、32.3%，容积率分别是0.10、0.12、0.26、0.35。可见，该街区在中华人民共和国成立后至"文革"时期，土地使用强度增长幅度最大（表4-14，图4-16）。

L街区各时期土地使用强度分析表　　　　表4-14

指标＼时期	明清时期	民国时期	中华人民共和国成立后至"文革"时期	改革开放时期
建筑密度	10%	12.4%	25.7%	32.3%
容积率	0.10	0.12	0.26	0.35

资料来源：笔者自绘

N街区三面临街，形态呈扇形状。与L街区类似，N街区在明清与民国时期多为农田，所以内部几无建设。中华人民共和国成立后至"文革"时期，街区内建设迅猛发展，总计增加建筑基底面积2306m²，改革开放时期再增加554m²。四个时期建筑密度是0.7%、0.7%、21%、27%，增

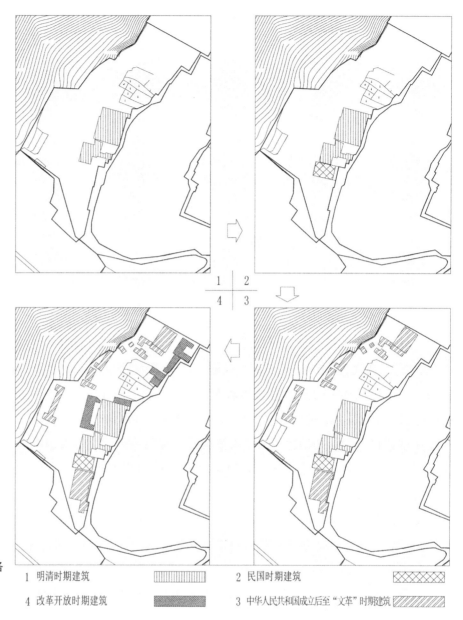

图 4-16 L 街区各时期用地形态

资料来源：笔者自绘

1 明清时期建筑
2 民国时期建筑
4 改革开放时期建筑
3 中华人民共和国成立后至"文革"时期建筑

长幅度为 0、20.3%、6%；容积率分别是 0.01、0.01、0.22、0.31，增长幅度为 0、0.21、0.09。从上述数据分析，中华人民共和国成立后至"文革"时期的土地使用强度增长最大（表 4-15，图 4-17）。

N 街区各时期土地使用强度分析表　　表 4-15

指标 \ 时期	明清时期	民国时期	中华人民共和国成立后至"文革"时期	改革开放时期
建筑密度	0.7%	0.7%	21%	27%
容积率	0.01	0.01	0.22	0.31

资料来源：笔者自绘

第4章 基因性状：培田村落用地形态特征描述

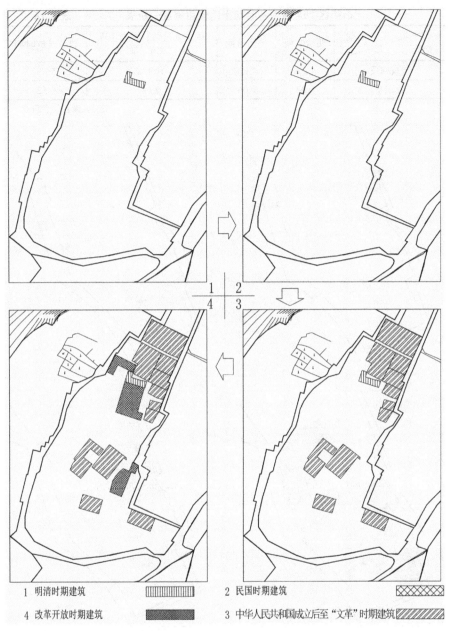

1	明清时期建筑	
4	改革开放时期建筑	
2	民国时期建筑	
3	中华人民共和国成立后至"文革"时期建筑	

图 4-17 N 街区各时期用地形态

资料来源：笔者自绘

O 街区 29# 地块三面临街，且东西两侧是新塘街与新培路，具有相对便捷的交通条件。明清时期，该地块有小规模开发，所建基底面积为 198m²；民国时期未有任何建设；中华人民共和国成立后至"文革"时期，内部开发幅度相对 L 与 N 街区小，所增建筑基底面积为 478m²，而改革开放时期则是大规模开发，所增建筑基底面积 1718m²。四个时期建筑密度分别是 4.1%、4.1%、14.1%、50%，容积率分别是 0.04、0.04、0.14、0.52。可见，改革开放时期的土地开发强度增长幅度远高于其他三个时期，主要原因在于其交通区位优势的作用（表 4-16，图 4-18）。

O街区29#地块各时期土地使用强度分析表　　表4-16

指标 \ 时期	明清时期	民国时期	中华人民共和国成立后至"文革"时期	改革开放时期
建筑密度	4.1%	4.1%	14.1%	50%
容积率	0.04	0.04	0.14	0.52

资料来源：笔者自绘

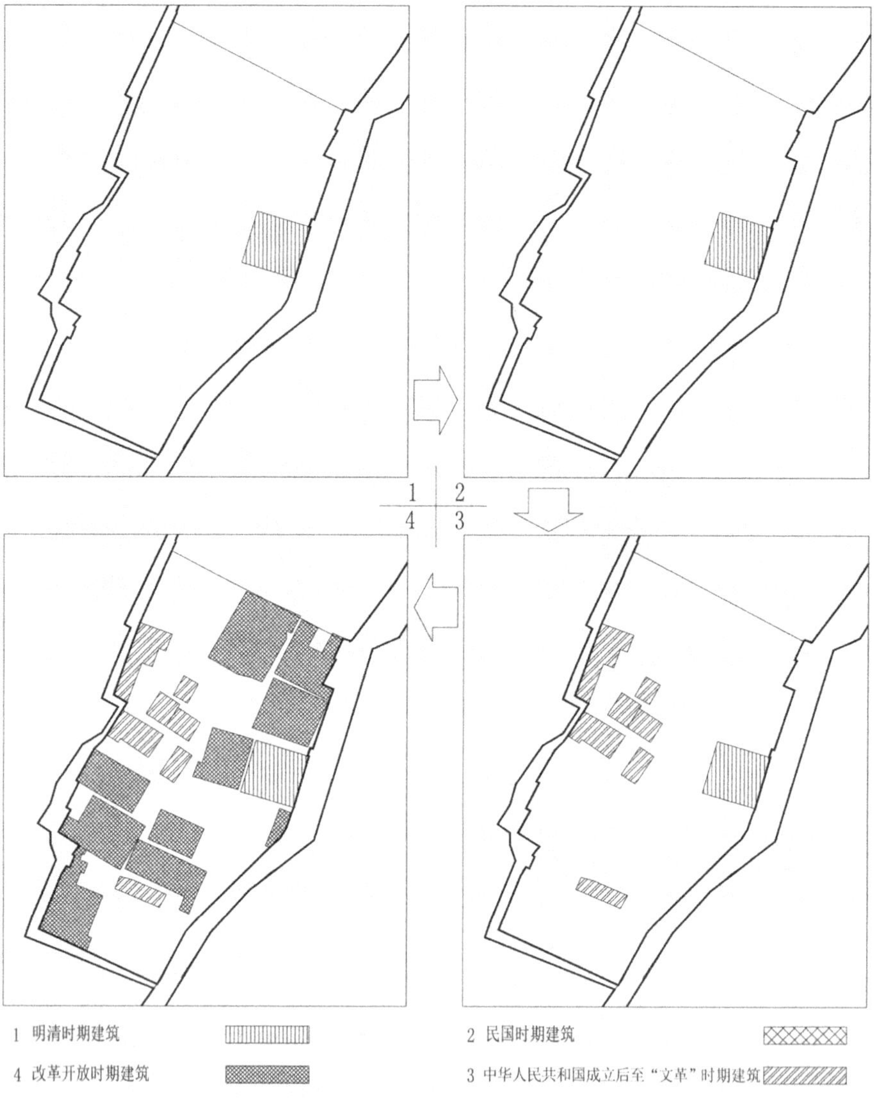

图4-18 O街区29#地块各时期用地形态
资料来源：笔者自绘

1 明清时期建筑　　2 民国时期建筑
4 改革开放时期建筑　　3 中华人民共和国成立后至"文革"时期建筑

（3）东向边缘区

R街区位于建成区东面，东西侧为河流与山体所围合，形态呈扇形，用地面积7594m²。街区与村落建成区间被河源溪隔断，属于飞地型地块，但是该街区背山面水，具备良好的风水形势，在明清期间，便有大型的民居建设其中，落房屋建于清雍正时期，隐南公祠则是乾隆时期所建，二者基底面积共计1498m²。民国时期未有建设，中华人民共和国成立后至"文革"时期也仅建2栋小型建筑，基底面积98m²；改革开放时期的建设则迅猛发展，但所有建筑都是在1980年代所建，基底面积共计1331m²。四个时期建筑密度分别是19.7%、19.7%、21%、38.5%，容积率分别是0.20、0.20、0.21、0.40。从上述的数据可知，R街区在改革开放后土地使用强度增长幅度最大（表4-17，图4-19）。

R街区地块各时期土地使用强度分析表　　　　表4-17

指标＼时期	明清时期	民国时期	中华人民共和国成立后至"文革"时期	改革开放时期
建筑密度	19.7%	19.7%	21.0%	38.5%
容积率	0.20	0.20	0.21	0.40

资料来源：笔者自绘

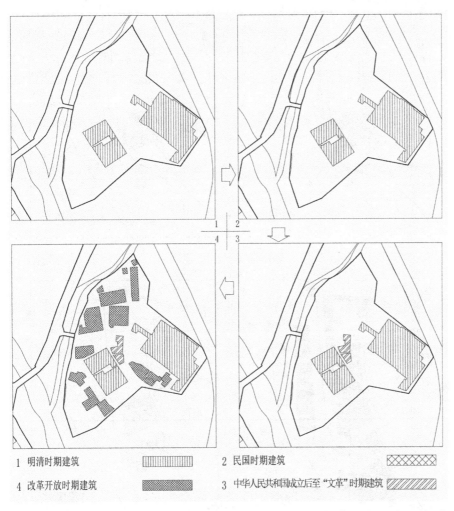

1 明清时期建筑
2 民国时期建筑
4 改革开放时期建筑
3 中华人民共和国成立后至"文革"时期建筑

图4-19 R街区各时期用地形态
资料来源：笔者自绘

J街区四面临街，东临新培路，占地面积5343m²。清光绪时期建设了如松堂，基底面积1111m²。民国时期未有建设。中华人民共和国成立后至"文革"时期，如松堂南侧建设了6栋住宅建筑，基底面积 344m²。改革开放时期，如松堂北面建设大量住宅建筑，基底面积 2105m²。四个时期建筑密度分别是 20.8%、20.8%、27.2%、66.6%，容积率分别是 0.21、0.21、0.27、0.71。上述数据显示，改革开放时期的土地使用强度得到大幅度增长（表 4-18，图 4-20）。

J 街区地块各时期土地使用强度分析表　　　　表 4-18

时期　指标	明清时期	民国时期	中华人民共和国成立后至"文革"时期	改革开放时期
建筑密度	20.8%	20.8%	27.2%	66.6%
容积率	0.21	0.21	0.27	0.71

资料来源：笔者自绘

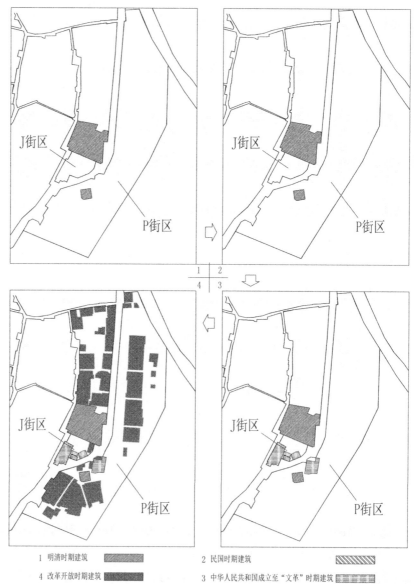

图 4-20　J 与 P 街区各时期用地形态

资料来源：笔者自绘

1 明清时期建筑　　2 民国时期建筑
4 改革开放时期建筑　　3 中华人民共和国成立至"文革"时期建筑

P街区位于新培路东面，呈长条状，用地面积10435m^2。新培路以东，河源溪以西的区域在明清时期为农田，该区域在宣统时期建设了1栋住宅，基底面积101m^2；民国时期无建设；中华人民共和国成立后至"文革"时期也仅建设1栋住宅，基底面积166m^2；改革开放时期，该区域进行了大规模建设，总建筑基底面积达到3661m^2。四个时期建筑密度分别是1%、1%、2.6%、37.6%，容积率分别是0.01、0.01、0.03、0.46。根据上述统计数据，改革开放时期受到新培路扩建的影响，该街区的土地使用强度得以大幅度提高（表4-19，图4-20）。

P街区地块各时期土地使用强度分析表　　　　　　表4-19

指标\时期	明清时期	民国时期	中华人民共和国成立后至"文革"时期	改革开放时期
建筑密度	1%	1%	2.6%	37.6%
容积率	0.01	0.01	0.03	0.46

资料来源：笔者自绘

4.3 中观层面：住宅与公共用地形态性状演进的描述

4.3.1 现状用地总体格局

1）住宅用地现状总体格局

上文所述，培田村民住宅用地在四个阶段呈现正增长的态势。为便于对各时期的形态特征详细分析，笔者将村民住宅用地按照道路格局分成若干街区（图4-4）。明朝时，村民住宅用地分别位于E、H、M与G街区，清朝时则延伸至D、F、I、J等街区。民国时期，村落发展处于停滞，这时期仅建设3栋住宅，因此住宅用地未有明显扩充。中华人民共和国成立后至"文革"时期，随着农民拥有土地，以及农村建房政策的支持，出现大量的村民建房，村落南区的L和N街区都建有许多住宅建筑，O街区于尚书第用地以南也建有部分住宅建筑；村落北区，在C、D与E三地块内的空地上扩建大量住宅建筑。改革开放后，南部的L、N街区住宅用地得到少量扩充，北部几个街区扩建了大量住宅建筑；20世纪90年代，北部区域街区增长至饱和，住宅用地开始向新培路以东区域发展，受到狭长地形的制约，其用地形态呈带状（表4-20）。

2）公共服务用地现状总体格局

（1）用地类型

村落各阶段住宅用地发展对照表　　　　　　　表 4-20

形态期	住宅		用地	
	数量（栋）	所占百分比（%）	公顷（hm²）	所占百分比（%）
明清时期（年）	67	22.0	4.09	68.1
民国时期	3	1.0	4.09	68.1
中华人民共和国成立后至"文革"时期	133	43.8	7.87	80.3
改革开放时期	101	33.2	9.55	72.2

资料来源：笔者自绘

根据《村庄用地分类指南》，村庄公共设施用地包括村庄公共服务设施用地和村庄公共场地。村庄公共服务设施用地分独立占地的公共管理、文体、教育、医疗卫生、社会福利、宗教、文物古迹等设施用地，以及兽医站、农机站等农业生产服务设施用地。从培田现状公共服务设施用地分析，可分成小学、医疗站、庙宇，以及旅游服务设施用地。同时，一些明清时期保留下来的民居用地转化为文物古迹，为村落公共服务设施用地增添新内容。

（2）总体格局

明清时期的公共服务设施用地可分成祭祀、书院以及商业三类，现状保存下来的用地中，有以衍庆堂为核心的家庙用地，有以紫阳书院、南山书院为主体的教育设施用地，以及因保护与旅游需求而修复的商业设施用地。其他小型的祭祀用地，普遍采用居祠合一的模式，在中华人民共和国成立后被转化为居住用地。而到改革开放后，因保护的需要而得到恢复。其次，明清时期所布设的公共服务设施至今得以较好保存，并发挥原有祭祀的功能；许多传统的民居用地因保护的需要转变为文物古迹，因此公共服务设施的要素中增添了文物古迹的内容。此外，现状村落建成区中，村落格局的重构以旅游与保护为目标导向，增设许多旅游配套设施。以上三项内容使现状服务设施的用地规模较过去三个时期都有较大幅度的发展，占地比例也有大幅度的提升，用地组成上也增加了许多要素。

4.3.2　住宅用地形态性状

1）布局模式

（1）明清时期

明清时期住宅用地模式受到聚族而居的影响呈现较强的向心性，因此该时期的用地布局较为紧凑，住宅在朝向、方位上具有较强的统一性。但是，明清两期用地由于住宅单体在体量上存在差异，因此布局模式也不同。明朝时住宅建筑单体体量小，住宅用地通过多个建筑组合而成。明朝时的住宅用地位于新塘路以西 M、G、H 三个街区，三个街区现存的建筑多为清朝时建筑，根据实地调研及当地老人的口述，这些建筑都在原有产权的基础上进行了改建，因此延续了明朝时的用地形态肌理。新塘街以东较大的空地为清朝时的大规模建设留足发展空间，清朝时住宅建设用地扩展是全方位的，不仅涵盖了明朝时旧建筑的改造与扩建，还在村落东北 C、D 两个街区扩展。清朝时住宅用地布局模式的典型特征之一是延续明朝时的用地肌理，在朝向、方位上与明朝时保持一致，对旧有的街巷空间进行有序的延伸；另外，大体量、大进深的单体住宅用地也是一大特色，一个街区一般由少量的住宅建筑组合而成，这在 F、I、O 三个街区的布局中表现显著，因此住宅栋数密度较低。

（2）民国时期

民国时期，住宅建筑用地发展因经济萧条明显减缓，该时期建设的 3 栋住宅建筑都是在明清时期的住宅用地内填充完成，村落的住宅用地布局仍延续明清时期的模式。

（3）中华人民共和国成立后至"文革"时期

这段时期村民住宅用地布局缺少规划管理，大部分在村内 C、D、E、L、N、O 街区的空地上零散布设，此时期村落南面街区的 F、L 与 O 街区内增加较多住宅建筑，靠近旧建成区，住宅建筑的布局较为紧凑，但距离越远的，其布局显得无序，毫无章法，村落表现出一定的离心形态，以家庙为核心的空间格局逐渐被弱化。

（4）改革开放时期

改革开放后，1980 年代新建住宅集中布设在 C、D 街区，C、D 两区的建筑密度与容积率得以提高；1990 年代，《农村规划建设管理条例》出台，住宅建设在村庄规划的管理下呈现较为有序的格局，该时期的村落住宅用地主要沿新培路的西侧布设，当然旧区内许多空地也被填充，随后旧区住宅用地达到饱和；1990 年代中期，新培路东侧则沿路建设一片新住区，住宅建筑无论在内部功能还是外部形态上较以往都有了较大的变化。2005 年 11 月，培田村被评为国家级历史文化名村后，住宅建设都被设置到河源溪以北的住宅新区内，村落旧建成区内停止了一切与居住相关的建设活动。详情如表 4-21 所示。

培田村住宅用地增长模式各阶段对照表　　　　　　　　　　　表 4-21

时期 内容	明清时期	民国时期	中华人民共和国成立后至"文革"时期	改革开放时期	备注
住宅用地发展格局	新塘街为界,东面E、H、M与G街区为明朝时住宅用地,西面D、F、I、J与D街区为清朝时住宅用地	建设停滞,仅建设3栋住宅建筑,用地未有明显扩展	住宅用地分别向南北扩展,南面扩展至L、N街区,北面扩展至A、C、D、E街区	集中在北区以及中部区域扩展。D街区填充式扩展至饱和后,向新培路东与河源溪间带状扩展	2005年11月,培田被评为国家级历史文化名村后,村落内的住宅建设处于停滞状态
住宅用地模式	向心性与秩序性,集聚成团	同明清时期	插花式布局,向心与等级秩序趋势弱化	沿新培路带状发展,填充式布局,与现代时期建筑组合成片	—

资料来源：笔者自绘

2）栋数密度

住宅栋数密度是指每单位建成区面积的住宅数量。笔者按村落建设用地划分标准将培田村划分成17个街区32个地块,并绘制每个时期保留的住宅建筑,统计各地块住宅栋数密度,用以分析住宅用地的形态变化特征。本书将住宅栋数密度划分成四个等级：A-低密度,阈值1～10；B-中密度,阈值11～20；高密度,阈值21～30；D-特高密度,阈值30以上。

（1）明清时期

明清时期的住宅用地扩展在14个街区的17个地块内发生,共增长63栋建筑。从住宅用地的增长时序分析,最早村落住宅形态是以K区为原点向东与北两个方向扩展,形成G、M、H、E等街区为主体的初期住宅用地格局,即明朝时的格局；清朝时,村落经济发展至鼎盛时期,住宅用地开始向新塘街东面的D、F、I、J、O等5个街区发展,以新塘街为轴线的空间格局逐渐成形。明清时期的14个街区是以道路与自然地形相互围合而形成,依据街区四面的地形特征可分成3类,一是四面临街的街区,二是一面临山、三面沿街的街区,三是三面临山、一面临街的街区。该时期的3类街区住宅栋数密度可以归纳为如下基本特征：四面临街街区以中密度为主,一面临山、三面临街的街区以高密度为主,三面临山、一面临街的街区以低密度为主（见表4-22）。

（2）民国时期

民国时期的住宅建设几乎处在停止状态,该时期共建设的三栋住宅建筑,分别位于D、G与I等3个街区内,没有开发新的住宅街区。但应该指出的是,民国时期的中央苏区时段内,所开展的土地革命影响了古代村落住宅建设的制度，聚族而居向心分布的布局规制逐渐弱化。可以说，民国时期虽无别于旧形态的显性特征，却为新住宅形态的构建提供了制度准备和文化过渡。

（3）中华人民共和国成立后至"文革"期间

该时期住宅用地分别在16个街区26个地块内扩展，共增长建设133栋建筑。相对于明清与民国时期，大部分街区（除H与F街区）的住宅栋数密度都有一定程度的增长。该时期的三类形态框架中，四面临街的8个街区中有5个街区的住宅栋数密度达到高密度以上级别，其他3个街区则接近高密度。一面临街、三面临山的街区（除了L街区）都处于低密度级别；三面临街、一面临山有2/3街区居于高密度级别。

（4）改革开放时期

改革开放时期，村落建成区内增加了101栋住宅建筑。在统计的16个街区26个地块中，除了O街区的28#地块因用地处于饱和不再增长外，其他地块的住宅栋数密度都得到提高。特高密度为该时期街区的主导特征，四面临街的8个街区中有6个街区的住宅栋数密度达到高密度；一面临街，三面临山的住宅街区除了L街区外，大部分达到高密度；三面临街，一面临山的2/3个街区为特高密度（表4-22）。

培田村住宅用地形态框架类型栋数密度增长各阶段对照表（单位：栋/hm²）

表4-22

形态框架	四面临街							
街区名称	C	D	F	I	J	M	H	O
明清时期	11.5	10.8	16.1	23.0	34.3	19.4	16.6	9.1
民国时期	11.5	10.8	16.1	23.0	34.3	19.4	16.6	9.1
中华人民共和国成立后至"文革"时期	26.2	21.6	16.1	25.6	35.6	29.2	16.6	18.4
改革开放时期	42.8	41.3	21.5	40.9	35.6	38.9	45.7	18.4
形态框架	一面临街					三面临街，一面临山		
街区名称	A	B	L	P	R	N	E	G
明清时期	0	10.2	0	1.8	4	4.1	25.3	21.5
民国时期	0	10.2	0	1.8	4	4.1	25.3	21.5
中华人民共和国成立后至"文革"时期	6.5	2.9	15.6	2.9	9.4	11.4	26.6	29.5
改革开放时期	22.8	3.8	15.6	17.2	25	11.4	36.8	36.3

资料来源：笔者自绘

3）建筑密度

建筑密度是在一定范围内所有建筑物的基底面积与地块面积的比

值，一般以所占地块面积的百分比表示。

（1）明清及民国时期

根据地块建筑密度的统计数据分析，建筑密度在40%以上的地块有7、10、14、16、17、18、20、25、28[*]，占总数的52.9%；建筑密度在21%～40%间的地块有12、19、21、22，占总数23.5%；建筑密度在11%～20%间的地块有32，占总数的5.9%；建筑密度在1%～10%间的地块有26、29、3，占总数的17.6%（表4-24）。

培田村住宅用地建筑密度增长各阶段对照表（单位：%）　　表4-23

形态框架		四面临街							
街区名称		C	D	F	I	J	M	H	O
各历史阶段建筑密度	明清时期	14.1	16.8	71.8	41.1	30.1	50.6	35.4	60.2
	民国时期	14.1	16.8	71.8	41.1	30.1	50.6	44.2	60.2
	中华人民共和国成立后至"文革"时期	34.2	30.7	71.8	43.1	68.7	62.3	52.6	75.6
	改革开放时期	54.3	54.6	78.9	51.6	68.7	74.9	65.4	75.6
形态框架		一面临街、三面临山					三面临街、一面临山		
街区名称		A	B	L	P	R	N	E	G
各历史阶段建筑密度	明清时期	0	6.3	0	1	19.7	0.7	25.9	52.5
	民国时期	0	6.3	0	1	19.7	0.7	25.9	55.5
	中华人民共和国成立后至"文革"时期	4.5	10.2	20.5	5.2	19.9	27	38.5	60.3
	改革开放后	35.3	11.3	20.5	38.9	35.9	27	57	65.9

资料来源：笔者自绘

从街区建筑密度的统计数据分析，核心区的7个街区（G、H、M、F、I、J、O街区）建筑密度均在30%以上，边缘区的5个街区（C、D、E、R与N街区）建筑密度则在10%～30%间，建成区外的B与P街区建筑密度在1%～10%间（表4-23）。

培田村住宅用地建筑密度各时期增长对照表（单位：%）　　表4-24

街区编号	地块编号	明清时期与民国时期		中华人民共和国成立后至"文革"时期		改革开放时期
A	1	0	0	4.5	7.8	36.7	23.8
	2		0		1.9		47.2
B	5	6.3	0	10.2	33.2	11.3	33.2
	7		67.2		67.2		67.2
	8		0		14.9		21.1

---

[*] 本文根据街巷空间和自然地形将村落建成区划分成17个街区，32个地块，此数字为地块编号。

第4章 基因性状：培田村落用地形态特征描述

续表

街区编号	地块编号	明清时期与民国时期	中华人民共和国成立后至"文革"时期		改革开放时期	
C	9	14.1	0	20.7	54.3	46.1
	10		68.2	86.2		86.2
D	11	16.8	0	15.2	54.6	49.9
	12		33.9	30.7 46.4		59.3
E	13	25.9	0	21	57	48.5
	14		64.2	38.5 64.4		69.4
F	16	71.8	71.8	71.8 71.8	79.8	79.8
G	17	51.4	58.6	58.6 56.4	62.6	60.6
	18		52.9	55.6		63.3
H	19	35.4	35.4	35.4 35.4	48.1	48.1
I	20	41.1	41.1	43.1 43.1	51.6	51.6
J	21	30.1	34.6	54.1	68.7	54.1
	22		28.9	68.7 72.7		72.7
L	23	0	0	20.5 20.5	20.5	20.5
M	25	50.6	50.6	62.3 62.3	74.9	74.9
N	26	0.7	2.6	62.5	27	62.5
	27		0	27 13.5		13.5
O	28	60.2	91	91	75.6	91
	29		4.1	75.6 47.6		47.6
P	30	1	0	0	38.9	34.4
	31		1.9	5.2 10.1		43.2
R	32	19.7	19.7	19.9 19.9	35.9	35.9

资料来源：笔者自绘

以不同形态框架街区建筑密度的统计数据分析，四面临街的8个街区中有6个街区的建筑密度在40%以上，2个街区建筑密度在10%～20%间；一面临街、三面临山的3个街区建筑密度处于低值；三面临街、一面临山的3个街区中，G街区密度高密度为51.4%，E街区为中密度，N街区为低密度（表4-25）。

明清及民国时期村落住宅栋数密度与建筑密度一览表　　表4-25

内容 街区	街区面积 （m²）	地块编号	地块面积 （m²）	住宅栋数 （个）	基底面积 （m²）	栋数密度 （%）	建筑密度 （%）	备注
B	10401	7	977	1	657	10.2	67.2	—
C	867	10	867	1	592	11.5	68.2	—

续表

街区\内容	街区面积（m²）	地块编号	地块面积（m²）	住宅栋数（个）	基底面积（m²）	栋数密度（%）	建筑密度（%）	备注
D	5524	12	5524	6	1872	10.8	33.9	民国1栋
E	1970	14	1970	5	1268	25.3	64.2	—
F	3717	16	3717	6	2667	16.1	72	—
G	8827	17	2377	6	1393	25.2	58.6	—
		18	6450	13	3144	20.1	52.9	—
H	2405	19	2405	4	852	16.6	35.4	民国2栋
I	3913	20	3913	9	1607	23.0	41.1	—
J	5343	21	1166	4	403	34.3	34.6	—
		22	4177	1	1209	2.39	28.9	—
M	1029	25	1029	2	521	19.4	50.6	—
N	8777	26	2426	1	64	4.1	2.6	—
O	13572	28	8764	8	7976	9.1	91.0	—
		29	4786	1	198	2.1	4.1	—
P	3202	31	5388	1	100	1.8	1.9	—
R	7594	32	7594	3	1498	4.0	19.7	—

资料来源：笔者自绘

（2）中华人民共和国成立后至"文革"时期

根据地块建筑密度的统计数据分析，相对明清及民国时期，建筑密度保持不变的地块有7、14、16、17、19、28；增长幅度在1%～10%间的地块有1、2、14、18、20、31、32；增长幅度在11%～20%间的地块有8、10、11、12、25、27；增幅在21%～30%间的地块有9、13、21、23；增幅30%以上的地块有5、22、26、29（表4-24）。

从街区建筑密度的统计数据分析，保持不变的街区有F与H；增幅度在1%～10%间的街区有A、B、G、I、P、R，增幅在11%～20%间的街区有D、E、L、M、O，增幅在21%～30%间的街区有C与N，增幅在30%以上的有J（表4-26）。

以不同形态框架街区建筑密度的统计数据分析，四面临街的建筑密度在30%以上的街区有C、D、H、I、F、J、M、O；一面临街，三面临山的4个街区在10%以下，1个在10%～20%间；三面临街、一面临山的3个街区建筑密度在10%～30%区间内，增幅都在10%以下（表4-23）。

中华人民共和国成立后至"文革"时期村落住宅用地栋数密度与建筑密度一览表　　表4-26

街区	街区面积（m²）	地块编号	地块面积（m²）	住宅栋数（个）	基底面积（m²）	住宅栋数密度（%）	建筑密度（%）	备注
A	3074	1	1376	1	107	7.3	7.8	—
		2	1698	1	32	5.9	1.9	—
B	10401	5	397	1	132	25.2	33.2	—
		7	977	1	657	10.2	67.2	—
		8	1849	1	276	5.4	14.9	—
C	4201	9	3334	9	691	27.0	20.7	—
		10	867	2	747	23.1	86.2	—
D	11136	11	5612	7	854	12.5	15.2	—
		12	5524	17	2561	30.8	46.4	—
E	4890	13	2920	8	613	27.4	21.0	—
		14	1970	5	1268	25.4	64.4	—
F	3717	16	3717	6	2667	16.1	71.8	—
G	8827	17	2377	6	1393	25.2	58.6	—
		18	6450	20	3589	31.0	55.6	—
H	2405	19	2405	4	1266	16.6	52.6	—
I	3913	20	3913	10	1687	25.6	43.1	—
J	5343	21	1166	6	631	51.5	54.1	—
		22	4177	13	3037	31.1	72.7	—
L	7548	23	6286	16	1838	17.8	20.5	—
M	1029	25	1029	3	641	29.2	62.3	—
N	8777	26	2426	10	1516	41.2	62.5	—
		27	6351	3	855	4.7	13.5	—
O	13572	28	8764	8	7976	9.1	91.0	—
		29	4786	17	2280	35.5	47.6	—
P	3202	31	5388	3	544	5.6	10.1	—
R	7594	32	7594	4	1514	5.3	19.9	—

资料来源：笔者自绘

（3）改革开放时期

根据地块的建筑密度统计数据分析，相对于前一个时期，建筑密度保持不变的地块有5、7、10、21、22、23、26、27、28、29；增幅在1%～10%间的地块有8、14、16、17、18；增幅在11%～20%间的地块有1、12、19、25、32；增幅在21%～30%间的地块有9、13；增幅在30%～40%的地块有30、31；增幅40%以上的地块是2（表4-27）。

从街区的建筑密度统计数据分析，建筑密度在50%以上的街区有C、D、E、F、G、I、J、M、O；40%～50%间的街区为H；30%～40%间的街区为A、P、R，20%～30%间的街区有L与N，10%～20%间的街区有B。相对前期的增幅看，建筑密度保持不变的街区为J、L、O，增幅在1%～10%区间的街区有B、F、G，增幅在11%～20%间的区有C、E、H、I、M、R，增幅在20%～30%的街区有D、E，增幅在30%～40%间的街区有A、P（表4-24）。

从不同形态框架的街区建筑密度统计数据分析，四面临街的街区建筑呈高密度值，其9个街区中有8个在50%以上；一面临街，三面临山的5个街区中，3个在30%～40%间，1个在10%～20%间，1个在20%～30%间；三面临街，一面临山的街区均为高密度，3个街区中有2个大于50%，1个则为27%（见表4-23）。

改革开放后村落住宅栋数密度与建筑密度一览表 表4-27

街区编号	街区面积（m²）	地块编号	地块面积（m²）	住宅栋数（个）	基底面积（m²）	住宅栋数比例（%）	建筑密度（%）	备注
A	3074	1	1376	2	327	14.5	23.8	—
		2	1698	5	801	29.4	47.2	—
B	10401	5	397	1	132	25.2	33.2	
		7	977	1	657	10.2	67.2	
		8	1849	2	390	10.8	21.1	
C	4201	9	3334	16	1536	48.0	46.1	
		10	867	2	747	23.1	86.2	
D	11136	11	5612	21	2800	37.4	49.9	—
		12	5524	25	3277	45.3	59.3	民国1栋
E	4890	13	2920	12	1417	41.1	48.5	—
		14	1970	6	1368	30.5	69.4	
F	3717	16	3717	8	2966	21.5	79.8	—
G	8827	17	2377	7	1441	29.4	60.6	未增加
		18	6450	25	4086	38.8	63.3	—
H	2405	19	2405	11	1572	45.7	65.4	未增加
I	3913	20	3913	16	2021	40.9	51.6	—
J	5343	21	1166	6	631	51.5	54.1	
		22	4177	13	3037	31.1	72.7	
L	7548	23	6325	16	1838	25.3	29.1	
M	1029	25	1029	4	771	38.9	74.9	
N	8777	26	2426	10	1516	41.2	62.5	
		27	6351	4	855	6.3	13.5	—

续表

街区编号	内容	街区面积（m²）	地块编号	地块面积（m²）	住宅栋数（个）	基底面积（m²）	住宅栋数比例（%）	建筑密度（%）	备注
O		13572	28	8764	8	7976	9.1	91.0	—
			29	4786	17	2280	35.5	47.6	—
P		10435	30	5047	7	1734	13.9	34.4	—
			31	5388	11	2328	20.4	43.2	—
R		7594	32	7594	19	2730	25.0	35.9	—

资料来源：笔者自绘

4.3.3 公共服务用地性状

1）明清时期

明清时期的主要公共服务设施用地分成宗教用地与教育设施用地。

（1）宗教用地

宗教用地包括宗祠与庙宇，宗祠用地分为四个级别，即祖祠、房祠、私己厅（3-5代的房派）与香火堂（3代以下）。培田独立设置的宗祠用地主要是祖祠与房祠，这类宗祠用地一般不与住宅混合，无人居住。培田的祖祠为衍庆堂，其用地位于村落建成区西侧的K街区内，用地构成要素包括主体建筑、戏台、广场、绿地、水圳以及道路等，并通过轴线对称将各要素组合成体（图4-21）。在用地构成比例上，各要素用地面积分别为衍庆堂主体建筑基底789m²，容庵公祠105m²，戏台41m²，水圳29m²（长42m×0.7m），绿地487m²，广场310m²（衍庆堂前广场232m²，容庵公祠前广场78m²），道路227m²（表4-28）。明清时期的房祠有八四公祠、天一公祠、容庵公祠、愈杨公祠、衡公祠、久公祠、文贵公祠以及大敬居等，其中沿村落主要道路为容庵公祠、衡公祠、愈杨公祠、大敬居，该类房祠的用地由水圳、道路以及建筑主体组成，均采用背山面水，轴线对称的组合方式；背靠卧虎山的房祠为文贵公祠与天一公祠，用地由广场、道路以及建筑主体等要素构成，也采用传统的轴线对称的用地组合模式。此外，宗教用地还包括庙宇，即现存的文武庙与天后宫，均建于明清时期。天后宫与文武庙选址在桥头与村口，表达神明佑护的深层意识。其用地构成上都包括水系、广场以及门前道路。只是，天后宫临近官道，广场规模相对较小；文武庙则位于新培路以东，周边围绕农田和大树，因此其构成要素中除了广场与道路外，还包括了绿化用地（图4-21，图4-22，表4-28）。

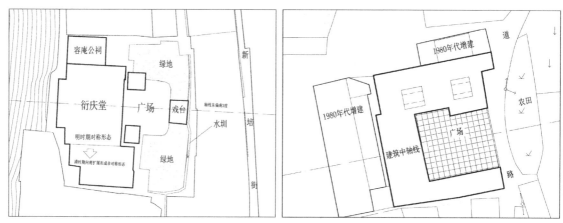

图 4-21 衍庆堂（家庙）用地布局图（左）
资料来源：笔者自绘

图 4-22 房祠—天一公祠用地布局图（右）
资料来源：笔者自绘

家庙用地构成表							表 4-28
用地 内容	建筑基底	广场	绿地	水圳	戏台	道路	合计
用地面积（m²）	789	310	486	29	41	227	1882
比例（%）	41.9	16.5	25.8	1.5	2.2	12.1	100

资料来源：笔者自绘

（2）教育设施用地

教育设施用地在明清时期主要以书院的形式存在。村落内存在大量的书院用地，这不是培田的特色，而是闽西客家的普遍现象，与客家崇儒重教、耕读传家的文化意识息息相关。培田书院用地类型繁多，但独立设置的书院仅有南山书院与紫阳书院。紫阳书院用地位于村落的南侧 L 街区内，朝向东南，用地由道路、主体建筑、广场、绿地等要素构成，其用地面积分别为建筑基底 236m²，广场 72m²，绿地（含农田）165m²，道路 36m²。南山书院用地约 1343m²，坐落在村落建成区的 C 街区，主体建筑朝向是虚东北，实西南向（图 4-23），用地构成要素由道路、绿地、广场、水池及主体建筑等构成，其用地面积分别为广场 37m²，道路 32m²，绿地 75m²，水池 128m²，主体建筑基底 729m²。用地组合采用背山面水的典型风水模式，由于建筑朝向与用地不一致，不应用轴线对称的组合手法（表 4-29）。另外，培田先祖没有忽视对妇女的文化教育和民间实际技艺的承传，他们又建了容膝居和修竹楼。容膝居成为三朝宗族妇女学校，在容膝居内，不但学习文化，还可谈风月[161]。

2）民国时期

民国时期，除了在建成区南面 L 街区新建八四公祠外，并未新增其他的公共服务设施。八四公祠紧邻紫阳书院，是为纪念培田开基始祖吴拔仕而建。相对明清时期，由于民国时期经济萧条，故而八四公祠用地

第4章 基因性状：培田村落用地形态特征描述

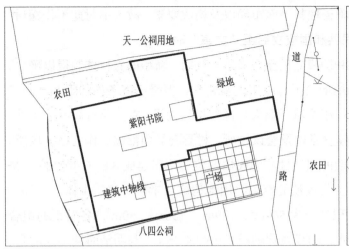
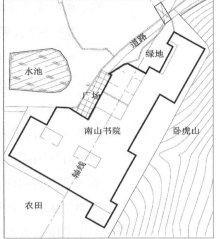

图4-23 南山（左）与紫阳（右）书院用地布局图

资料来源：笔者自绘

书院用地构成表   表4-29

书院名称	内容	建筑基底	广场	绿地	水圳	道路	合计
紫阳书院	用地面积（m²）	236	72	165	0	36	509
	比例（%）	46.4	14.1	32.4	0.0	7.1	100
南山书院	用地面积（m²）	729	37	75	128	32	1001
	比例（%）	72.8	3.7	7.5	12.8	3.2	100

资料来源：笔者自绘

面积规模不大，但其用地布局依旧延续了明清时的做法，采用轴线对称的模式组合用地各要素。在用地要素上，因为距离旧建成区较远，所以其要素中除了建筑主体、广场与道路外，并未设置水系。八四公祠用地各要素面积分别是建筑主体187m²，广场用地50m²，道路26m²，具体如图4-24所示。教育服务设施用地未有新增设施，但民国时期兴办学校之风盛行，所以培田将南山书院改为小学。由于未收集到当时的图纸资

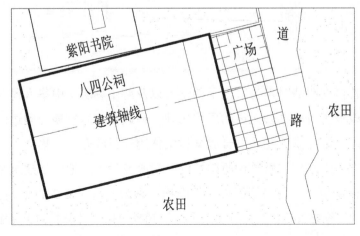

图4-24 八四公祠用地布局图

资料来源：笔者自绘

料，所以无法正确梳理其平面布局以及构成要素，故本书对此不作探讨。

3）中华人民共和国成立后至"文革"时期

中华人民共和国成立后至"文革"时期，新型的农村体制得以确立，公共服务设施用地增设了行政用地新要素，但受经济条件的限制，新设施用地都是通过征用明清时期大户民居用地而设。首先是行政办公用地，包括村委会、集体食堂以及会议场所。村委会征用都阃府作为办公场所。都阃府在明清时期的用地性质为民居，位于培田建成区的G街区内，是清末带刀御前侍卫吴拔祯的府第，用地构成要素包括建筑主体、广场、道路与水圳，面积分别为564m^2、129m^2、136m^2、50m^2，各要素的组合同样采用依山面水，轴线对称的模式（图4-25）。与明清时期不同的是，此时期的广场用地通过拆除围墙，从明清时的内置改为外设，主要用以满足群众集会的功能需求。其次，该时期经历"大跃进"与"文革"阶段，每个阶段都有相对应的设施配置。"大跃进"时期，集体化体制催生集体食堂的设置，绳武楼由此改设为集体食堂。绳武楼在明清时期的用地性质为粮食仓储用地，建设的初衷还包括风水因素，主要为其南侧的家庙与都阃府阻挡来自北面的煞气。

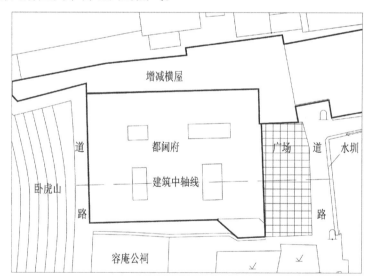

图4-25 都阃府用地布局图

资料来源：笔者自绘

修竹楼在明清时期为官宦子弟学习以及游乐场所，中华人民共和国成立后改设为行政办公人员的居住用地。绳武楼与修竹楼与周边的渤海堂、银库、集祥堂等建筑围合成全村集休闲、行政办公、集会为一体的用地形态。绳武楼与修竹楼所构建的公建服务设施用地包括建筑主体、广场（含杂地）、道路等要素，其面积分别为：绳武楼248m^2，修竹楼147m^2，广场752m^2（含农田及杂地），道路93m^2。同时，1960年代该区在绳武楼的东面增建51m²的住宅。各要素的组合模式采用轴线对称，绳武楼延续其东侧的渤海堂轴线，修竹楼的轴线则是广场东面建筑轴线的延伸。同时，作为明清时期物资以及钱财储存的重要区域，安全防御成为该区的重要考量，交通的不通达与用地围合是该用地私密性的重要保证，因此道路用地面积较低，所占总用地比例也小。其次是教育设施用地。该时期依旧采用民国时期的做法，小学用地设置在南山书院内。由于南山书院周边地势复杂，其东面靠山，西面的农田地势较低，无法开辟为学生的活动场所，故在书院的西北侧平整土地作为操场。具体如图4-26所示。

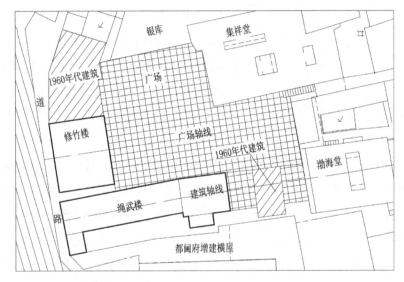

图4-26 绳武楼与修竹楼用地布局图
资料来源：笔者自绘

4）改革开放时期

改革开放后，村落的建设曾一度快速发展，但从2005年培田村被评为国家级历史文化名村后，村落发展进入转型阶段。2005年之前，村落在教育设施用地上投入了较多的资金，小学用地得到扩大。1980年代，新教育体制出台后，原来的南山书院已经不符合小学的用地需求，同时南山书院作为文物保护单位，也不允许小学设施设置其中。因此，原小学操场周边用地开辟后，增建一栋教学楼，1990年代在操场北面再建一栋。新设的小学用地要素与当前农村小学相仿，主要有教学楼、教工宿舍楼、操场、广场以及相应的绿化用地。小学用地各要素同样采用轴线对称的组合模式，主体建筑（1980年代建）朝向与村落建成区内部民居的朝向一致，坐西朝东。前后设置广场，西广场紧邻操场；操场内设置了100m跑道、绿地、国旗台以及明清时期的水池；1990年代建设的教学楼位于操场的北侧，并与南侧的南山书院、东侧的主教学楼、西侧的

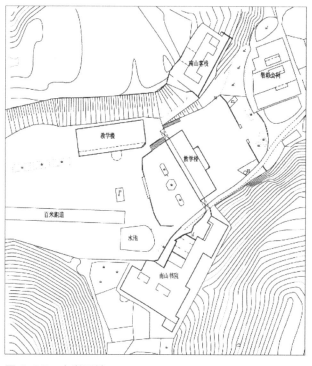

图 4-27 小学用地布局图
资料来源：笔者自绘

卧虎山支脉形成大尺度的围合形势。南山书院与教学附属楼类似闽西客家民居两翼的"横屋"格局。主教学楼的东侧广场位于小学入口，作为集散场地，与大门以及半圆形的绿地形态形成强烈的对称格局。总体而言，小学内部各要素的组合实质上是培田民居建筑在大尺度空间上的另一种诠释，以及对自然风水布局的严格遵循。其次，行政办公用地也发生了较大的转变。1994 年都阃府因火灾而焚毁，村委会被安排至新培路以东的新建建筑内，中华人民共和国成立后至"文革"时期设置的集体食堂也因此失去了使用功能，因而空置至今（图 4-27）。

2005 年，培田村被评为中国第二批国家历史文化名村，村落建设步入转型阶段，保护成为当前培田建设的主导思路，由此带动旅游业的兴起。村落的旅游设施经过近 10 年的发展，已经初步形成系统的旅游配套设施。从目前培田旅游设施用地的分布看，绝大部分用地都是通过改革开放后所建住宅用地转变而来。最为集中的是在 P 街区内，1990 年代沿新培路东侧设置的带状住宅用地现今转变为旅游服务配套用地，其内容包括旅馆与酒店。

4.4 微观层面：住宅建筑基底平面形态性状演进描述

4.4.1 住宅建筑现状概况

1）各时期住宅建筑现状分布

根据古村落历史建筑的时代特征，以及《族谱》记载和对老人的访谈，将建筑划归为不同的历史时段：明代、清初、清康熙、清雍正、清乾隆、清嘉庆、清道光、清咸丰、清同治、清光绪、清宣统、民国年间建筑、20 世纪六七十年代建筑、20 世纪八九十年代建筑。同时，针对不同历史时段的建筑特征进行不同的分类保护。虽然古村落有 800 多年的历史，

第4章 基因性状：培田村落用地形态特征描述

但古村落遗留的传统建筑多建于清朝时期，少数可以追溯到明代，以中华人民共和国成立后建筑居多。从图中可以看到，在清同治和光绪年间的建设量较大，占到26.3%，也正是此时，培田吴氏的宗族发展达到鼎盛时期（图4-28）。

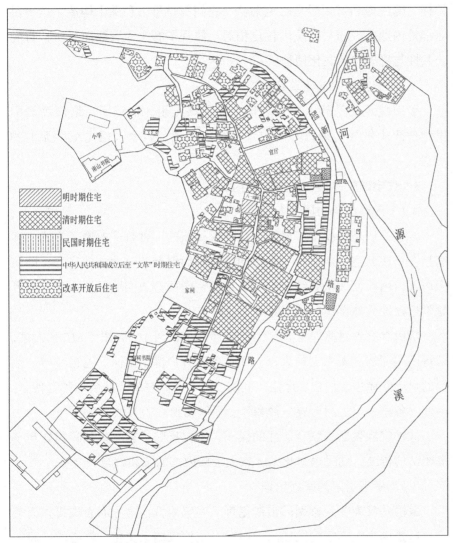

图4-28 各时期民居分布图

资料来源：笔者自绘

2）住宅建筑建造特色

（1）兼容并蓄的建造手法

培田建筑兼容了京城、皖南，汇聚了闽南、闽北、潮汕及粤东、赣南等地的民居建造手法。如皖南、闽北硬山墙体的大量运用，有别于其他客家地区民居建筑普遍的悬山和歇山；与闽南护厝式民居相似的硬山屋顶；与汕民居相同的四点金结构；再如双灼堂和灼其祈祠的前半部是由堂屋和横屋组成的合院式建筑，后半部都是弧形的围屋，与粤东围地屋相似；而青砖裹土的墙体构造技术与赣南土围建筑相同。

（2）单层合院式的平面布局

培田主体建筑为一层合院式民居，且多为硬山屋顶。如官厅为五进二横，双灼堂为四进二横，敦朴堂为二进二横等。仅有的二层建筑为修竹楼、绳武楼和官厅后堂的藏书楼，它们都是悬山和歇山构造。培田民居都是内通廊式布局，院内各户相通。体现了客家人聚族而居所特有的公共性与群居性的文化精神。

（3）居祠合一的建筑特点

培田建筑既是族人生息之地，又是祭祀祖先的场所。培田民居中祖堂位于中轴线上最核心的位置，突出体现了客家人祖先至高无上的信念。

3）住宅建筑平面布局的文化内涵

（1）聚族而居的居住方式

聚族而居是重视宗族血缘文化的汉民族的一种普遍的聚落方式。客家是在一座大宅中居住着一个个同姓同宗而财产各自独立的家庭，即使宅内人口增长而无法容纳，也是围绕原宅向两旁或四周延伸拓建，或者是附近择地另外再建一座宅邸分支分脉居住。

培田客家古村落即是如此，约50座住宅民居中，居住了315户人家，即每座房屋居住着六七户人家，而且各家各户都是由同一近祖所传。他们的财产除屋顶、门户、厅堂、庭院、水井等共享外，其余均各自独立。因此，各家各户之间形成一种和睦、平等而独立的关系。

这种宗族聚居、联合居住的模式，不仅反映了客家人和睦相处与平等团结的传统，同时也强化了客家人宗族内部的亲和力与安全感。

（2）敬祖崇宗的宗族伦理

敬祖是汉族普遍遵循的道德伦理，客家族群在这方面表现得尤为突出。这是因为，客家先民迁离中原时，正值以儒家文化为核心的中原文化处于最辉煌的时期，而徙居南方之后，所处环境相对封闭和恶劣，因而更需要有益于团结御外的敬祖崇宗的精神和规范。培田居民对这种家族伦理的继承和表现非常执着而充分，并且在南迁时就表现得极致而感人——他们不管怎样颠沛流离和艰辛困顿，也要收拾并背负祖先的骨骸同行。不论培田何时期的版本，吴氏族谱均记载的十六条家训中，列为第一、二条的就是"敬祖宗、孝父母"。在住宅中，将祖堂置于整座建筑最核心的位置。在民居墙柱上出现不少诸如"祖训书墙牖，家声继蕙兰"（敬承堂联）、"出门思祖德，入户念宗英"（郭隆公祠联）等的楹联，表达对祖恩祖德的赞扬和追念，以及作为后裔的自豪的文化心理。时至今日，他们仍然保留着每年春秋两次公祭培田始祖至十四世祖的习俗等。

4）典型住宅建筑分析

（1）大夫第式民居——继述堂

继述堂是培田村中规模最大的"九厅十八井"式的合院建筑。继述堂的名称来自《中庸》的"夫孝者，善继人之志，善述人之事"。主人吴昌同因乐善好施而得朝廷的封赠，授奉直大夫，诰封昭武大夫。继述堂建于清道光九年，即公元1829年，历时11年。它集十余家的基业，费二三万巨金，建成百余间的大民居。继述堂有18个厅堂，24个天井，及72个房间，占地6900m²。继述堂的平面布局，主轴线上依次是广场、门厅、庭院、前厅、庭院、中厅、庭院、后厅。广场称外雨坪，坪边建月塘和围墙，现已毁坏；坪前布置一对石狮石鼓，及两根纹龙旗杆。门厅与前厅间是大庭院，庭院两侧各设一个侧厅堂，自成一厅两房带小天井布局，小巧玲珑，别具一格。大庭院后是中厅，中厅与大厅间设小天井。中厅大厅联成一体，面积较大，是主人宴客、会亲的场所。大厅左右是主卧房，分成前后间。最后是后厅，后厅与中厅之间天井连接。后厅是主人生活起居的内宅，空间尺度亲切宜人；后厅与围墙之间还设有一个长方形的天井，栽有花卉盆景，环境静谧，与前厅的喧闹形成鲜明对比。继述堂的横屋布局模式采用的是左一右三的不对称布局，主厅堂轴线上两侧横屋。该住宅布局的主要特点是，一是主厅堂面东，横屋是南北朝向；二是虽然四列横屋房间数量多，但朝向好、光线足、空间大，且采用一厅两房的布局，使用方便[158]（图4-29，图4-30）。

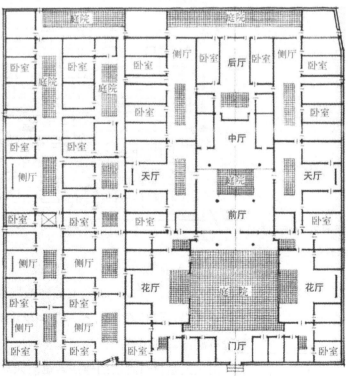

图4-29 继述堂平面图

资料来源：摘自戴志坚《培田古民居建筑文化特色》

（2）驿站式民居——官厅

图 4-30 继述堂外雨坪图
资料来源：笔者自摄

官厅又称"大屋"，始建于明朝崇祯年间，至今有300余年的历史。第二次国内革命战争时期，这里曾经是红军指挥机关所在地。官厅是吴氏接待过往官员、客商的地方。建筑占地5900m²，布局模式是中轴对称式，前塘后阁五进带横屋。中轴线上建筑空间要素依次是围墙、半月塘、外雨坪、门庐、前厅、中厅、大厅、后厅。

官厅作为民居建筑具有几大特色：

① 一是建筑功能齐全。它既是客栈、书院、图书馆，又是民宅，集政治、经济、居住、教育为一体。

② 二是接待等级分明。由彩色卵石砌成的双凤朝阳图案的甬道，只有达官贵人才能行走；中厅砌三泰阶（俗称三字阶），来往客人要论资排辈安排座位。

③ 三是建筑色彩协调。室内暗部用蓝、绿色调合成暗色调，显得庄重、肃穆；室内亮部色彩配以朱红色，给人以热情洋溢的感觉。重要部位如梁架、窗饰等，则不惜代价全部鎏金，显得富丽堂皇[158]（图4-31）。

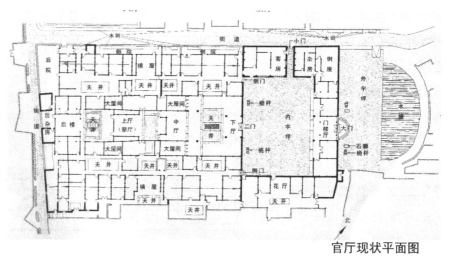

图 4-31 官厅平面图
资料来源：笔者自绘

（3）府第式民居——都阃府

都阃府是一座三进三开间带单侧横屋的民居。都阃是官名，都阃府即都司府。汉代在尚书省下设左右都司称左右都阃，清代在武官职衔中设有游击、都司等职，都阃就是四品武官，都阃府就是四品武官的府第。它的主人是村口牌坊的建造者御前四品蓝翎侍卫吴拔祯。都阃府规模小，

第4章 基因性状：培田村落用地形态特征描述

却很精细。该府邸在1994年毁于一场大火，遗留下来门口的两根石龙旗和前厅院，以及介绍主人生平共800余字的石碑（图4-32）[158]。

图4-32 都阃府遗迹图（左）
资料来源：笔者自摄

（4）围垅屋式民居——双灼堂

双灼堂是培田古民居中建筑最精湛，集科技与艺术于一体的"九厅十八井"式的合院建筑。它的布局模式为四进三开间带横屋，对称布局，前方后圆的围垅屋式平面格局[158]。中轴线上建筑空间要素依次是门庐、中型庭院、前厅、中厅、后厅、后龙，后龙设一厅十房，为家庭做杂物的小院（图4-33）。

图4-33 双灼堂门庐（右）
资料来源：笔者自摄

4.4.2 基底平面形态性状

1）明清时期

闽西客家传统居住建筑的平面尺寸由建筑形制、开间面宽、进深与开间数量等四个因素决定。建筑形制沿用三合天井式中的堂庑式为其演变原型，最基本的单元为锁头屋，即"一堂屋"。一堂屋以"扇"作为其基本平面开间控制尺度。一扇即为一榀木构架，如四扇三间，则是一明两暗的三开间。面宽三间至五间，一般厅堂明间宽度约3000～5500mm，次间宽度一般为2800mm左右，左次间稍大于右次间。厅堂预留的通向两侧走廊宽度多为0.9～1m，带二层的稍大的宽度为1.2～1.4m左右。厢房面宽以厅堂进行适度的比例变化，建筑进深延续中原以步架的间距进行计算。一般厅堂步架间距为600～800mm，以适于铺瓦为准。其他具体尺寸要符合丈杆法[162]。

明时期培田村落处于开基阶段，人口基数小，经济尚不发达，所以住宅建筑多采用"二堂式"。明朝时期对建筑形制有着严格的规制，据《明史·舆服制》中记载："庶民庐舍，洪武二十六年定制，不过三间五架，禁用斗栱、饰彩色。正统十二年令稍变通之，庶民房屋架多而间少者，不在禁限"[107]。明朝时培田住宅建筑一般不超过"三间五架"。现存的4栋明朝时期的建筑中，面阔尺寸多限制在8.8～16m，横屋面阔尺寸为6.3m；进深尺寸限制在14～17m，但"关三公祠"是在最原始的"一堂式"发展而成的"二堂式"，因此相对其他建筑，多配设的一个前厅，且进深较大，达到22m；建筑单体面阔与进深的比值有两类，0.73∶1和0.63∶1。其次，明朝时期的住宅建筑基底面积阈值在100～400m²间，多分布在新塘路以西（表4-30）。

明时期保留建筑基底尺寸及比例　　　　表4-30

序号	所在街区（地块）	建筑名称	建筑形制	面宽 W（m）	进深 L（m）	W/L	基底面积（m²）
1	H（19）	关三公祠	二堂一横（右）	16	22	0.73	352
2	G（18）	渤海堂	三堂式	12.5	17	0.74	212.5
3		愈杨公衡	二堂式	10.8	17	0.64	183.6
4		公祠祠	二堂式	8.8	14	0.63	123.2

资料来源：笔者自绘

清朝时期，培田经历了早期人口快速增长以及晚清的经济鼎盛，住宅建筑发生了根本的变化，加之闽西客家地处偏远的蛮夷地区，民居建筑尺度开始变通性地突破官方的规定。厅堂在"四扇三间"的基础上增设开间数量，并沿轴线演化三堂、四堂，甚至九堂。因此，相对于明朝时期，清朝时期的住宅建筑大比例地增加尺度。培田村在清朝时期住宅建筑单体尺度及比例调查如表4-31所示。

清时期保留建筑基底平面尺寸及比例　　　　表4-31

	所在街区（地块）	建筑名称	建筑形制	面宽 W（m）	进深 L（m）	W/L	基底面积（m²）
1	E（14）	双善堂	二堂二横	14	29	0.5	406
2		—	二堂三横	44	28	1.6	746.6
3	B（7）	敬彰公祠	二堂二横	8.7	25.8	0.3	224.5
4	C	—	二堂一横	8	31	0.3	248
5		—	二堂二横	14.7	16.3	0.9	239.6
6		—	二堂一横	12	23	0.6	144
7	D	—	不明显	5.2	9.3	0.6	48.3
8		—	二堂式	16	20	0.8	320
9		—	不明显	10	12	0.8	120
10		阙后堂	二堂二横	28	28	1	784
11	E	双善堂	二堂二横	29	14	2.1	406
12	F	官厅	五堂二横	28	66	0.4	1848

续表

	所在街区（地块）	建筑名称	建筑形制	面宽W（m）	进深L（m）	W/L	基底面积（m²）
13	F	致祥堂	二堂二横	29	27	1.1	783
14		济美堂	四堂一横	18	36	0.5	648
15		文贵公祠	二堂式	6.6	14.7	0.5	97.0
16	G	大居敬祠	二堂式	17	21	0.8	357
17		乐庵公祠	二堂式	11.6	14.2	0.8	164.7
18		畏严公祠	二堂式	13	11	1.2	143
19		在宏公祠	二堂式	10.9	14.6	0.8	159.1
20		集祥堂	三堂一横	16	26	0.6	416
21		修竹楼	不明显	13	10.8	1.2	140.4
22		绳武楼	不明显	17	32.9	0.5	559.3
23		锄经别墅	二堂式	9.8	12	0.8	117.6
24		都阃府	三堂二横	20	27	0.7	540
25		三让堂	三堂式	9	19	0.5	171
26	H	敬承堂	二堂一横	14	17	0.8	238
27		巨堂公祠	一堂式	6.3	10	0.6	63
28		进德堂	三堂一横	15.8	16.7	1.0	263.8
29	I	致德居	二堂式	16.8	21.8	0.8	366.2
30		承志堂	二堂二横	17.3	16.0	0.7	206.4
31		如松堂	三堂三横	33.5	36.2	0.9	1212.7
32	J	—	二堂二横	24	14.6	1.6	350.4
33	M	—	二堂一横	13.9	15	0.9	208.5
34		—	二堂式	15	21	0.7	315
35	N	—	横屋	4.1	13.5	0.3	55.4
36	O	灼祈祠	四堂三横	30	54.2	0.6	1626
37		双灼堂	五堂二横	31.3	61.4	0.5	1921.8
38		敦朴堂	二堂二横	16	24	0.7	384
39		大夫第	四堂四横	52.8	56.2	0.9	2967.3
40		—	二堂二横	22.5	17.1	1.3	384.8
41		—	二堂二横	26.2	36.1	0.7	945.8
42		—	三堂式	17.4	18.6	0.9	323.6
43		—	二堂式	13.8	14.3	1.0	197.3
44	P	—	二堂式	9.5	10.5	0.9	99.7
45	Q	落房屋	三堂三横	25	41	0.6	1025
46		隐南公祠	二堂一横	11	18	0.6	198
47		—	不明显	13.2	17.5	0.8	231

注：—为无名称建筑。　　　　　　　　　　　　　　　　　　资料来源：笔者自绘

由上表可知培田村在清朝时期的住宅建筑单体用地形态特征如下：

① 清朝时期与明朝时期一样，住宅建筑单体整体用地较为规整，基本为方形。

② 清朝后期出现大型的住宅建筑单体，根据统计的 46 栋住宅建筑单体基底面积，可知 100m² 以下的有 5 栋，100～200m² 的有 10 栋，200～300m² 的有 7 栋，300～400m² 的有 8 栋，400～500m² 的有 3 栋，500～600m² 的有 2 栋，600～700m² 的有 1 栋，700～800m² 的有 3 栋，900～1000m² 的有 1 栋，1000m² 以上的有 6 栋。

③ 从住宅建筑分布可知，特大尺度，特别是大于 1000m² 的住宅建筑均位于新培街以东的 F 与 O 街区，大尺度的 500～1000m² 在各街区都有分布，中等尺度的 100～500m² 住宅建筑占 61%，大部分分布在 C、D、I 和 J 街区。

2）民国时期

受到战乱以及交通区位优势弱化的影响，培田的人口与经济发展受到抑制，村落住宅建设缓慢，该时期总共建设了 4 栋住宅建筑，分别分布在 D、E、H、I 等 4 个街区，其形制与尺寸比例基本采用明清时期的传统做法，但因受到经济的制约，建筑在用地规模上较清晚期有一定程度的缩减。此外，D 街区的 1 栋住宅建筑用地形态呈梯形，相对明清时期的方正规整形成差别，但该建筑属于在宏公祠向右翼延伸的横屋建筑，充分结合了现状用地形态，与周边建筑构成了一个整体。在旧建成区内的空地上填充的新建筑是民国时期的主要特征，所以建筑单体的面宽与进深需要依据周边建筑的尺度，面宽在 8.4～18.4m 之间，进深则在 9.6～24m 之间；基底用地规模都在 500m² 以下（表 4-32）。

民国时期保留建筑单体平面尺寸及比例　　表 4-32

序号	所在街区（地块）	建筑名称	建筑形制	面宽 W（m）	进深 L（m）	W/L	基底面积（m²）
1	D（19）	—	横屋	8.4	9.6	0.9	80.6
2	I	—	三堂一横	16.9	17.8	1.0	300.8
3	H	—	二堂一横	9.7	21.5	0.5	208.6
4		—	二堂式	18.4	24.7	0.7	454.5

注：—为无名称建筑。　　　　　　　　　　　　　　　　　资料来源：笔者自绘

3）中华人民共和国成立后至"文革"时期

中华人民共和国成立后至"文革"时期，村民聚族而居的居住模式在这阶段开始改变，以家庭为单位的住宅建筑逐渐替代以家族式的建筑

形态。家庭式住宅建筑形态主要体现在尺度的小型化，庭院空间的边缘化以及用地形状顺应地形等三种特性。首先，根据统计出的该时期74栋住宅建筑面积分析，小于100m^{2}的建筑数量达到38栋，100～200m^{2}的建筑数量为18栋，200～300m^{2}的建筑数量为13栋，300～400m^{2}的建筑数量为3栋，400～500m^{2}的建筑数量为2栋，小型化（小于200m^2）的住宅栋数占总数的76%。可见，建筑小型化趋势显著。其次，小型化的建筑已经突破礼制秩序的束缚，天井空间开始前置于建筑，不再成为建筑的核心空间，而院落的布局总是在建筑主体确定后，依据现有地形条件再行设置，不再优先考虑院落空间，住宅平面也不如明清时期那样方正。此外，根据建筑平面的比例尺度分析，面宽/进深的比值小于1.0的建筑共47栋，占总数的64%，建筑平面向小面宽的趋势发展，该时期的新建建筑不再延续明清时期"三间四扇"的格局，面宽多限制在3～14m之间；而进深则受到自然地形以及街区地块的制约，均限制在8～20m之间、详细如表4-33、表4-34所示。

住宅建筑基底面积区间分析　　　　　　　　　　　　　　　　　表4-33

用地区间（m^2）	<100	100～200	200～300	300～400	400～500	500以上
数量（栋）	38	18	13	3	2	0

资料来源：笔者自绘

中华人民共和国成立后至"文革"时期保留建筑单体平面尺寸及比例　　表4-34

序号	街区	面宽W（m）	进深L（m）	W/L	基底面积（m^2）	序号	街区	面宽W（m）	进深L（m）	W/L	基底面积（m^2）
1	A（1）	13	8	1.6	104.0	15	G	9	10	0.9	90.0
2	D（11）	12.1	17.6	0.7	213.0	16		6	3	2.0	18.0
3		8	13.7	0.6	109.6	17	J	4	19	0.2	76.0
4	D（12）	6.3	10.4	0.6	65.5	18		46	7.6	6.1	349.6
5		8.1	10.6	0.8	85.9	19		6.6	6.3	1.0	41.6
6		22	9.6	2.3	211.2	20		15	15	1.0	225.0
7		12	18	0.7	216.0	21		33.5	13.6	2.5	455.6
8	E	4.5	8	0.6	36.0	22		13	17	0.8	221.0
9		4.5	6.6	0.7	29.7	23	I	18	15	1.2	270.0
10		16	4.5	3.6	72.0	24		7.7	11.8	0.7	90.9
11		17	14	1.2	238.0	25		3.5	7.3	0.5	25.6
12	G	3	8	0.4	24.0	26		3.8	7.1	0.5	27.0
13		3	14	0.2	42.0	27		8.3	6.1	1.4	50.6
14		8	4	2.0	32.0	28		10.5	5.2	2.0	54.6

续表

序号	街区	面宽 W (m)	进深 L (m)	W/L	基底面积 (m²)	序号	街区	面宽 W (m)	进深 L (m)	W/L	基底面积 (m²)
29		13.6	13.6	1.0	185.0	52		18.3	11.5	1.6	210.5
30		16.4	11.6	1.4	190.2	53		16.5	10	1.7	165.0
31		7	10	0.7	70.0	54	N（27）	6.9	10	0.7	69.0
32		15	4	3.8	60.0	55		16.6	5.7	2.9	94.6
33		3.6	10.8	0.3	38.9	56		8.8	12	0.7	105.6
34		3.4	10.8	0.3	36.7	57		9	13.2	0.7	118.8
35		3.2	2.7	1.2	8.6	58		12.6	11.5	1.1	144.9
36		3.3	4.9	0.7	16.2	59		4.5	8.7	0.5	39.2
37	L	5.6	11.9	0.5	66.6	60		15.7	6.8	2.3	106.8
38		5.1	7.1	0.7	36.2	61		13.9	15.2	0.9	211.3
39		16.7	6.8	2.5	113.6	62		5.7	13	0.4	74.1
40		9.8	4.9	2.0	48.0	63		5.6	4.3	1.3	24.1
41		4.8	11.2	0.4	53.8	64	O（29）	7	12.3	0.6	86.1
42		27.8	10.1	2.8	280.8	65		8.5	4.3	2.0	36.6
43		10.7	17.5	0.6	187.3	66		13	12	1.1	156.0
44		28.7	14.8	1.9	424.8	67		9.4	16.7	0.6	157.0
45		3.2	9	0.4	28.8	68		12.9	18.7	0.7	241.2
46	M	14	15.1	0.9	211.4	69		8.3	19.5	0.4	161.9
47		14	26	0.5	364.0	70		3.8	12.3	0.3	46.7
48		10.5	11.4	0.9	119.7	71		14	12	1.2	168.0
49	N（26）	9.5	10.5	0.9	99.8	72	P（31）	12.2	15.3	0.8	186.7
50		14	19.8	0.7	277.2	73	Q（32）	6.6	11.8	0.6	77.9
51		6.4	10.9	0.6	69.8	74		6.6	5.8	1.1	38.3

资料来源：笔者自绘

不同街区，住宅建筑用地形态不同。新扩展的街区，建筑住宅平面形状都较为方正；旧街区，因为新建住宅大部分为填充式，都要充分考虑周边建筑用地而建，因此住宅建筑平面多凹凸，形状呈现多边形。

4）改革开放时期

以家庭为单位的住宅建筑在改革开放后彻底取代聚族而居模式，住宅建筑以单建为主，联建为辅，因此住宅建筑用地形态呈现多种形态。在培田村落的建成区，新扩展的住宅用地与旧住宅用地，受到周边环境的限制，其形态也存在许多差异。相对三个阶段，改革开放时期的住宅建筑更加注重住宅的使用功能，住宅庭院不再成为组合内部各类空间的枢纽，庭院空间从内化转变为外化形式，因此住宅建筑内部各功能空间显得更加紧凑。此外，住宅建筑由于小型化使得居民通过增加住宅层数满足居住需求，因此该时期住宅建筑的层数相对如上三个时期有了整体提升。笔者调查培田在改革开放时期建成区内67栋建筑平面尺寸，并结合统计如表4-35～表4-37所示，分析如下。

改革开放后住宅建筑基底面积区间分析　　　　　　　　　　　　　　表4-35

用地区间（m²）	<100	100～200	200～300	300～400	400～500	500以上
数量（栋）	30	23	3	4	2	1

资料来源：笔者自绘

改革开放后住宅建筑基底尺寸区间分析　　　　　　　　　　　　　　表4-36

内容 \ 尺寸区间（m）	1～5	5～10	10～15	15～20	20～25	25～30	30～35
面宽数量	11	23	17	8	3	2	2
进深数量	6	20	27	10	2	1	1

资料来源：笔者自绘

改革开放后新建建筑单体平面尺寸及比例　　　　　　　　　　　　　表4-37

序号	所在街区	面宽W（m）	进深L（m）	W/L	基底面积（m²）	序号	所在街区	面宽W（m）	进深L（m）	W/L	基底面积（m²）
1	A（1）	19.5	9	2.2	175.5	20		6	10.3	0.6	61.8
2		14	6.6	2.1	92.4	21	C	16.2	19.2	0.8	311.0
3		21.7	18.9	1.2	410.1	22		9.6	9.7	1.0	93.1
4		10.7	12.4	0.9	132.7	23		17.5	30.9	0.6	540.8
5	D（11）	17	8.5	2.0	144.5	24	E（13）	11.7	15.4	0.8	180.2
6		12	22.5	0.5	270.0	25		5.2	13	0.4	67.6
7		8.9	13.8	0.6	122.8	26	E（14）	11	8.7	1.3	95.7
8		15.7	15.9	1.0	249.6	27	F（16）	15.8	12.1	1.3	191.2
9		13	15	0.9	195.0	28		15.4	6.8	2.3	104.7
10		6.8	13	0.5	88.4	29	G（17）	3.9	13	0.3	50.7
11		18.9	12.5	1.5	236.3	30		11	13	0.9	143.0
12		22.7	15.9	1.4	360.9	31	G（18）	27	6.8	4.0	183.6
13		4.2	14	0.3	58.8	32		8.7	13.7	0.6	119.2
14		8.3	14.3	0.6	118.7	33		11.7	8.5	1.4	99.5
15		10.3	19.2	0.5	197.3	34	H（19）	7.2	15.6	0.5	112.3
16		10.8	10.3	1.1	111.2	35	H	4.5	8.7	0.5	39.2
17	C	9	16	0.6	144.0	36		4.1	6.8	0.6	27.9
18		9.9	7.8	1.3	77.2	37		9.8	5.4	1.8	52.9
19		11.9	16.3	0.7	194.0	38		6.8	3.4	2.0	23.1

续表

序号	所在街区	面宽W(m)	进深L(m)	W/L	基底面积(m²)	序号	所在街区	面宽W(m)	进深L(m)	W/L	基底面积(m²)
39	H	6.9	6.2	1.1	42.8	54	P(31)	34.8	14.4	2.4	501.1
40		3	8.2	0.4	24.6	55		32.3	25.9	1.2	836.6
41		5	13	0.4	65.0	56		19.4	22.2	0.9	430.7
42		7.2	13	0.6	93.6	57		9.5	13.3	0.7	126.4
43	I(20)	4.6	13	0.4	59.8	58	Q(32)	23.4	4.7	5.0	110.0
44		6.8	3.6	1.9	24.5	59		8.8	18.2	0.5	160.2
45		5.2	6.4	0.8	33.3	60		13.3	12.9	1.0	171.6
46		7.7	11	0.7	84.7	61		11.4	16.6	0.7	189.2
47	P(30)	34	15	2.3	510.0	62		7.8	12.2	0.6	95.2
48		25.6	15	1.7	384.0	63		13.3	11.6	1.1	154.3
49		25.6	15	1.7	384.0	64		10	8.6	1.2	86.0
50		14	15	0.9	210.0	65		6.9	3.8	1.8	26.2
51	P(31)	9	4.5	2.0	40.5	66		9.2	4.1	2.2	37.7
52		3.4	7.4	0.5	25.2	67		5.5	7.2	0.8	39.6
53		4.4	5.3	0.8	23.3						

资料来源：笔者自绘

（1）基底面积。67栋住宅建筑的基底面积中，小于100m²有38栋，100～200m²有18栋，200～300m²有13栋，300～400m²有3栋，400～500m²有2栋，500m²以上有5栋。200m²以上的住宅多为联建，因此每户住宅占地面积多不大于150m²；新扩展街区A、D、P等3街区的住宅建筑平面较为方正，26栋建筑中19栋基底面积都大于100m²；小于100m²的7栋建筑中除2栋为临时建筑不计外，基底面积平均面积为65.7m²。

（2）建筑的面宽与进深。住宅建筑的面宽多在4～15m区间，其中5～10m的居多，共计23栋，4～5m的计11栋，10～15m的17栋，三者占总数的76%；进深多在5～20m区间，共计57栋，5～10m的20栋，10～15m的27栋，15～20m的10栋，三者占总数的85%。其次，面宽与进深的比例小于1.0的有33栋，占总数49.2%，综上该时期的建筑的面宽适当增加，其区间为3.6～25.6m；进深则在3.4～30.7m。

4.4.3 基底平面演化规律

1）布局：向心—离散—重构

（1）院落式布局的继承与庭院的没落

明清时期，客家民居基本采用院落式的布局模式，庭院是院落空间的核心；中华人民共和国成立后传统民居仍然传承院落式的布局，只是庭院的地位有所削弱。传统建筑往往以庭院为中心，居民所有活动以庭院为轴心而展开。中华人民共和国成立后至"文革"时期居民活动逐渐转移到正房中，正房的客厅成为新的中心，庭院功能明显弱化。改革开放后，庭院不再成为民居内部空间的组成部分，通过外化成为宅前绿地或者广场；而民居的其他要素则重构了一个新的居住空间体系。

（2）对称布局的延续与轴线序列的消失

明清时期，客家民居讲究对称布局，以封建伦理制度为核心衍生出轴线的序列。在家庭中的地位决定住屋的安排，住屋越往纵深方向的，住屋者的地位越高。民国时期，这种对称模式依旧沿用。中华人民共和国成立后至"文革"时期，民居轴线的序列特征日渐消失，但轴线对称的格局却保留了下来，院落群逐渐向单体院落发展。随着核心家庭成为农村社会结构的重要组成部分，序列空间被实用空间取代，并从二维平面向三维空间发展。

2）平面：小尺度—大尺度—小尺度

明清时期的民居的面宽与进深的比例通常在 1.3～1.5 之间。中华人民共和国成立后传统民居的建筑尺度开始加大，如门的高度与宽度的比例在 1～2 之间，变化范围大，整个立面 66 例，不如传统建筑的比例和谐。

传统民居建筑受制于封建等级制，三开间是单体建筑的固定格局。中华人民共和国成立后居住者的自建房打破了这一格局，出现了"多间房"的新提法。不过值得一提的是客厅仍然保持三开间的格局。

3）形制：堂屋制——现代建筑

客家民居建筑中，厅堂是建筑的核心部分，厅堂（上堂、中堂、下堂）可以发挥祭祀、日常仪式、生活起居等多重功能。与次房、厢房共同构成了客家建筑的原始形态。明清时期的堂屋制衍生出多种模式，模式取决于家族人口与建筑周边环境。不同自然特征和环境禀赋使得闽西客家民居的模式呈现多样性特征，如芷溪黄氏宗祠、三洲瑞霭云庄、中复蔡宅、九峰的曾宅等。中华人民共和国成立后至"文革"时期，堂屋制简化，部分地区的民居回归至一堂式。改革开放后，家庭结构的变化使民居形制向一堂式转变，但是现代生活的新需求，以及现代营造技术的推进，一堂式已经得到进化，庭院空间不再成为建筑的组成部分，民居向现代意义的建筑转变。

4.5 小结

在借鉴康氏形态学和国内相关研究成果的基础上，应用上文所构建用地形态基因的多层次性状描述体系，针对培田村建成区用地形态性状进行解析，分如下步骤。

1）绘制用地平面，划分街区地块

根据平面图纸进行街区和地块的划分，并对街区和地块进行编号。其次，根据用地平面图划分成建成区、主要功能用地（住宅与公共服务）和住宅建筑基底平面等三个层次，并根据四个历史阶段用地平面，评估建成区用地形态生长趋势，进而在明清用地平面的基础上，划分为南、北和东三个边缘区，以及以衍庆堂为主的核心区，进一步明确四个区域所属街区和地块编号。同样，进一步明确住宅用地与公共服务用地所属街区和地块编号。

2）分析建成区的用地形态性状阶段性特征

根据四个历史时期的平面图，分析建成区的形态因子：规模边界、结构布局和使用强度。规模边界的二级因子为用地规模和人均用地；结构布局的二级因子是各类功能用地面积、比例，以及布局模式；使用强度的二级因子是建筑密度和容积率，测算的对象是建成区内的核心区和三个边缘区内的街区和地块。

3）解析住宅与公共服务用地形态性状阶段性特征

针对住宅用地的街区和地块，测算四个历史阶段的建筑密度和住宅栋数密度，并对不同区位的三类街区，即三面临山一面临街、三面临街一面临山，以及四面临街的街区的建筑密度和住宅栋数密度进行比对分析。

4）解析住宅建筑基底平面形态性状阶段性特征

根据基底平面形态性状的指标：尺寸、面积和周长，对不同时期的住宅建筑基底进行测量和统计，并比对各类指标的演化特征。

第5章 基因识别：培田村落用地形态演化解析

根据生物基因遗传学的概念，脱氧核苷酸（碱基）是按照一定排列秩序而成的基因链表达的特定生物性征。可以说，影响生物体性征的两个决定因素是碱基及其排列组合规则。同理，传统村落用地形态基因也可以理解为用地形态构成要素及其组合规则是形态特征（性状）的决定因素。生物体形态基因链上的碱基增加或缺少，往往会导致基因突变；而碱基排列秩序的改变同样是基因突变的主导因素。据此，可以推演出用地形态的基因识别方法，通过分析用地形态构成要素与组合模式，以及所对应的形态特征，用以识别用地形态基因。与生物体不同的是，村落用地形态基因是以时间与空间为轴线，实现基因的传递与变异，而生物体基因是以生命过程为轴线，通过先天的遗传实现。因此，村落用地形态基因的识别须通过比对不同历史阶段相同基因位点的构成要素、要素组合和形态性状，探讨用地形态基因的突变、重组和遗传的内在本质。

本章是以时间与空间为双轴线，构建多维度基因识别的逻辑框架，一方面分析不同时期不同层次的形态基因构成要素与组合规则；另一方面对第4章所描述的形态、性状进行归纳总结，进而比对不同历史阶段基因三要素，探究形态基因遗传与变异的本质。

5.1 宏观层面：村落建成区用地形态基因识别

5.1.1 构成要素

建成区的构成要素若按照《村庄规划用地分类指南》进行比对，四个历史阶段则基本相似；但要探究用地形态基因，还需细分部分功能用地。建成区的四类基本功能用地为住宅用地、公共服务用地、产业用地和基础设施用地。从构成看，各村落基本相同，无任何区别。可以说，四类功能用地是所有村落建成区用地的基本基因。但是，闽西客家村落由于文化、社会、经济与自然条件的不同，各村落用地形态经过长期的进化与变异，演化出适应当地环境的特色基因，而此类特色基因需要对如上部分用地加以细分才能呈现。明清时期培田村建成区的四类功能用地中，公共服务用地与产业用地两类用地产生了较多子类型用地。

1）公共服务用地：教育用地与管理宗教用地

依据培田在明清时期的公共服务用地的布局特征，本书将公共服务用地细分为教育用地与管理宗教用地。教育用地又可细分为书院、女子学校和专业学校等三类；管理宗教用地分成祖祠与房祠用地（图5-1）。

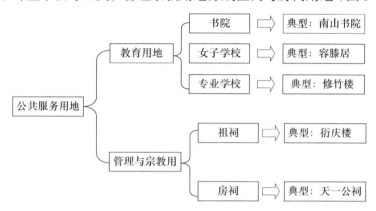

图 5-1 培田村公共服务用地类型划分
资料来源：笔者自绘

明清时期的培田建成区中较有特色的当属书院建筑。根据统计，明清时期培田书院近20多所，有官立、乡建、族建或个人建的。其中同时期存在的有6所，保存较好的是南山书院和紫阳书院（表5-1）。清朝之后，教育用地的形态开始从单一教学向教学、活动、居住等多功能用地形态转化，教育设施的规模也从小型化向大型化演变。特别是在中华人民共和国成立后，小学用地从书院分离出来，进行了独立设置，并配套了相应的操场、办公楼、教学楼和宿舍楼等设施，教育用地的形态发生了质的变化。但是此类改变仅是增进建成区用地规模，原有的书院用地完整地保留了下来，虽然在使用功能上发生了变化，但是对建成区的用地形态并未产生根本的影响。

培田村历来书院学馆统计表　　表5-1

书院学馆	备注	书院学馆	备注	书院学馆	备注
南山书院	现存	十倍山学堂	在宏公	紫阳书院	现存
清宁寨书院	—	配虞公学堂	—	岩子前学堂	健庵公
云江书院	—	宏公书院	—	上篱学堂	—
白学堂	君建公	石头丘草堂	—	迪乃吉武厂	—
云宵寨般若堂	—	锄经别墅	现存	容膝居	妇女学馆、现存
天锡学堂	—	水云草堂	习艺汉剧楚剧	张元山胜林公私塾	—
修竹楼	官宦学子研习处、儿童游乐的场所、现存	馥轩公学馆	官厅藏书阁		

资料来源：同济大学历史文化研究所

2）产业用地：商业服务设施与仓储用地（粮仓与银库）

《村庄规划用地分类指南》将村庄产业用地细分为村庄商业服务用地与村庄生产仓储用地两类。明清时期，村庄的商业服务用地通常形成带状集聚，而集聚一般是以交通优势为前提条件。从闽西客家 21 个国家级传统村落中，因交通区位发展进而成为商业贸易型村庄的就有三洲村、雾阁村、灵岩村、芷溪村以及培田村，而且商业服务用地均呈现带状形态。此外，生产仓储用地明清时期有粮仓和银库两类。培田商业街经历了四个历史阶段的演化，无论使用功能发生多大的变化，其用地形态均未发生根本改变（图 5-2）。

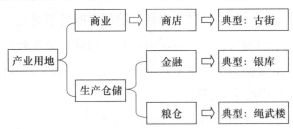

图 5-2　培田村产业用地类型划分

资料来源：笔者自绘

3）基础设施用地

基础设施用地按照《村庄规划用地分类指南》可细分为村庄道路用地、村庄交通设施用地与村庄公用设施用地等三类。从培田明清时期的基础设施用地分析，村庄道路用地从西向东布置了生活性、商业性和交通性三条不同功能的道路；村庄交通设施用地在明清时期则体现为驿站和码头，驿站以官厅前设施为典型，码头则以河源溪为典型，其布置大致在万安桥一带。公用设施用地可分为给水、排水、雨水以及消防设施等四类。

培田给水水源由地表水和地下水组成。地表水是河源溪，村民灌溉与洗涤用水都来自河源溪。地下水是山泉水和井水，引自松毛岭东麓，是培田全村主要生活用水。村中的排水体系由水圳、暗沟和水塘等构成。两条水圳自村西北山体引出，贯穿全村，连通各家各户。暗沟是指家家户户从天井排出的雨水和生活污水。此外，水塘承接民居的雨水，同样具备排水的功能。

5.1.2　组合模式

村落建成区用地有三条与等高线相互平行的道路分割成两个层面的区域，根据第 3 章所划分的 21 街区分析，1 街区以公共服务设施用地为主，2 街区以住宅用地为主。因此，1 街区的用地组合在不同历史时期具有如下组合模式。

1）组合规则：等级与统一空间的构建

（1）等级空间：建成区空间结构的表现形式

村落建成区空间结构存在一定的等级秩序，这与闽西客家其他村落基本相似，也与江南一带的古村落一致，如浙江的新叶村、徽州的宏村等。其特点是建成区内部的核心是祖祠，祖祠位于村落最佳风水处。明朝时期，培田的住宅在祖祠的两侧，清朝时期，随着住宅用地发展，分别向东北侧发展。直到建设房祠，形成以房祠为核心的住宅用地；随后房祠再行分支，进而建设更低一级的住宅，由此形成了多层次的空间体系。清朝中后期，随着经济发展，社会贫富发展进一步分化，空间等级秩序在体现宗族序列的同时，又呈现出社会阶层空间的差异性，主要表现在祖祠周围的住宅用地均为士绅阶层所占有。因此，公共管理用地与住宅用地的布局与组合模式是等级空间的一种表现形式，也是村落建成区内部空间结构与机理的重要特征。

（2）统一空间：街区空间形态的主导要素

从培田建成区内部空间格局分析，祖祠对村落空间起到主导作用的重要表征在于朝向。村落内部的住宅用地与公共设施用地基本上与祖祠的朝向一致。一致的朝向决定了道路的走向，村内的三条道路接近平行，从而使住宅用地与公共服务用地形态趋于规整。此外，公共服务用地与住宅用地内部轴线对称的布局呈现地边缘正交的形态，这也是大部分街区呈矩形的最好注解。建成区在空间形态上受到等级秩序影响而分化时，对称性与一致的朝向向统一性转化，从而使村落用地形态等级与统一保持平衡。

（3）基因识别：等级与统一形态基因的发展演变

等级与统一空间基因在明清时期就已经定格，并呈现稳定的态势。宗庙等级式的分布特征决定建成区的用地结构：核心区内部多类型用地，即管理宗教用地（衍庆楼）、教育设施用地、住宅用地、生产用地（粮仓与银库）以及道路水圳等用地组合，进一步强化核心区的最高等级空间序列；次级空间序列总是以房祠为标识，单独设置的同时，周边与住宅用地、广场、道路、水圳等用地进行组合；第三级空间序列则以家祠为核心，居祠一体的组合特征是该级空间的最好诠释。此外，统一朝向与轴线对称的建筑规制使道路分布趋于平行，进而保证街区用地的规整化。可以说，正是统一性的基因催生了街区用地形态趋向矩形态，即建成区是由若干个矩形或者梯形的街区组合而成。因此，等级统一基因使建成空间形态趋于连续性、逻辑性和协调性，所形成的用地结构和形态在后期三个历史阶段得以保存与延续。这正是明清时期构建的形态基因形成的空间内蕴含产生强大遗传力的原因，尽管经济、社会、政治等环境发生改变，用地结构模式仍然可以得到发展与延续。

2）组合比例：各功能用地构成比例

根据第3章用地规模的统计分析结构显示，五类功能用地在四个历史时期增长规律归纳如下。

（1）住宅用地在中华人民共和国成立后至"文革"时期的增长量大于改革开放后的增长量（图5-3、图5-4），而用地比例却在两个历史阶段分别呈上升与下降的趋势（图5-5）。从总体增长态势分析，住宅

图5-3 各时期用地规模演变分析表
资料来源：笔者自绘

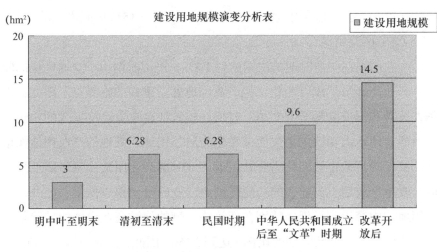

图5-4 各类功能用地用地规模演变分析图
资料来源：笔者自绘

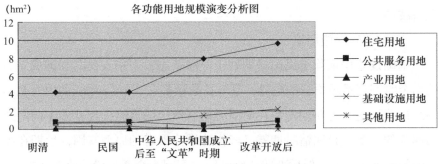

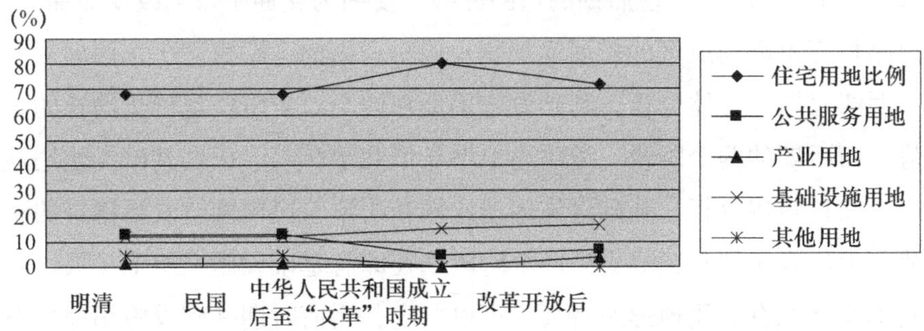

图5-5 各类功能用地用地比例演变分析图
资料来源：笔者自绘

用地比例基本在 70% 的数值上下变化。

（2）公共服务用地在中华人民共和国成立后呈下降趋势，虽然小学用地很大程度上提升了公共服务用地的比例，但是部分书院用地与宗祠用地在中华人民共和国成立后至改革开放两个时期转化为住宅用地，特别是中华人民共和国成立后到"文革"时期，在"反封建"的社会背景下，几乎所有宗祠用地均被转化为住宅用地，因此该阶段用地比例下降；改革开放期间，特别是后期，随着村落旅游开发的推进，许多旅游服务设施得以配套，一些在"文革"时期被转化成其他用途的宗祠用地与书院用地或恢复原有用地功能，或者转为旅游配套设施。因此，改革开放时期的公共服务用地比例是增长的。纵观四个历史阶段用地比例增长情况可知，公共服务用地的比例数值在 13%～15% 区间内波动。

（3）产业用地

产业用地在明清时期的比例达到 1.8%，民国时期由于交通区位的弱化，产业用地虽然没有变化，但产业用地处于重构的临界点。因此，中华人民共和国成立后至"文革"时期，随着社会主义经济模式的构建，培田商业用地因功能的消失而被转化为居住用地，其他的产业用地如粮仓、银库等用地也被转化为公共用地，该时期产业用地比例降低至最低值；改革开放后，商业街的功能受到旅游业的推动得以恢复；此外，产业用地的内容得到扩展，特别在新培路一侧的旅游商业设施的扩展是产业用地比例大于明清时期的比例，达到 3.7%。因此，产业用地比例在 2% 左右波动。

（4）基础设施用地

基础设施用地除了民国时期处于停滞状态，中华人民共和国成立后的两个时期都呈现增长的趋势，且增长数量都在 3.0%，增长的内容基本围绕道路用地。道路用地是在明清时期所形成的道路框架基础上向南北两侧延伸，实质是明清时期就已经构建道路形态的原型基因，后期在此基因的框架内增长。但后期的道路红线宽度因为交通手段的改变而加大，道路长度也因建成区的扩展而加长。同时，纵向道路密度（东西向）大于明清时期。总体分析，基础设施用地在四个历史阶段呈稳步增长的态势，而后期的两个阶段，道路用地增长值几乎相等。根据基础设施用地历史增长轨迹分析，基础设施用地比例在明清与民国两阶段是稳定的态势，中华人民共和国成立后两个阶段则在原有基础设施框架上扩展，并基本保持原有的用地形态特征。可以判定，明清时期基础设施用地形态是原型基因，其用地比例保持在13%左右。

总结上述四类功能用地比例的增长规律特征，可以归纳总结建成区用地比例原型基因的量化表达式为住宅用地70%、公共服务用地15%、基础设施用地13%、产业用地2%（图5-5）。

5.1.3 性状分析

1）规模边界

（1）建成区边界：对外交通与自然地形的围合

明清时期，村落由生活性、商业性与交通性三条干道形成了建成区用地形态的原始格局。此后的三个历史阶段，特别在中华人民共和国成立后，用地规模虽然成倍增长，但都是在三条干道的基础上向南北延伸，扩展的新区用地形态与旧区紧密贴合，并与周边自然地形相呼应。可以说，卧虎山围合所形成的山间盆地与新培路构建了村落建成区的用地界限。四个历史时期村落建设始终没有突破交通性干道（新培路），虽然在改革开放初期，沿新培路东侧建设了少量带状住宅用地，但在后期得到及时控制，使建成区未向东侧的农田蔓延。因此，村落建成区用地边界原形基因可以归纳为：通过新培路与卧虎山自然地形围合，两个同底梯形组合而成的用地边界，其模式为山间盆地＋对外交通＝建成区用地边界。

（2）建成区规模

该类边界模式的特点是山地与交通干道形成稳固的夹峙态势，建成区用地扩展则向两翼延伸。四个历史阶段用地扩展被限制在新培路以西，虽然由于社会、经济与政治等机制的不同，但规模边界存在差异，仅上述模式无法全面识别培田建成区规模的内在发展规律。基于村落建筑朝向统一性特征，可假设建成区用地形态类似于两个或多个梯形组合而成，采用微积分的方法通过求积对用地规模进行综合测算，公式如下：

$$S=\sum_{i=1}^{n}\int_{Hi\min}^{Hi\max}dLi \qquad (5-1)$$

式中　S——建成区用地；

　　　H——山地与交通干道间距（m）；

　　　L——建成区向两翼扩展的总长度。

根据四个时期村落用地扩展图纸（比例1∶1000）提供相关的数据，计算成果。

根据第 3 章的论述，培田村落建成区规模明清、民国、中华人民共和国成立后至"文革"以及改革开放后四个时期分别为 6.27hm²（明时期 3.0hm²，清时期 3.27hm²）、6.2hm²、10.8hm²、14.5hm²，如图 5-3 所示。

2）使用强度

本书根据街巷空间和自然地形将村落建成区划分成 17 个街区、32 个地块。

（1）核心区域

根据第 3 章的统计数据，核心区内街区的建筑密度与容积率分析如图 5-7、图 5-8 所示，核心区的土地使用强度具有如下特征：

一是 K 街区在四个历史阶段开发强度呈现稳定状态，建筑密度与容积率基本保持不变，其数据可视为公共中心的原始形态基因密码，即建筑密度 42%，容积率 0.42。

二是核心区内，高强度土地的开发强度为建筑密度 91%，容积率 0.91；中高强度土地开发强度为建筑密度 50%～70%，容积率 0.5～0.8；低强度土地开发强度为建筑密度 35%，容积率 0.35。

需要指出的是，低度土地开发强度的街区属于产业用地、公共服务用地、广场、农田与住宅用地等相互混合的多功能区域，因此多功能区的土地开发强度基本控制在建筑密度 50%，容积率 0.5；纯住宅用地街区的土地开发强度，建筑密度通常在 70%～90%，容积率 0.8～0.9；纯公共服务用地的土地开发强度通常限制在建筑密度 42%，容积率 0.42（图 5-6～图 5-8）。

（2）边缘区域土地开发强度

①北侧边缘区

北侧边缘区 A、B 与 C 三个街区在明清与民国时期土地强度较低，

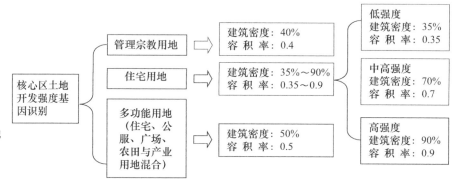

图 5-6 核心区土地开发强度基因识别图
资料来源：笔者自绘

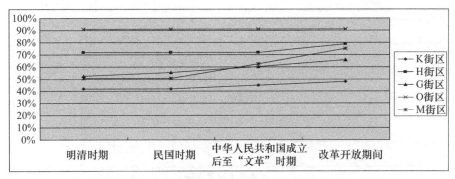

图 5-7 核心区建筑密度分析图

资料来源：笔者自绘

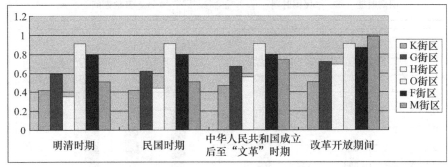

图 5-8 核心区容积率分析图

资料来源：笔者自绘

大部分建筑是在中华人民共和国成立后建成。D 与 E 四个时期均有建设，而且四个时段用地形态扩展具有一定内在关联性。D 街区明清时期仅在 12# 地块内扩展，12# 地块的土地开发强度：建筑密度 68%，容积率 0.7；中华人民共和国成立后，地块向北向扩展，由于家庭结构从联合模式向核心模式转变，住宅建筑从大体量向小体量演化（图 5-10、图 5-11）。因此，街区的建筑密度小于明清时期，数值控制在 50%～55% 之间。

从下列的图表可知，北侧区域土地开发强度归纳如下：

一是教育设施用地的建筑密度控制 20%，容积率 0.28；二是中华人民共和国成立后新开发街区用地建筑密度控制在 30% 左右，容积率 0.38；三是四个时期都有开发用地，且开发用地具有一定的序列和连续性，该类街区的建筑密度控制在 50% 左右，容积率 0.6～0.7 之间（图 5-9～图 5-11）。

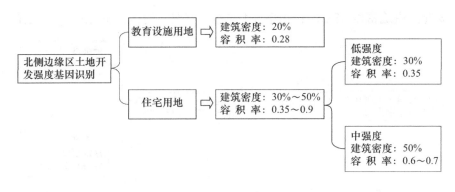

图 5-9 北侧边缘区土地开发强度基因识别图

资料来源：笔者自绘

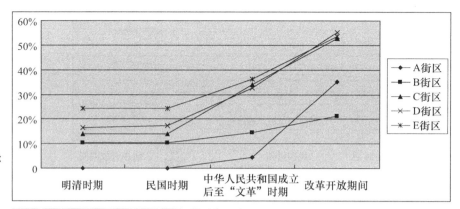

图 5-10 北侧边缘区建筑密度分析图

资料来源：笔者自绘

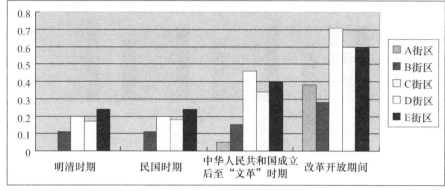

图 5-11 北侧边缘区容积率分析图

资料来源：笔者自绘

② 南侧边缘区

南侧边缘区有 L、O、N 三个街区，其中 L 与 N 街区都是在中华人民共和国成立后发展起来的，因此，与北侧的 A 街区一样，建筑密度都在 30% 左右，容积率则在 0.3～0.35 间；O 街区是在明清时期基础上发展而成的，与北侧 D、E 街区一样，建筑密度为 50%，容积率 0.5（图 5-12～图 5-14）。

③ 东侧边缘区

东侧边缘区是由 R、J、P 构成，有便捷的交通条件。根据第 3 章对 3 个街区土地使用强度的测算，归纳如下特征：一是 R 与 P 街区在改革开放前三个历史阶段的土地使用强度不同，但到改革开放后，所得数值接近：建筑密度 38%，容积率 0.4 左右；二是 J 街区四面临街，交通条

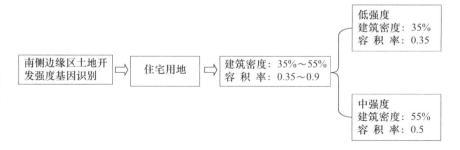

图 5-12 南侧边缘区土地开发强度基因识别图

资料来源：笔者自绘

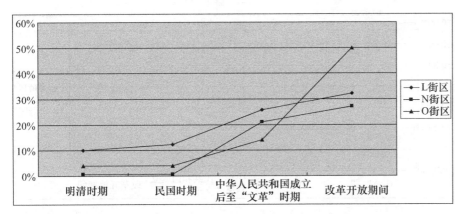

图 5-13 南侧边缘区建筑密度分析图
资料来源：笔者自绘

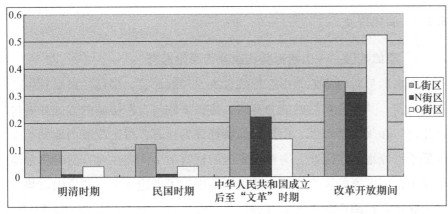

图 5-14 南侧边缘区容积率分析图
资料来源：笔者自绘

件便利，因此土地开发达到中高强度。据此，可将该区域土地开发强度基因识别如图 5-15～图 5-17 所示。

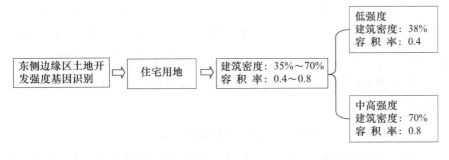

图 5-15 东侧边缘区土地开发强度基因识别图
资料来源：笔者自绘

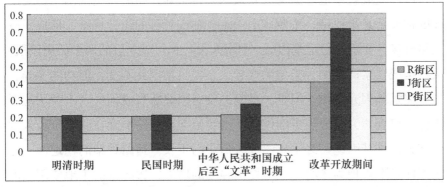

图 5-16 东侧边缘区容积率分析图
资料来源：笔者自绘

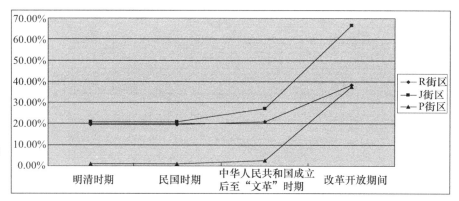

图 5-17 东侧边缘区建筑密度分析图
资料来源：笔者自绘

5.1.4 演化特征

1）原始基因——山水形势构建基因原始形态

山水形势对村落原始形态影响较大。一般而言，早期住民受到生产力的限制，其改造自然的能力有限，住民采取与自然协调的方式开展村落建设。在闽西客家区，山地形态特征极为显著，村民改造山地的难度远低于平原地区，因此，闽西客家区的村落集中体现在对自然的尊重与协调上，而客家的风水机制为这种原则提供了理论支撑。"依山就势，背山面水"是闽西客家绝大部分村落建设的指导思想，山水形势决定村落形态的原始基因，并在长期建设发展中趋于稳定并传承下去。从培田村四个历史阶段看，最早的原始形态可追溯到衍庆堂，衍庆堂根据自然形势，通过中轴线垂直山体等高线，与环状水系形成对应关系。后期的村落建设都是通过轴线的平行和垂直与衍庆堂相衔接。平行与垂直的对应模式决定了建成区用地所划分的街区或地块形态性状接近矩形。可以说，村落建成区用地形态基因源于村落讲究风水的山体与水体相垂直的中轴线。

2）构成要素——道路用地主导基因链演化

通过建成区用地形态构成要素的分析可知，明清与民国两个历史阶段的构成要素最稳定，按照背山面水、轴线对称的组合规则，形成了以道路链接各要素的稳定基因链。中华人民共和国成立后的两个历史阶段，某些构成要素产生两种类型的变异，一类是基因元不变，但功能变异；另一类是基因元变化。但是，基因链没有因此断裂或消失。宏观用地形态性状仅表达为用地规模的扩大，主要原因是道路要素在四个阶段未发生变异，该基因链始终主导建成区形态的生长。道路骨架的稳定性，在形态性状上表现为核心区土地使用强度的增大，边缘区的土地使用强度相对较小，建成区整体呈现"内密外疏"的性状特征；此外，要素的变异反映在街区或地块内部性征的中观变化上，性状表现为用地构成比例的变化。

3）组合模式——风水规制统领基因元组合

闽西客家村落布局具有独特的风水规制，一方面由闽西多山多水的自然条件决定，另一方面缘于客家人风水文化意识根植于心，这个方面在建成区用地基因元的组合上表现得十分显著。以培田村为例，明清时期，村落建成区是以"衍庆堂"为原始形态向外扩展，贯彻"轴线对称"的风水模式，新扩展区域的轴线一般与衍庆堂形成平行、垂直或延伸的关系。可以说，"衍庆堂"的轴线是建成区用地形态基因的原始基因链，后期的村落形态是在这个基因链基础上的延伸和发展。因此，明清时期构建的基因链结构成就了稳固的链接关系，逻辑组合的特性明显，使中华人民共和国成立后的两个历史阶段，核心部分的街区形态一度稳定。核心区的基因链是稳固的，各要素虽有变异，但是未发生基因链断裂的现象，进而实现重组或发生突变。边缘区是中华人民共和国成立后扩展而成，道路用地是在明清时期道路基础上延伸形成，建成区整体形态框架未发生大的变异。

4）核心边缘——形态基因遗传与变异分界面

核心区内，道路用地主导的基因链在四个历史阶段呈现极强的稳定性，以"衍庆堂"为中心的核心区内各要素组合稳固，各个空间及其功能逻辑联系紧密，各类基因元功能多面，在不同环境中具有较强的适应性。上述三种原因证明，核心区的用地形态基因是稳固的，在历史发展过程中未产生大的变异和重组，性状上表现为用地边界的稳固性，及用地规模的恒定性特征，加之长期的建筑填充和叠加，性状指标上又表现为极高的建筑密度和容积率。但是，边缘区的性状表征却与核心区截然不同，一方面，土地使用强度上，边缘区的建筑密度和容积率小于核心区；另一方面，各功能用地间关系的紧密度不如核心区，主要表现在功能用地的组合逐渐脱离风水规制和聚族而居的模式，用地间的轴线关联性日趋消失，用地组合表达为零散的状态。边缘区用地形态基因呈现出与核心区不同的基因元，以及不一样的组合模式。可见，边缘区与核心区的部分基因元出现了分化现象，虽然由道路组成的基因链具有一定的连续性，但是组合率却发生变异，基因性状也发生改变，核心—边缘间呈现"内密外疏"的特点，土地使用强度出现依次降低的趋势。

5.2 中观层面：住宅与公共用地形态基因识别

5.2.1 构成要素

根据第 3 章的分析统计，建成区 16 个街区内共有 32 个住宅用地，其中 10 个地块是中华人民共和国成立后建设发展而成，22 个地块在四个历史阶段均有建设。以下住宅用地形态基因的识别是基于上述 32 个地块展开。

1）住宅用地

不同形态的住宅用地构成不同。矩形的住宅用地内部的居住建筑搭接较为紧凑，消极空间少，用地要素由住宅建筑＋巷道＋住宅建筑等组成，此类用地以 O 街区的 28# 地块为代表；接近矩形或者梯形的住宅用地，内部的主体建筑搭接后的外界面虽与道路或山体水系形成三角形的消极用地，但通过附属建筑予以消除，因此，此类住宅用地构成与矩形状住宅用地相似，也是由"住宅建筑＋巷道＋住宅建筑"等要素所组成。不规则形态的住宅用地，由于矩形的居住建筑以及统一的朝向布局势必造成多点、多形态的散状消极用地，此类用地多作为菜地农田；此外，因为非方正用地形态造成风水上的禁忌，一些大型的建筑外墙界面与道路所形成的非规整用地则布置水塘，由此增加了水塘这一构成要素。但是，并非每个历史阶段的住宅用地均由上述要素组成。特别是在中华人民共和国成立后的两个时期，由于住宅建筑从大型化向小型化演变，因此留下了较多住宅建筑的间隙空间，加上后期建筑受到产权的限制，建筑单体形态多呈非矩形，建筑外界面所围合的空地多为非规则、多样化的形态特征，这些用地多作为菜地或农田使用。所以，中华人民共和国成立后至改革开放的两个历史阶段，住宅用地构成要素由住宅建筑＋巷道＋农田菜地等构成，水塘这一要素不在后期出现，这是与明清时期的不同之处（图 5-18）。

2）公共服务用地

闽西传统村落中，较为典型的公共服务用地为宗教与书院用地，培田村内众多宗庙与书院用地便是明证。无论是明清、民国时期，还是中华人民共和国成立后，宗庙与书院设施用地形态均未有很大变化，仅是使用功能发生改变。宗庙用地分布一定程度上决定了村落建成区的空间

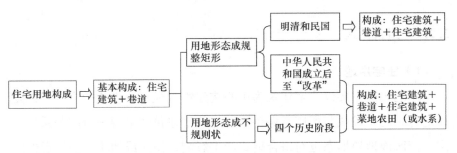

图 5-18 住宅用地构成要素分析图
资料来源：笔者自绘

结构，用地形态也影响周边建筑的朝向与布局。书院用地分布遵循"外大内小"的规则，用地形态有别于其他公共服务用地。本书对公共服务用地形态基因的研究立足于上述两类用地，以构成要素与组合模式为切入点进行识别。

（1）宗教用地

宗教用地主要以宗祠用地为主。闽西村落宗祠用地分为：主祠、房祠、支祠与家祠等四类。祠堂一般从居住建筑演化而成，因此祠堂的用地形态与居住用地有类似之处，特别是家祠与支祠，两类用地附着在居住建筑内，而主祠与房祠则与居住建筑分离。作为家族集会及管理活动的主要场所，主祠与房祠的用地构成不同于支祠与家祠。根据第4章对宗教用地的分析描述，主祠与房祠的用地构成具有如下特征：主祠用地构成为主体建筑、戏台、广场、绿地、水圳及道路；支祠用地构成为主体建筑、水圳、道路与绿地。主祠与房祠用地形态在四个历史阶段未出现较大改变，其构成与组合具有一定的稳定性，可以视为该类型用地的形态基因。

（2）教育设施用地

教育设施用地在四个历史阶段经历了书院到小学的形态演变过程。因此，教育设施用地构成要素在不同历史时期各不相同。南山书院与紫阳书院作为明清时期教育设施的典型代表，均分布在村落的南北两翼，用地规模比较大，其中以南山书院为最大；规模较小的书院则分布在村落内部，如容膝居、修竹楼等。以南山书院和紫阳书院为研究对象，其用地构成可归纳为主体建筑、广场、绿地（农田）、道路和水池。两书院用地形态在四个历史阶段没有改变，仅是使用功能上发生变化，如中华人民共和国成立后至"文革"时期的南山书院演变为培田小学。改革开放后，南山书院不能满足小学用地的功能需求，小学在南山书院北侧独立设置，其用地构成为教学楼、教工宿舍楼、操场、广场和绿地。可以说，教育设施用地构成从明清时期到改革开放时期有所不同，主要原因是教育设施功能变化所致，这在第6章节中将会详细叙述。

5.2.2 组合模式

1）住宅用地

住宅用地主要以住宅建筑为中心构建组合模式，模式的主要规则是住宅建筑的主轴线与衍庆堂保持平行，住宅建筑间呈现平行的关系。其次，街区或地块形态也对组合模式产生影响，街区或地块一般呈近似矩形，住宅建筑与街区的界面形成平行关系，并结合风水规则，要求街区内轴线与其他街区的轴线形成衔接；这种组合模式基本在核心区内呈现。边缘区的街区多呈不规则形态，建筑形态由于受到土地产权的限制，以及经济低下的影响，建筑基底平面多为不规则形态，由于建成区的朝向是"虚东实南"，核心区的住宅建筑严格按照该模式进行组合，但边缘区的组合规则出现弱化，许多建筑直接采用南北向布局，而其主轴线仍然与衍庆堂轴线垂直。住宅建筑的平行组合导致纵横向巷道的产生，巷道的布局规则一般采用平行或垂直，但基于安全需求，巷道窄小，且通而不畅。

2）公共服务用地

（1）宗教用地（以衍庆堂为例）

宗教用地历经四个历史阶段的演变，其组合模式未发生大的变化，因此明清时期的宗教用地形态可识别为原型基因。

①组合规则1：利用轴线对称形成要素组合的统一序列

宗教用地是村民祭拜祖宗或神明的纪念性地块，通常使用对称布局以获得庄严气氛的效果，闽西客家村落无一例外。培田村落内部的主祠与房祠基本采用对称布局形式，根据培田祖祠用地各类要素的组合分析，轴线是统一各要素的重要手法，用地内的各要素通过轴线形成统一的朝向，并根据要素的主次在轴线上串联成序，形成统一的整体。

②组合规则2：通过向心凝聚达到内部空间的统一形态

向心性是宗教用地的重要特征，除了利用中轴线强烈的向心秩序构建主次分明的空间形态，从而形成高等级的空间整体外，培田还利用祖祠建筑前的广场要素表现强烈的向心秩序，并通过绿化、水体与道路等要素的陪衬烘托用地的向心感。主体建筑平面通常采用以内院为中心的形态，而广场总是与内院紧密搭接，进一步强化向心作用。

③组合规则3：依循风水格局构建要素排列的统一规则

闽西客家的风水格局在宗庙用地布局上表现得尤为突出。一般而言，祖祠用地位于村落最佳的风水位置，从背靠的屏山引出一条笔直的轴线，并在轴线上依循"背山面水"的风水形制布置空间要素。培田祖庙用地背靠卧虎山，最外围布置水圳，祖庙左右适当距离分别建城墙厚实的绳武楼与横墙，表示外围的左右护卫格局。同时，祖庙内部的主体建筑采用"堂屋制"，形态呈"太师椅"，构建内部的左右护卫格局。

（2）教育设施用地

教育设施用地在明清时期以书院为主，紫阳书院与南山书院最为典型，其用地形态至今未发生变化，仅改变功能，因此，书院现状用地形态仍可视为教育设施的原始形态基因。而到中华人民共和国成立后，教育设施的诸多功能需求催生小学用地新形态，其特征从小尺度的单一功能用地向大尺度多功能用地演变，虽然表象上用地形态基因产生变异，但本质上仍然遗传书院形态基因特质。

① 组合规则 1：因地制宜，轴线组合

南山书院选址在卧虎山左右"虎爪"所围合的地块内，内部地形不规则，形态不是中规中矩的矩形，且竖向多变。书院布局充分利用自然地形条件，因地制宜、依山就势，采用多轴线并行的方式以呼应周边地形地貌。主体建筑平面有 3 条轴线（1 条南北向主轴线和 2 条东西向副轴线）组织建筑内部空间，主轴线还承担组织用地各要素的作用。主轴线上用地要素从南至北的空间序列依次为山体、主体建筑、广场、水池、道路。

现状的小学拥有教学、办公与住宿等三个建筑单元，南山书院的地块在这个阶段演变为办公用地。除上述三个用地单元外，小学用地还包括操场、广场、道路与绿地等要素。小学虽然形成于中华人民共和国成立后，但用地布局依旧采用轴线对称的组合方式，利用一条主轴线将各要素组合成整体。主轴线上用地要素从西至东依次为操场、广场、教学楼、广场，南山书院与附属教学楼对称分置两翼。

总体而言，教育设施用地内各要素在四个历史阶段都因地制宜地采用轴线组合的模式，虽然构成要素、尺度及功能发生了变化，但是组合模式没有改变，可视为原型基因之一。

② 组合规则 2：共同形体，堂屋形制

虽然轴线对用地要素组合起到串接作用，但仅纵向组合无法构建统一的体系，需要横向上进一步衔接。堂屋制的基本特征是"一明两暗"，两翼厢房与中间堂屋围合成院落是其主要特征，将围合的特质演绎到地块布局上，就可以解决横向与纵向的要素组合问题。因此，建筑平面与地块用地形态都具有堂屋制的共同特征，即为共同形体。堂屋制就是不同尺度形态的"公约数"，正是这个"公约数"将各类用地要素串联成一个和谐的秩序。从明清时期的大小书院用地，再到中华人民共和国成立后的小学用地，都是堂屋制的复制与变异过程。

5.2.3 性状分析

1）住宅用地

住宅用地内居住建筑间的内部关联性决定了其他要素的组合模式，而建筑间的疏密紧凑程度正是其重要的表征，本书通过选取建筑密度与住宅栋数密度两个参数，衡量住宅用地紧凑度，进而研究各类要素的组合模式。根据32个住宅用地地块的建筑密度与住宅栋数密度的测算与统计，培田建成区内的住宅用地组合模式可分为特高密度、高密度、中密度和低密度等四种。

（1）特高密度特征（建筑密度90%以上，住宅栋数密度10%以下）

特高密度的住宅用地内大多是大型住宅建筑，住宅建筑进深与地块的东西向长度相当，"住宅建筑＋巷道"依次从北向南复制。特高密度模式不仅因为住宅建筑之间南北向紧密搭接，还因为住宅建筑的大进深等于地块的东西向长度，使得住宅建筑间的间隙空间即为巷道空间。所以，此类模式的用地构成为住宅建筑＋巷道，建筑密度达到90%以上，但是住宅栋数密度却很低，一般在10%左右。一般而言，高密度模式出现在明清时期，并在此后的三个历史阶段基本保持不变。

（2）高密度特征（建筑密度70%～80%，住宅栋数密度10%～20%）

高密度是以大、中进深住宅建筑混合所构建的模式，住宅建筑间的山墙搭接与高密度模式相类似，但因部分建筑短进深而使前后建筑形成间隙，从而降低建筑密度，而住宅栋数密度则相应提高。根据培田住宅用地的统计数据，该类型地块的建筑密度一般在70%～80%，住宅栋数密度10%～20%。高密度模式地块均出现在明清时期，但在后期三个历史阶段建筑密度与住宅栋数密度有10%以内的增长。明清时期规则性地块内也有以小型住宅建筑为主的甚高密度模式，典型地块如M街区的25#地块，此类地块形态特征是因为横向道路间距小，所围合的地块的纵向尺度也小，只能容纳小型住宅建筑。由于该类地块位于村落的核心区域内，因此开发强度较大，建筑密度达到50%，而到改革开放时期，达到75%，住宅栋数密度接近20%。

（3）中密度特征（建筑密度40%～70%，住宅栋数密度20%～30%）

中密度模式是以中等进深住宅建筑为主体的组合模式，典型案例为 I 街区的 20# 地块。与上述模式不同的是，住宅建筑间的山墙搭接不如上述紧凑，纵向街巷空间凹凸变化多样；整体建筑的短进深使地块出现横向街巷空间，因住宅建筑平面形态的变化多端导致街巷曲折灵活，变化多端，街巷走向也不如高密度模式那样平直。同时，因产权的多样复杂性而留出较多的菜地农田，从而降低建筑密度。在规则性地块中，地块空隙虽多，但规模较小，分布较散，多作为菜地或农田；而在非规则地块，如 E 街区 14# 地块，外界面形态相对齐整，但内部形成了大片的消极空间，该片空间则开辟两个半圆形水塘以及若干片小型的菜地。中密度模式基本出现在明清时期，地块外界面被建筑围合，明清时期已经构建地块形态的基本框架，即使在后续的三个历史阶段增加若干建筑，但是并未根本性改变地块的内部形态结构。中密度模式的建筑密度基本控制在 40%～70% 之间，住宅栋数密度 20%～30%。

（4）低密度特征

低密度模式是以小型住宅建筑为主体，含有少量的中体量的住宅建筑。由于住宅建筑形态因地制宜、变化多样，因此内部巷道更加曲折多变。该类模式多出现在村落的边缘地段，地块形态呈非规则型，加上自然地形的限制，明清时期预留出更多的间隙空间，因此建筑密度较低。中华人民共和国成立后，住宅建筑的小型化趋势使休闲用地从大建筑中溢出，更多的入户小广场、小菜地出现，建筑密度则未有大的提升，一般在 40% 以下，如 D 街区的 12# 地块较为典型。

2）公共服务用地

（1）宗教用地

根据第 3 章对各类用地要素面积测算与统计，宗教用地各要素按照一定的面积配比为：$S_{建筑基底}:S_{广场}:S_{绿地}:S_{水圳}:S_{戏台}:S_{道路}=41.9\%:16.5\%:25.8\%:1.5\%:2.2\%:12.1\%$（图 5-19）。

（2）教育用地

对于教育设施用地内部要素的用地配比，有三个典型的实例，一是紫阳书院用地，按典型堂屋制进行布局，主体建筑平面规整，采用单轴

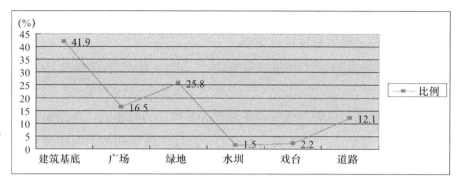

图 5-19 宗教用地各类要素配比分析图
资料来源：笔者自绘

组合用地各要素，用地形态呈规则矩形；二是南山书院用地，选址地形复杂，布局形式在堂屋制基础上发生变异，主体建筑平面灵活，采用多轴并行模式，用地形态呈近似矩形形态；三是现状的小学用地，有多个建筑群体构成，按堂屋制组合建筑群体，采用多轴并行模式，用地呈双梯形形态。上述三类用地各要素配比不同，通过第4章的测算与统计，总结出书院用地各要素的配比数据，以此作为配比基因的参考数据（图5-20）。

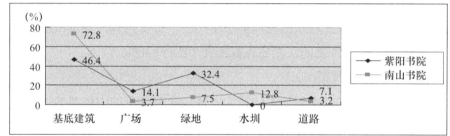

图 5-20 书院用地各类要素配比分析图
资料来源：笔者自绘

5.2.4 演化特征

1）住宅用地——巷道、空地及住宅建筑主导基因演化

（1）巷道构筑易变基因链

住宅用地形态基因的构成要素基本由住宅建筑、巷道和空地等三个要素组成，住宅建筑间通过巷道进行前后或左右搭接，形成纵横的基因链。但是，从培田住宅用地的发展脉络分析，住宅用地形态的基因链是易变的。以核心区为例，除了O街区28#地块外，其他街区或地块的基因构成要素上均发生了不同程度的变化，这种变化是由于"空地"属于活跃基因元，容易转化成住宅建筑，从而使街巷空间发生变化。同理，边缘区的住宅用地基因链更为脆弱，一方面建筑体量的小型化增加了更多的"空地"要素，基因链变得更加不稳定。另一方面，住宅建筑的组合的无规则使基因链更易断裂，进而催化基因元的重组和变异。总而言之，住宅用地的基因链是基因变异的不稳定因子，边缘区基因链不稳定性高于核心区。

（2）住宅建筑主导基因演化

街巷与空地等基因元的易变，归根结底是空间转化成住宅建筑，或者住宅建筑组合发生基因链变异的结果。核心区，明清时期所建设的住宅建筑在组合上，与衍庆堂的轴线形成平行关系，建筑功能的多样性，使得明清时期所建的住宅建筑在空间与使用功能上与周边要素具有极强的逻辑性，加上建筑的大体量，可以判定，核心区内住宅建筑要素不宜发生变异；边缘区的住宅用地建于中华人民共和国成立后的两个历史阶段，住宅建筑与明清时期不同，建筑内部构成要素一部分转化用地要素，如住宅建筑内部的庭院、天井等要素向外溢出，转化成广场和绿地；同时，随着天井、庭院等要素的溢出，住宅建筑的尺寸向小型化发展。从时间维度分析，相同位点的住宅建筑基因元是稳定的，但以中华人民共和国成立后为时间节点，从不同空间维度进行对比分析，住宅基底平面形态基因发生了变异。

（3）建筑密度是基因突变的重要表征

核心区内，住宅建筑在四个历史阶段的演化进程中处于稳定状态，但是用地内部的空地是属于最活跃的因子，极易转化成住宅建筑，从而使住宅用地内部形态性状发生转化，这也解释了许多住宅用地的建筑密度随着时间的推移而逐渐增大的原因；建筑密度的性状特征同样可以解释住宅用地基因链的稳定程度，建筑密度最大，形态基因最稳定，最小则最不稳定。核心区的形态基因链的稳定性由空地的多少决定，即建筑密度的大小所决定。边缘区的住宅用地是在中华人民共和国成立后生成的，从新形成的用地要素分析，形态中增添了许多要素。这样就导致中华人民共和国成立后在南、北、东三个边缘区形成的住宅用地内部的形态性状与核心区有很大的差异，主要性状特征是建筑密度小于核心区的密度，住宅栋数密度大于核心区的栋数密度（图5-21）。

2）公共服务设施用地

（1）宗教用地

① 组合模式主导基因演化

公共服务用地中，宗教用地形态基因是稳定的。一方面，用地构成要素组合按照轴线对称原则所形成的基因链是稳定的，各类要素占地面积不大，但相互组合紧密。按照生物遗传学的规律，基因链上的基因元"位

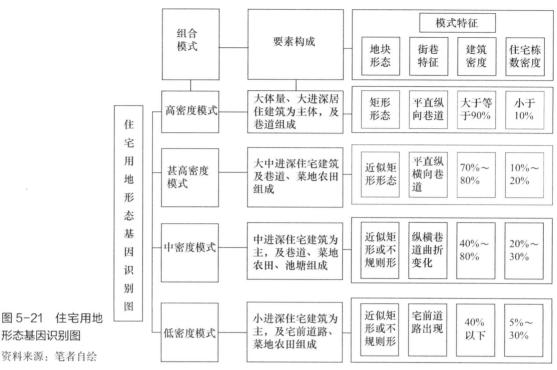

图 5-21 住宅用地形态基因识别图
资料来源：笔者自绘

点"间距越近，稳定性越强。紧密的组合关系构建稳定的基因链，宗教用地形态虽然在四个历史阶段演进中受到外界环境的极大冲击，但其形态始终保持不变。

② 功能的多样性增强基因适应性

住祠结合的特点进一步稳固宗教基因链，功能的多样性使公共用地形态基因具有极强的适应性。此外，宗教意识的内化性进一步提升基因链的稳定性（图5-22）。

（2）教育用地

教育设施用地的形态基因与宗教用地具有相似的特性，即用地功能的多样性特征，因此许多书院用地形态适应性较强，形态基因得以保持至今。但是，新建的教育设施用地，不同于书院，其构成要素增多，占地面积远大于明清时期的书院。由于尺度大，各构成要素组合上距离远，

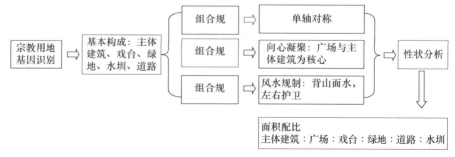

图 5-22 宗教用地形态基因识别图
资料来源：笔者自绘

因此所形成的基因链不稳定，这正是中华人民共和国成立后的两个阶段，小学用地形态发生变异的主要原因。

5.3 微观层面：住宅建筑基底平面基因识别

住宅建筑基底是村落用地形态的基本要素之一，传统民居的建筑基底一般由面宽与进深组成。古代民居建筑有着严格的等级规制，控制面宽与进深则是等级规制的主要手段。从四个历史阶段分析，明清时期是严格遵守等级秩序的阶段；民国时期，虽然政治制度变革，但是封建文化思想的禁锢使民居建设未能摆脱旧有规制的束缚；中华人民共和国成立后至"文革"时期，政治制度与社会主义文化建设的兴起，这种规制逐渐消失，但是传统建造技术惯性使民居建筑仍保留一些旧有建筑的特征，这也必然体现在建筑基底上；改革开放后，受到建筑材料更新与建造技术进步的影响，民居建筑开始摆脱原有的建筑规制，建筑基底呈现出新尺度、新特征。如果从基因的视角探讨四个时期建筑基底的演变规律，可以将明清时期的建筑基底视为原型基因，改革开放后建筑基底为变异基因。

在传统村落中，道路在村落早期所构筑的固结线是街区形态的重要决定因素。对于闽西客家传统村落而言，道路系统始终处于稳定的状态，这就决定了街区用地形态的稳定型。街区用地形态趋于稳定的背景下，内部地块与住宅建筑基底允许在街区内发生演变，而地块的演变总会受住宅建筑基底变化的影响。所以，街区与地块、住宅建筑基底三者演变，形成了互为因果的逻辑辩证关系。

建筑基底形态由面宽与进深构成。面宽与进深不仅与相应社会背景下的建造规范相关，还与所处的街区形态，以及地块周边环境有较大的关联。因此，住宅建筑基底的面宽与进深无法全面反映其基因的真实信息，需要进一步探究基底与街区、地块的内在关系，以及大范围内所有建筑基底面宽、进深测算统计，寻找内在的规律，进而总结出建筑基底的真实基因密码（图5-23）。

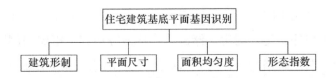

图5-23 住宅建筑基地平面基因识别图
资料来源：笔者自绘

5.3.1 构成要素

闽西客家民居建筑在明清时期经历了一堂式向多堂式形制的演变，形成了多样化的建筑形态。一堂式是闽西客家最早的居住模式，实质是"一明两暗"形式与当地环境相结合的结果。一堂式具有可生长的特性，随着族群人口的增长，一堂式可沿轴线纵横两个方向生长，从而形成多堂式的形制。典型的一堂式是最基本的演化细胞，其构成要素包括厅堂、厢房和庭院等三个基本单元，随着人口增长，许多住宅在一堂式的基础上向纵深两个方面延伸，从而增加了围屋和横屋两个要素。民国时期，住宅建筑形制延续明清时期的风格，但是，建筑体量受到经济衰弱的影响开始减小，建筑形制向简单的一堂式演变，构成要素中围屋和横屋消失。中华人民共和国成立后至"文革"时期，培田村开始出现现代化意义上的村民自主建房。该时期住宅建筑平面受限于不规则的基底尺寸，村民没有能力建起一座规整的"堂屋式"住宅，厢房、厅堂因此消失，庭院位置前置，不再成为界面中心。改革开放时期，住宅建筑中堂屋形制不再出现，院落没落，取而代之的是现代的宅前绿地，要素中仅以主房出现（图5-24）。

图5-24 住宅建筑基底平面构成要素分析图

资料来源：笔者自绘

5.3.2 组合模式

1）明清时期

明清时期有两类组合模式，一是基本组合，即由厅堂、庭院与厢房等3个要素组合而成。一般根据厅堂数量命名建筑形制，如民居有三个厅堂，则为三堂式。在多种形制中，"一堂式"为基本单元，又名锁头屋。组合方式为中轴上堂屋一间，以长方形庭院做隔断，庭院两侧厢房连系厅堂。二是多元组合，即在基本组合基础上，纳入横屋与围屋两个要素的模式。由此形成了两个形制，基本组合＋横屋＋庭院、基本组合＋横屋＋围屋＋庭院（图5-24）。横屋有一明两暗式布局，也有开间一致的布局，除居住外，还兼厨房、储藏、养牲畜等功能。横屋的侧厅，采用最简单的一明两暗格局，作为小家庭的公共空间，用过水廊与主体正屋相连。过水廊之间形成天井，横屋的各房间门都朝天井采光通风。辅弼护屋，即后包围屋，用于生产生活。上述组合中，均采用以堂屋为中心，横屋和围屋围抱的组合模式。清代客家风水师林牧，就把住宅形式比喻为人手环抱护卫之势（图5-25）。明清时期，民居建筑基底平面各要素的组合方式可归纳为对称轴线，中心厅堂，组织庭院，两翼横屋，环护围屋。

2）民国时期

民国时期，培田的民居建筑从大体量向小体量发展，建筑基底平面构成要素与明清时期的三要素基本一致，围屋与横屋两类要素不再出现，因此其组合模式依然延续明清时期。这一时期，出现较多的建筑形制为三合天井式，即为典型的三堂式布局形式（图5-26）。

图5-25 住宅风水形式图

资料来源：摘自林牧的《宅心志》

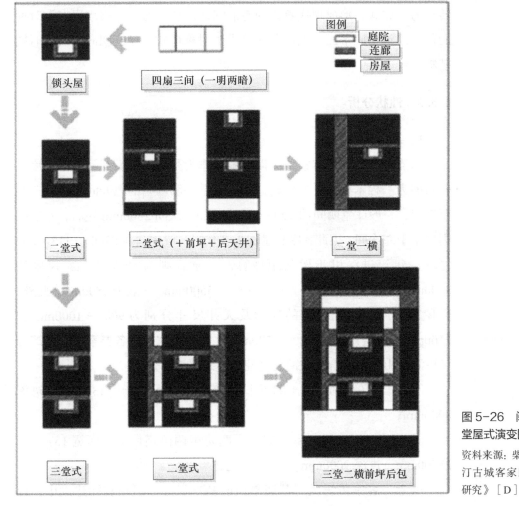

图5-26 闽西客家堂屋式演变图

资料来源：柴文婷《长汀古城客家民居建构研究》［D］

3）中华人民共和国成立后至"文革"时期

该时期的住宅建筑基底平面由主屋、侧屋以及庭院构成，基本沿用一堂式的模式，庭院位于侧屋和住屋所围合的位置。可以说，中华人民共和国成立后住宅建筑基底平面依然延续明清时候的模式，但是受到地形和产权的限制，一些平面发生变异，主要有三种形式。一是主屋＋单翼侧屋＋庭院，平面整体无对称形态，但是主屋仍严格按照对称形式建造；二是主屋＋庭院，平面整体呈对称形式；三是平面仅有主屋构成。由上述三种形式可知，该时期的住宅建筑基底依然按照明清模式组合，但轴线对称的格局逐渐衰微，庭院布局从内化形式向外化转变。

4）改革开放时期

这一时期，主屋与侧屋整合一体，侧屋要素消失，因此主屋进深加大，庭院缩小并最后消失。但主屋的基底平面依旧沿用对称形式。该时期的组合特点是明清时期的厅堂与侧屋均融合至主屋内，庭院则从封闭形态转化为开放式，形成现代意义的宅前绿地广场。通过考察培田在该时期的住宅建筑基底平面，大部分建筑采用对称形式，建筑朝向与明清时期基本一致。

5.3.3 性状分析

1）基底尺寸

明清时期，闽西客家地区以"扇"作为其基本平面开间控制尺度。一扇即为一榀木构架，如四扇三间，则是一明两暗的三开间。面阔三间至五间，一般厅堂明间约3000～5500mm，次间2800mm左右，右次间则稍小于左次间。因此，住宅建筑基底开间一般控制在8700～11300mm之间；建筑进深以步架间距计算，一堂式则为10个步架，尺度约9000mm[162]。横屋（围屋）开间2800～5500mm，一般为2800mm；此外，横屋（横屋）与主屋间的连廊及天井尺寸分别为900～1000mm和2100mm，综合尺度4000～4500mm之间。根据上述各要素尺寸，综合可以测算出基本组合模式的住宅建筑基地平面。尺寸：

① 组合1（一间主屋＋侧屋＋庭院）：面宽8700～11300mm，进深9000mm；

② 组合2（一间主屋＋侧屋＋庭院＋两侧横屋）：面宽15700～28500mm，进深9000mm。

以上为客家传统民居基底平面的基本尺寸，但在实际建设中，许多建筑并非严格遵循上述规格进行建设，主要是受到产权的限制，以及周边地块形态的影响。以培田村为例，无横屋和围屋的建筑基底面宽最小为 6.6m，最大为 12.5m；单侧横屋的住宅建筑基底面宽最小为 12m，最大为 18m；二横屋的基底面宽最小 16m，最大为 31.3m；三横屋的基底面宽最小为 33.5m，最大为 38.5m。培田住宅建筑进深尺度受到地形的影响也有灵活的变化，但变化模式一般在 900～1000mm 之间，根据对现存明清建筑基底平面测绘结果分析，一堂式进深 10m，二堂式 12～24m，三堂式 18～27m，四堂式 36～54m，五堂式 61.4～66m。

中华人民共和国成立后至"文革"时期，大部分新建住宅集中在南北东三个边缘区域。该时期建设的 74 栋住宅可分为两类，一是延续明清时期，具有上述三个要素的住宅，二是基本脱离明清时建筑形制的住宅，该类住宅受到周边地形限制，或受到土地产权的制约，住宅基底形态呈无规则状，布局凌乱、朝向不一，无法对其尺寸特征进行甄别。因此，本书重点对边缘区的住宅建筑基底进行比较分析。该时期大部分住宅建筑都位于南侧边缘区。南侧边缘区有 5 栋 20 世纪 60 年代建住宅，其形制为二堂式，单侧都设置横屋。较明清时期，建筑基底尺寸有突破，从 3000m 扩大至 3600～4500mm。

改革开放时期，住宅建筑基底尺度演变的主要特征是：建筑依然延续明清时期的形制，建筑基底尺度与明清时期大致相似。根据该时期 67 栋住宅基底尺寸测绘及统计，共计 46 栋堂屋式住宅，但在建筑基底尺寸上发生一定的变化，具体表现在：

① 开间上突破 3000mm 的限制，出现 4200mm 大开间住宅。
② 建筑基底长度一般在 10～12m 左右，进深 12～15m。
③ 部分建筑院落位置从中心侧移至住宅一侧，形制类似横屋。

2）基底面积

培田村住宅建筑基底面积四个历史阶段经历了尺度的转化，从四个历史时期演变规律看，明朝时期以二堂式为主，面积控制在 100～300m^2 间；清朝时期出现多堂式，基底面积多大于 300m^2；中华人民共和国成立后至"文革"时期，基底面积大部分小于 300m^2；改革开放时期，基底面积多在 200m^2 以内，其中 120m^2 居多（表 5-2）。

从建筑形制演变分析，培田四个时期都沿用二堂式。二堂式在明清时期有如下户型：12m×16m、12m×12m、10m×12m、8m×12m；中华人民共和国成立后至"文革"时期，住宅户型为12m×10m、12m×12m；改革开放时期，住宅户型为10m×12m、12m×15m。

住宅建筑基底平面面积区间数量分布　　　　　　　　　　　　表 5-2

面积区间（m²）	< 100	100～200	200～300	300～400	400～500	500 以上
明时期（栋）	0	2	1	1	0	0
清时期（栋）	5	10	7	8	3	13
民国时期（栋）	1	0	1	1	1	0
中华人民共和国成立后至"文革"期间（栋）	38	18	13	3	2	0
改革开放时期（栋）	30	23	3	4	2	1

资料来源：笔者自绘

3）街区住宅建筑基底面积的均匀度指标

住宅建筑基底平面面积的分析，可通过应用标准差指标，评价地块内建筑平面之间的差异程度。标准差指标越小，意味地块或街区内的建筑平面面积均质度高，表示地块内尺度的平衡度越大。对于住宅基底面积形状特征，本书结合街区内各建筑基底面积，通过测算街区内标准差指标评价街区住宅基底面积均匀度。标准差指标公式为：

$$\delta = \sqrt{\frac{1}{N}\sum_{i=1}^{N}(X_i - \mu)^2} \tag{5-2}$$

式中　N——街区（地块）内住宅基底个数（个）；

X_i——样本住宅基底面积（m²）；

μ——街区内住宅基底面积平均数（m²）。

① 核心区域

a. F 街区

F 街区四个历史阶段平均住宅基底面积：408.1、408.1、408.1、326.2；

F 街区四个历史阶段总计面积标准差：610.3、610.3、610.3、559.3。

b. G 街区

G 街区四个历史阶段平均住宅基底面积：244.0、243.9、203.7、186.9；

G 街区四个历史阶段总计面积标准方差：131.1、127.6、138.2、133.8。

c. I 街区

I 街区四个历史阶段平均住宅基底面积：408.1、408.1、408.1、326.2；

I 街区四个历史阶段总计面积标准方差：118.8、110.4、109.3、108.2。

d. H 街区

H 街区四个历史阶段平均住宅基底面积：106.5、117.6、105.5、82.8；
H 街区四个历史阶段总计面积标准方差：126.4、123.8、115.9、97.0。

e. M 街区

M 街区四个历史阶段平均住宅基底面积：260.5、260.5、213.7、192.8；
M 街区四个历史阶段总计面积标准方差：124.5、124.5、120.0、106.3。

f. O 街区

O 街区四个历史阶段平均住宅基底面积：996.8、996.8、557.7、403.3；
O 街区四个历史阶段总计面积标准方差：951.9、951.9、830.4、664.4。

② 北部边缘区

a. A 街区与 C 街区

A 街区四个历史阶段平均住宅基底面积：0、0、69.8、161.8；
A 街区四个历史阶段总计面积标准方差：0、0、53.0、159.0；
C 街区四个历史阶段平均住宅基底面积：592.3、592.3、302.7、130.5；
C 街区四个历史阶段总计面积标准方差：0、0、160.0、134.6。

b. D 街区与 E 街区

D 街区四个历史阶段平均住宅基底面积：215.0、195.9、114.1、117.5；
D 街区四个历史阶段总计面积标准方差：178.5、170.6、109.4、100.5；
E 街区四个历史阶段平均住宅基底面积：253.7、253.7、153.7、161.7；
E 街区四个历史阶段总计面积标准方差：312.1、321.1、217.7、207.5。

③ 南部边缘区

a. N 街区

N 街区四个历史阶段平均住宅基底面积：64.3、64.3、144.7、152.2；
N 街区四个历史阶段总计面积标准方差：0、0、100.6、97.3。

b. L 街区

L 街区四个历史阶段平均住宅基底面积：376.5、304.1、136.5、126.8；
L 街区四个历史阶段总计面积标准方差：190.3、183.4、145.0、127.1。

④ 东部边缘区

a. P 街区

P 街区四个历史阶段平均住宅基底面积：100.5、100.5、133.2、196.3；
P 街区四个历史阶段总计面积标准方差：0、0、46.2、206.4。

b. J 街区

J 街区四个历史阶段平均住宅基底面积：111.2、111.2、91.1、151.6；
J 街区四个历史阶段总计面积标准方差：0、0、90.7、126.5。

4)街区住宅基底平面的形态指数分析

碎片是从一种深奥的数学思想转变成纯科学和应用科学许多分支学科中一个很有用的工具的。该研究领域已经比较成熟而且逐渐为世人所知。碎片几何学由 B·曼迪鲍尔于 1975 年创立,用来处理非规整尺寸的物体,是以复杂、混乱、丰富、不规则的形态为对象的几何学。鲍维尔(Bovill,1996 年)指出,碎片尺度对评估视觉丰富性、建筑密度或城市组成部分具有重大意义。碎片几何学中用形态指数来衡量斑块的紧密与松散程度,定量刻画景观生态源地的平面展布形态。目前常通过计算某一斑块形状与相同面积的圆或正方形之间的偏离程度来测量斑块形状复杂程度,计算形态指数。斑块形状指数有两种常见的简化计算形式[163]:

$$S=\frac{P}{2\sqrt{\pi A}}（以圆为参照几何形状）\quad (5-3)$$

$$S=\frac{0.25P}{\sqrt{A}}（以正方形为参照几何形状）\quad (5-4)$$

由此可以推导街区的形态指数公式:

$$S=0.25\sum\frac{Pi}{\sqrt{Ai}}（以正方形为参照几何形状）\quad (5-5)$$

式中　S——形态指数;
　　　A——源地的面积;
　　　P——源地的周长。

由于建筑物多为方形,故本研究采用以正方形作为参照几何形状的形态指数公式(正方形形态指数定义为 1)。一般而言,形态指数越大,说明斑块形状越复杂,与外部的能量、信息等的交流越便利。

碎片几何学[164]为我们提供一个定性分析和量化分析斑块格局和斑块动力学空间变化程度的新视角。例如,斑块长宽比或周界面积比越接近方形和圆形的值,其形状就越"紧密";当为一条直线(理论上无限长的形状)时,形态指数就无限大。根据形状和功能的一般性原理,紧密型形状有利于保蓄能量、养分和生物;而松散型形状(如长宽比很大或边界蜿蜒多曲折),易于促进斑块内部与外围环境的相互作用,尤其是能量、物质、生物和信息方面的交换[165][166]。

根据第 4 章街区内住宅基底面积与周长的统计数据,导入上述式 5-5,测算核心区与边缘区的形态指数如表 5-3 所示。

街区住宅基底形态指数分析表 　　表 5-3

街区区位	街区	明清时期	民国时期	中华人民共和国成立后至"文革"时期	改革开放时期
核心区	F	11.3	11.3	11.3	14.7
	G	22.2	23.4	30.2	35.9
	H	11.4	15.2	16.7	25.2
	I	5.6	6.7	15.7	20.0
	M	2.2	2.2	3.4	4.6
	O	8.7	8.7	16.4	27.7
边缘区 北部	A	0.0	0.0	2.2	7.7
	C	1.3	1.3	4.6	19.9
	D	7.9	8.9	31.8	65.9
	E	5.7	5.7	12.9	19.6
南部	N	1.3	1.3	14.4	18.1
	L	2.6	3.6	17.8	22.7
东部	J	0.7	0.7	5.0	17.3
	P	1.0	1.0	2.1	21.6

资料来源：笔者自绘

5.3.4 演化特征

对于基因的演化特征，应从时间与空间两个方面来探讨。时间视角，基因链上相同位点的基因元变化、组合模式以及相对应的性状演变，研究范围主要聚焦在核心区内；空间视角，基因链上不同位点的基因元、组合模式和对应的性状演变，主要通过核心区与边缘区两个不同位点的街区地块内基因的演化开展研究。

1）核心区——基因变异与离平面中心距离成正比

住宅建筑基底平面的构成要素按照中轴对称、秩序、向心的组合规则形成稳定的基因链。明清时期已经形成住宅建筑基地平面形态，后期的三个历史阶段基本没有发生改变，但平面外围的要素如前坪、水池、围墙等消失，主要原因是这些要素在基因链上距离核心区远，且作为准空地，使用功能单一，属于较为不稳定的基因元，在外界作用下容易发生变异。此外，庭院和天井等要素也发生变异，在形态形状上体现为尺度、面积的小型化。核心区内，两种尺度的基底平面降低街区面积的均衡度，形态指数却随着增大。

2）边缘区——要素减少，基因重组

与核心区相比，住宅建筑平面基底构成要素中的横屋、前坪、水池、通廊等要素消失，庭院、天井等要素从平面中析出，因此平面尺寸从大型化向小型化变异。平面要素中仅余的主屋和厢房固结一体，组合模式上依旧采取轴线对称，朝向与核心区相同，在历史演化过程中呈稳定形态。但是，平面形态从规则矩形向非规则多边形转化，为此边缘区的形态指数与面积均衡度均大于核心区。

5.4 小结

根据第2章所构建的形态基因识别体系，本章对第4章所提供的形态特征数据进行特征演化规律的归纳总结。形态基因识别体系是以"要素构成—要素组合—形态性状"为线索进行演化规律的解析，进而识别形态基因。本章依次对建成区、主要功能用地和住宅建筑基底平面三个形态基因进行识别，得出如下结论。

1）建成区用地形态基因识别

通过建成区用地形态构成要素的分析，认为明清与民国两个历史阶段的构成要素很稳定，要素按照背山面水、轴线对称的组合规则，形成以道路链接各要素的稳定基因链。中华人民共和国成立后的两个历史阶段，某些构成要素产生两种类型的变异，一类是基因元不变，功能变异，一类是基因元变化。但是，基因链没有断裂或消失，宏观用地形态性状仅表达为用地规模的扩大，主要原因是道路要素在四个阶段没有发生变异，该基因链始终主导建成区形态的生长。道路骨架的稳定性，在形态性状上表现为核心区土地使用强度的增大，形成建成区"内密外疏"的性状特征；此外，要素的变异反映在街区或地块内部性征的中观变化上，性状表现为用地构成比例的变化。

2）住宅用地和公共服务设施用地形态基因识别

住宅用地形态基因的构成要素基本由住宅建筑、巷道和空地等三个要素组成，住宅建筑之间通过巷道进行前后或左右搭接，形成纵横基因链。三类要素中，住宅建筑的组合产生巷道，住宅建筑的变化直接引起巷道的变化。核心区内，住宅建筑在四个历史阶段的演化进程中处于稳定状态，但是用地内部的空地是最活跃的因子，极易转化成住宅建筑，从而使住宅用地内部形态性状发生转化，这也解释了许多住宅用地的建筑密度随着时间的推移而逐渐增大的原因；建筑密度的性状特征同样可以解释住宅用地基因链的稳定程度，建筑密度最大，形态基因最稳定，最小则最不稳定。因此，核心区的形态基因链的稳定性由空地的多少决定，即建筑密度的大小所决定。边缘区的住宅用地是在中华人民共和国成立后生成的，从新形成的用地要素分析，形态中增添了许多要素。中华人民共和国成立后，一部分建筑要素成为用地要素，住宅建筑内部的庭院、天井等要素向外溢出，转化成广场和绿地；同时，随着天井、庭院等要素的溢出，住宅建筑的尺寸向小型化发展，因此导致中华人民共和国成立后南、北、东三个边缘区住宅用地内部的形态性状与核心区有很大的差异。主要性状特征是，建筑密度小于核心区的密度，住宅栋数密度大于核心区。因此，住宅建筑与空地等两个要素的不稳定，引发巷道组合形成的基因链极不稳定，容易随外界环境变化产生变异。

公共服务用地中，宗教用地形态基因是稳定的。一方面，用地构成要素组合按照轴线对称规则形成的基因链是稳定的，各类要素相互组合紧密。按照生物遗传学的规律，基因链上的基因元"位点"间距越近，稳定性越强。紧密的组合关系构建稳定的基因链，宗教用地形态虽然在四个历史阶段演进中受到外界环境的极大冲击，但其形态始终保持不变。另一方面，住祠结合的特点进一步稳固宗教基因链，功能的多样性使公共用地形态基因具有极强的适应性。教育设施用地的形态基因与宗教用地具有相似的特性，因此许多书院用地形态一直保持至今。但是，新建的教育设施用地，与书院不同。由于构成要素的增多，其占地面积远大于明清时期的书院。因为尺度大，各构成要素组合上距离远，所以形成的基因链不稳定，这是中华人民共和国成立后的两个阶段，小学用地形态发生变异的主要原因。

3）住宅建筑基底平面形态基因

住宅建筑基底平面的构成要素按照中轴对称、秩序、向心的组合规则形成稳定的基因链。明清时期已经形成住宅建筑基地平面形态，在后期的三个历史阶段基本没有发生改变，但平面外围的要素如前坪、水池、围墙等消失，主要原因是这些要素在基因链上距离核心区远，且作为准空地，使用功能单一，属于较为不稳定的基因元，在外界作用下容易发生变异。此外，庭院和天井等要素也发生变异，在形态形状上体现为尺度、面积的小型化。核心区内，两种尺度的基底平面降低街区面积的均衡度，形态指数却随着增大；边缘区内，要素的消失与变异改变原有的布局模式，平面形态从规则矩形向非规则多边形转化，因此边缘区形态指数与面积均衡度均大于核心区。

第6章　基因成因：培田村落用地形态演化机制解释

用地形态基因易受到诸如经济、社会、文化、技术、自然条件等内外环境变化的影响，导致基因链排列秩序或基因元突变，从而促使形态基因的演变。而生物体的基因变异也是由内外环境的变化所致。内外环境的影响可以转化为内外动力，作用于基因元和基因链上，通过改变基因构成或组合方式，促使基因突变及重组，从而改变基因的性状。基于这种思维认知，本章重点在分析动因的基础上，研究动因所形成的作用力的方向、大小，进而探讨动力对各层级基因的基因元、基因链的作用机理，揭示基因元、基因链突变或重组下的性状变化特征。

本章基因演化机制解释的逻辑架构是在第5章基因形态特征演化分析的基础上形成的。通过引用"力动体"的概念框架，分时期探讨建成区各层级用地形态基因的动力主体、类型，分析各动力对基因的构成要素和组合模式的影响，进而揭示构成要素和组合模式对基因产生的遗传、变异和重组现象，以及形态性状的变化特征，深入解释基因演化的内在机制。

6.1　用地形态基因演变的动因解析

6.1.1　内在动因

1）明清时期

培田吴氏客民之所以比畲瑶等原住民更成功地开发山区并取而代之，除运用了更为先进的中原农耕技术外，更重要的还在于继承和固守了儒家文化崇德重教的理念，并吸收了原住民和相邻族群的文化；此外，因经商和科举成就的反哺——如建筑大量大型民居和兴办教育使这些家族文化和道德伦理得以巩固和持续，进而为其宗族乃至村落的发展进步提供了必要的精神动力和物质支持。

（1）宗族制度

培田吴氏的宗族组织形成于明代后期，随着人口迅速增长，吴氏家族开始修族谱、建祠堂，明万历正式修成《培田吴氏族谱》，并建造最早的祭祖祠堂——大树下祠堂。虽然，明代培田的宗族组织并不完善，但初具规模。清康熙以后，文风复兴，科举产生大量士绅，这些士绅积极"修族谱，建祠堂，兴礼仪"，推动培田吴氏的家族组织结构日趋完善，自此，培田吴氏形成了真正意义上正统的宗族组织。清代后期，培田吴氏族人进入亦官亦商的时代，并引领家族步入鼎盛时期。他们一方面建祠堂、捐祭田、兴义学、设义仓，另一方面修族谱、立家法、定族规、编章程，把村落建设推向极致。

（2）风水文化

客家风水是在赣、闽、粤三省交界的岭南地区发生发展而来。根据客家地区相关风水的历史文献记载，杨筠松是客家风水文化发展的主要人物。杨筠松是唐朝后期的风水师，为躲避战乱迁居赣南，从此风水在赣南得以传播。杨筠松发展风水形法的理论，创立风水形势论。风水形势论的主要内容是主形势与定向位，强调龙、穴、砂、水等四个要素匹配，讲求因地制宜，追求优美环境，注重分析地形条件。江西形势派代表客家风水的形成，以杨筠松为代表的客家风水成为当今风水的主流[167]。

（3）耕读文化

闽、粤、赣三省交界地域地属山区，交通闭塞，生活条件艰苦。但是，崇儒重教的文化传统根植人心，士农工商的阶层观念使客家人视科举为改变命运的最佳途径。同样，培田吴氏族人虽然依赖经商得以发展，但最终都选择耕读之路为自己或后人创造机会，将读书视为改变命运的重要途径和发展前景。所以，入仕为官与耕读传家成为培田村民极为重要的价值取向。巨贾富商云集的培田村，耕读文化产生的导向力使村落财富向教育集聚，由此村落的书院成为培田人才的孵化器，大量的书院建筑成就了培田厚重的文化积淀，表明闽西客家人的耕读文化气息之浓郁与耕读文化信仰之虔诚。

2）民国时期

（1）宗法组织衰败

民国时期，闽西汀江流域的转口贸易经济因外国资本的入侵与近代工商业的兴起，逐渐走向萧条；同时，土地兼并促使失地农民向城镇迁移，这对宗法组织存在的经济和社会基础产生影响。此外，科举制度的废除动摇了当时社会结构的政治基础，士绅阶层逐渐没落。随后，闽西客家宗族组织衰败。后期的宗族组织得以恢复，但再也无法恢复到明清时期的水平，闽西客家的宗族制度并以此为节点走向衰弱。

（2）华侨回乡返流

近代，闽西客家经历了三次出国浪潮。

第一次是在清朝道光年间—中日甲午战争时期。鸦片战争后，西方列强为掠夺东南亚资源，强迫清政府输送大量劳工。这期间闽西客家地区出国人数剧增。

第二次是在第一次世界大战结束—抗日战争前期，闽西客家人为逃避兵役，纷纷涌向国外，其中1920～1930年期间出国人数为最。

第三次是第二次世界大战结束至1949年。除了大批华侨在二次世界大战期间返乡避难，战争结束后重返侨居地，还有一些人为逃避内战而移居国外。

据不完全统计，三次移民潮迁移的人数共3万多。基于客家人强烈的宗族观念，许多华侨在居住国发展成功后，大都会回家乡投资或捐助，如胡子春捐办永定师范学堂和尤兴学校，在永定、龙岩、连城、上杭4县建7所学校；胡文虎则捐款350万大洋，建300所。华侨返乡参加家乡建设，对近代村落空间发展产生一定的驱动力。一方面华侨引入国外新的文化理念为其族民所认同，这在一定程度上冲击了传统的观念，如胡文虎在初溪村建设"虎豹别墅"，改变了当地族群聚居的观念；另一方面，华侨在家乡兴办学校与实业，推动经济发展，提升空间发展驱动力的同时，引入学校、厂房、别墅等空间形态的新要素。

（3）民间信仰变化

随着近代西方基督教与天主教的进入，以及太平天国"独尊上帝"思想在民间的传播，对儒家礼制思想产生了一定的冲击，闽西客家信仰发生了变化。民国后，许多客家人迁居国外，或者留洋学习，将西方民主平等的思想引入闽西客家区；随后，中央苏区的建立加速马克思主义思想在闽西城乡的传播，二者极大地冲击了封建礼制的思想观念。近代闽西文化信仰呈现多元化的趋向，这对传统村落以等级秩序所构建的空间结构影响巨大。古代村落的空间结构建立在礼制等级基础上，空间各元素以等级为规则组合成等级型的空间结构模式，以对应宗族组织作为国家政体基本单元的空间诉求，构建"家国同构"的空间结构，以利于统治者对基层的有效统治。信仰对村落的影响还体现在对村民生活和行为的改变，这在一定程度上改变了村落空间功能和用地布局模式，如基督教的周日礼拜制，村落须提供相应的聚集空间以适应这种需求；又如妈祖崇拜，村落除了设置独立的用地用于祭拜，还须提供足够的场所让村民开展纪念活动。所以，民间信仰不仅表现为村落空间发展的显性机制，也体现在隐性的空间系统组织中。

（4）村落人口增长

村落人口变化有减少、稳定与增加等三种形式。无论人口如何变化，村落空间系统利用其自身的可调节机制，维持村落空间结构的稳定。在古代，人丁的兴旺总是宗族追求的最高目标。人口增加有利于宗族在资源斗争中处于优势，也提升宗族科举中第的概率。当人口增长超过空间解构自调的极限时，宗族组织便利用宗族的力量，迁移部分人口以确保空间系统的稳定性。而当人口出现减少时，宗族组织将有意识地提升人口自然增长率，以保证空间结构的稳定。因此，利用"他组织"维持因人口变化导致的空间结构失衡，是古代村落常用的方法。近代闽西客家人口经历几次起伏，但许多村落仍然得以持续发展，也同样得益于"他组织"机制的调节作用。特别是中央苏区时期，一些村落青壮年参加红军队伍，村内劳动力急剧减少，超过村落空间结构自平衡极限，村落空间系统处于解构边缘时，中央苏区采取农村合作社的形式，打破宗族界限，实行生产合作互助，这种"他组织"一定程度上保证了村庄的空间持续发展。

3）中华人民共和国成立后至"文革"时期

（1）经济均质

中华人民共和国成立后的土地改革推动了农村经济的发展。从整体分析，现代农村经济模式从小农经济向集体经济模式转变，社会生产成果从向小规模群体集聚转向村民集体平均分配。如果说，古代村落空间循环和增殖的演变过程是依靠士绅阶层的驱动，而中华人民共和国成立后乡绅阶层和宗族组织消失后，现代村落的空间发展则需以村落集体经济为背景，在计划体制下依赖农民驱动。土改之后，虽然农民劳动的积极性前所未有，其劳动成果却不足以改变村落的空间形态。因为集体经济正处于萌芽期，对空间系统产生的涨落也应是低水平、小规模的，村落空间结构并不能在这个阶段快速渐变而"涌现"出新的空间形态。

（2）宗族消亡

如上所述，中华人民共和国成立后，宗族组织彻底瓦解，旧有的村落空间结构失去了调节机能。从古代村落空间发展分析,无论经济、人口或者族人入仕等对村落空间系统产生刺激,都是先通过宗族组织进行的。当宗族消亡后,相对应的刺激随之消失。此时,新的村落管理机构也随之成立,从而对村落空间产生新的功能需求,原有的空间系统将不再保持平衡状态。可以说,宗族的消亡是村落空间从旧秩序向新秩序渐变的起点。伴随着旧空间结构的失衡,村落空间体系进入一种混沌的状态。

（3）人口增长

闽西客家人口在中华人民共和国成立后呈递增趋势,虽然1959～1961年受到粮食减产的影响,人口出现负增长,但其他一般年份的增长幅度保持在15%～30%。特别是20世纪六七十年代最为迅速,由于放松了计划生育工作,1963～1978年一直呈现高出生率,人口年均增长率为26.03‰,其中1965年达到最高的47.5‰。可以说,闽西人口的增长主要在农村,因为城镇人口受到"农转非"的户籍限制,人口规模被限制在一定水平,所以农村人口的自然增长是闽西客家区人口增长的主要因素。此时,人口的增长带来的居住需求是村落空间演化的主动力。

4）改革开放时期

（1）人口流迁

公社化时期,受到户籍管理的限制,村民在城乡间的流动除了婚姻、高考分配以及参军提干而迁往城镇外,几无其他人口流出,农村成为封闭的社区。改革开放后,随着联产承包责任制的普遍推行和公社体制的解体,村庄内大量剩余劳动力转向乡村企业,流向可以为他们提供致富机会的所有领域和地区。当代乡村人口的流迁在规模、速度、方向与内容上都有别于任何时期,由此引起了农村经济、政治与社会文化的重大变化,而这正是许多传统村落凋敝和消亡的主导因素。本书无意对闽西农村人口流迁做详细研究,但为清楚阐明农村人口流迁对村落空间形态演变产生的影响,有必要梳理农村人口流迁的类型与方式,进而更好地探究当代空间形态演变的机制。闽西客家地区的人口流迁大体有三种类型:一是"离土离乡"型,即本人或家庭迁移至城镇地区,从事城市类型的工作,承包田转包给村内其他农户;二是"离乡不离土型",即农闲时外出打工,农忙时回家耕种承包田;三是"半离土离乡型",即本人已迁移外出至城镇,但村内仍有住房,农忙时候仍回村耕种,或者节日期间回乡过节。可以说,20世纪八九十年代,受到传统经商意识的影响,以及闽西矿产资源区位优势的显现,外出经商、打工的人逐渐增多,而多山少田的自然地形特征,决定了他们不必农忙时返村耕种,仅在春节或者其他节假日回乡过节,这种半离乡离土类型的人较多;到21世纪,离乡的人在外致富后,往往在城里买房安家立业,流迁的人转为城市户口,农村人口因此逐渐减少。

(2)宗族组织(宗族重构、功能转换)

正如上节所述,客家宗族组织在20世纪90年代末期得以复兴,但在功能上发生了改变。古代宗族组织是政治、经济与社会的中心,因此宗祠家庙是全村的核心。而在当代,村委会替代了宗族组织的政治功能,因此村落的政治与社会空间产生分离,宗族组织仅承担了一些社会功能,负责组织村落拜祖和拜神的活动。另外,闽西近代移居海外的许多华侨在当代都返乡寻宗问祖,成为改革开放初期村落引进外资、发展经济的重要渠道,而宗族组织常常作为内联外引的主要平台,在发展经济上发挥一定的作用。因此,经济与社会的功能需求催生宗族组织的新型空间形态,其间因功能变化而导致的空间结构组合模式的转型是新时期村落空间形态演变的主要成因。新型宗族组织空间要素主要体现在宗祠、组织活动的广场、重要人物的纪念场馆等方面。宗族也对其他要素空间产生新的功能需求,如人口集聚与大流量人口活动产生的交通需求改变了村落内部的网络空间格局,而海外华侨的寻宗问祖推动了村落对历史文化建筑的保护,以及传统村落风貌区的恢复,同时促进村落引进外资,发展农村企业,从而扩充了村落空间的新元素。

(3)交往方式

生活、生产以及宗教活动产生住民的交往需求,而交往方式因地域差异而不同。因交往方式构建村落网络空间体系,因空间体系形成交往方式,哪种方式主导,目前无从考证。但可以肯定,空间形态与交往需求在长期演变过程中相互补充与优化。空间形态要素组合规则不仅是生活、生产、防御、信仰等因子的耦合作用,也是交往的基本诉求。当代社会,交往主体从传统的"个人—家庭—宗族—社会"秩序体系向"个体—社会"二元体系转换,交通与通信技术的进步为个体直面社会创造机会,交往方式也从实体空间向虚拟空间、小尺度向大尺度空间转换。交通技术的进步提升了村落空间体系的开放度,村落空间接受的外部刺激将延伸到更为广大的区域;村民的出行方式也随之发生改变,从古代的步行到近现代非机动出行,再到当代机动车成为主要出行方式,空间需求的大幅度转换改变了空间功能，从而进一步加快旧有空间结构更替的速度。此外，当代生活方式的变革还表现在对居住空间以及环境的需求提升上。除满足朝向、通风、饮水排水等基本要求外，村民个体对空间的需求还体现在个体行为和精神的需求上，而旧有的空间结构无法适应这些新生的空间需求。

（4）文化信仰

因受"破四旧，反封建"思潮的影响，现代农村传统的文化信仰受到抑制，直到当代，闽西客家的文化信仰才全面恢复。客家社会的文化信仰包含基本信仰与特殊信仰。闽西客家的基本信仰中首先是对祖先的崇拜，这是客家长期迁徙过程中根植于客家精神深处的传统意识，即使在"文革"时期，许多宗祠被损毁，但敬祖的文化传统从未消除。而到当代，随着政治、经济与社会环境的改善，许多在"文革"时期被破坏，或者被征为他用的宗祠用地被重新使用，祭祀祖宗的活动也得以重新开展。其次，客家普遍崇拜的对象如土地神、本族婆太等，与之相关的庙宇开始出现在村落空间中，成为空间组合的一个基本要素。此外，闽西客家村落由于发展历程、地域性等方面的差异，其崇拜对象还有不同，即特殊信仰。一些村落保持了土著信巫、尚鬼的传统，并结合现实生活的需求，创造了许多具有浓厚乡土特色的地方神明。如长汀的助威、盘瑞二王庙，汀江流域的蛇王崇拜，武平的定光佛、妈祖庙、关帝庙等，这些崇拜在村落空间中都寻得到轨迹，并对村落构成产生一定的空间功能需求。特别是在特定拜神节日中，大型祭拜活动需求大空间的人口集聚，以及大流量的人口流动，村落空间需要形成相匹配的空间结构以满足其功能需求。因此，文化信仰的恢复与发展对当代村落的影响是不可忽略的要素之一。

6.1.2 外在动因

1）明清时期

（1）经济发展

明清时期的培田是归化、清流、宁化、永安、连城等县的官商士民往返汀州府的必经之路。在汀江流域经济利好的基础上，培田人利用优越的地理位置，以及丰富的山林资源，产多质好的米粮，开店铺、办作坊、搞贩运、兼批零，生意不但做到福、漳、泉，还远及沿海东南地区以及东南亚等地。内外经济的繁荣为村落发展注入强劲动力。

(2) 交通驱动

培田村距连城的朋口镇仅 12km，与河源溪相连的朋口溪，明清时期是连城与宁化、清流、明溪等县相连的重要通道，甚至可以通往潮汕地区，同时也是出海的重要交通节点。正是这种便利的交通优势，培田得以构建一个开放的村落空间系统，使村落形态演化具有极强的自适应性。

2) 民国时期

(1) 社会环境的动荡

如上所述，闽西客家地区在近代发生了多起战争事件，大到太平天国和第二次革命战争，小到各类小型农民起义，再加上阶段性的天灾与瘟疫，闽西客家村落始终处在社会动荡中。这种动荡是中国社会转型的一种必然现象，某种意义上推动了村落空间系统的"涨落"，即一种平衡态向新的平衡态转变。同时，社会动荡时常伴随着政治体制的变革、经济兴衰以及人口的集聚变化，并带来人的文化观念的转变，从而使影响村落空间演变的外向机制处于动态之中。因此，一种长期稳定的村落空间结构与形态，只有在一种大社会变革中，才能产生巨大的驱动力，村落空间系统才能在强大的外部刺激中生长出适应新环境的空间形态模式。

(2) 交通技术的革新

近代铁路与公路的交通技术进步对村落空间发展产生全方位的影响。古代村落交通，在内以街、巷、弄为要素形成村落内部交通网络，在外是水路与陆路相结合构建外部交通体系。对于交通技术落后的时代，水路交通通常成为主导性因素。水路区位是村落选址或优先发展的重要指标。到了近代，蒸汽技术在交通上的推广应用，一举改变原有的模式，陆路与铁路交通逐渐取代水路交通，形成近代城乡空间发展的主潮流。原有以水路交通构建的经济发展模式与空间结构形态因此而得到革命性的改变。闽西客家区从南宋时期历经千年而形成的汀江流域经济发展模式逐渐走向衰弱，许多村落失去空间发展的原动力而止步不前，而一些村庄也因此得到新动力。另外，新型交通网络改变了村民的生活与出行方式，村落空间体系的平衡态因此被打破。

(3) 土地制度的推进

1840～1949 年，除了民国前仍然沿袭封建土地制度外，闽西经历了四次土地变革，大部分农民因此获得了土地。土地变革是农村经济从集聚型向均衡型转变。古代村落的空间发展依靠少数士绅阶层推动，而到近代随着土地制度的变革,以及科举制度的废止,农村士绅因失地而逐渐迁移或者消失,因此,近代农村在土地改革,特别是中央苏区时期,社会由异质向同质转变。同样,由于旧有的空间结构的经济基础与社会基础在逐渐消失,空间结构的修复能力正在降低。土地变革也使宗族组织的作用力削弱,农民获得土地,随着个体经济能力逐渐提升,空间发展从依靠少数士绅转变为多数农民,虽然近代农民经济水平还不足以彻底改变村落原有的空间结构,但已经形成渐变的趋势。

(4)外向经济的发展

传统聚落发源于农耕文明,自给自足的内向性经济使村落处于自我发展的系统当中,而村落空间由于风水术数、宗族组织等文化观念的作用,使空间结构和形态处于有序发展当中,进而形成富有地方人文精神、文化观念和人居智慧的传统聚落。因此,在聚落空间没有外力干预下,村落的经济模式、文化观念、空间扩张之间处于可持续发展当中,并维系着村落空间的自组织模式;而在外向型经济的驱动下,村落整体经济水平得到增长,由此提升村民对居住空间质量与环境景观的需求,并催生经济空间的营造,其所产生的"骨牌效应"将村落空间推向非平衡状态。从复杂适应性理论分析,村落因外向经济机制而引起的适应型形态应具有多样性特征,而风水机制、宗族约束、自然环境选择以及资源条件所构建的适应性"势能差",使空间的多样性向单一性和唯一性演化,演化过程呈非线性趋势。闽西客家近代经济具有外向性特征,这主要依托汀江流域带动转口贸易的发展,从而使闽西客家区的农业与手工业品贸易得到强劲的驱动,而这些正是客家村落经济发展的主导因素。因此,汀江流域的外向型经济是近代闽西客家村落演变的根本动力。根据自身资源、产业基础以及区位条件,闽西客家村落分化成如下几种类型:一是手工业型村落,闽西传统手工业主要有造纸与雕版印刷,以家庭作坊式松散分布在众多的村落中,目前保存较好的有连城四堡乡的雾阁与马屋村,形成雕版印刷为主导产业的空间形态;二是贸易型村落,村落接近水路两类交通节点上,如长汀的三洲村、水口村、武平的下坝村、店下村、岭头村、悦洋村和亭头村,连城的朋口镇与新泉的沿河村落以及永定峰市镇的村落,这些村落不仅有码头、驿站类交通用地,还有圩市、商业街、当铺、商业会馆等设施用地;三是农业型村落,转口贸易带动的不仅是手工业的发展,也为农产品外销提供了绝佳渠道,许多商贩收购各村农产品后经过汀江转运至汕头出海口,再贩卖到全国各地,甚至远销东南亚,这样大大推动了农村经济的发展。

3)中华人民共和国成立后至"文革"时期

(1)政策法规

该时期现代闽西村落经历了两个阶段的发展,第一阶段是中华人民共和国成立之初到1953年,以土地改革为背景,为此出台了《中华人民共和国土地改革法》,福建则颁布了相关配套的政策法规,率先在闽西客家地区实行。直至1952年底,闽西地区废除了明清时期的土地制度,农民土地归集体所有制,自此农村生产力得到解放;第二阶段是从1954年中期到"文革"前,为进行农村社会主义改造,1955年通过了《农业生产合作社示范章程》,1958年的《中共中央在农村建立人民公社的决议》,1962年又通过《关于改变农村人民公社基本核算单位问题的指示》。此外,为加速我国农村社会主义建设的步伐,1958年推行人民公社。以上出台的政策法规都是以农村为对象,目的是加快农村从封建体制向社会主义体制转变,为此彻底改变农村空间发展既有的社会政治背景,推动农村空间向新平衡态演进。

(2)建设管理

民国时期,宅基地属于私人所有,农民建房只需购入宅基地后,即可建造,政府对私房用地的管理,只负责办理地契转移和收缴地租。中华人民共和国成立后,农民建房须经政府审批,建房审批制度经历了两个阶段的发展。第一阶段在"文革"前,1962年9月颁布的《农村人民公社工作条例》,提出"国家和人民公社的各级组织,应该在人力、物力等方面,对于社员修建住宅,给以可能的帮助。社员新建房屋的地点,要由生产队统一规划,尽可能不占用耕地"[168],同时规定"生产队范围内的土地,都归生产队所有。生产队所有的土地,包括社员的自留地、自留山、宅基地等,一律不准出租和买卖。生产队所有的土地,不经过县级以上人民委员会的审查和批准,任何单位和个人都不得占用[169]",条例明确了用地规划许可的审批主体是县级以上人民委员会,允许农民在符合规划的条件下修建住宅。此阶段是以经济恢复,经济发展,人民生活改善为背景,农民建房积极性得到提高,建设数量迅速提升。以上杭县为例,1963～1965年,农村私人建房5267m^2。第二阶段在"文革"时期,政府提出学习大寨经验"先治坡,后治窝",闽西客家区在1975年先后为此做出"严禁私人建房"的决定,指出"要建房子,钱可自己出,产权归集体所有",这在一定程度上限制了农民建房的积极性,该阶段私人建房不多。

4）改革开放时期

（1）城镇化

1978年改革开放后，我国的城镇化进程全面加速，随着中国经济持续稳定的增长，城镇化水平逐步提高，城镇规模和数量不断增加。1978~2002年，中国城镇化水平由17.92%提高到39.1%，提高了21.18个百分点，年均增长0.88个百分点，是前31年中国城镇化速度的3倍多，是世界同期城镇化平均速度的2倍多[170]。尤其是在20世纪90年代之后，我国的城镇化进程逐渐加速。1991年，我国城镇化率仅为26.94%，2008年达到45.7%，17年间增加了约18.8个百分点，年均增加近1.1个百分点。《中华人民共和国国民经济和社会发展第十一个五年规划纲要》[171]提出：2010年我国城镇化率将提高到47%，年均增加0.8个百分点；据相关专家研究，2020年我国城镇化率将达50%~55%[172]。

闽西客家区已进入城镇化发展的第二阶段，即快速发展阶段。1980年龙岩市城镇化水平只达到14.48%，1984年之后发展速度加快，到1993年城镇化水平达31.50%，2000年城镇化水平达到35.98%，2006年城镇化水平达到了39.5%①。这表明龙岩市城镇化进程已进入了快速发展阶段[173]。2000~2009年，龙岩市域城镇化率年均提高0.93个百分点，低于同期全国平均水平。根据对规划期内龙岩社会经济发展状况的预期，规划2015年前，龙岩城镇化率年均提高2.0个百分点；规划2016~2030年，龙岩城镇化率增速较前期放缓，为1.5%。

（2）农村建设管理

20世纪90年代至今，我国不断完善农村的规划建设管理法规体系。1993年5月，国务院颁布《村庄和集镇规划建设管理条例》，第一次以法规条例的形式对农村建房及乡（镇）村企业、乡（镇）村公共设施及公益事业的建设提出了实施规定，从此村庄建设管理走上了有法可依的法制轨道。同年6月，建设部颁布了《村镇规划标准》，进一步规定了村庄规划的具体内容。2000年2月，建设部颁布《村镇规划编制办法》（试行），作为配套部门规章和规范性文件，制定村庄规划编制的具体要求[174]。2005年，建设部印发《关于村庄整治工作的指导意见》，为适应新时期村庄规划建设要求提供了重要的指导依据。2008年，《中华

---

① 数据来源：龙岩市统计局《龙岩统计年鉴——2007》，2007年7月。

人民共和国城乡规划法》颁布实施，首次将村庄规划列入法定规划体系，村庄规划的法定地位从原有的法规条例上升到法律层面，进一步完善了村庄规划建设的法规建设。目前，福建省龙岩市政府在上述法规体系的基础上出台了《龙岩市农村村民住宅建设用地管理规定》，指出各县（市、区）应结合旧村改造、新村建设和村庄土地整理，统一规划、统一建设农村村民住宅小区，并严格禁止村民违反村庄、集镇规划单独建设住宅，并制定村民建房的系列管理细则。该规定的出台对村庄空间形态的演变产生了深刻的影响，村庄空间系统从单纯自组织转变成自组织与他组织并存的发展模式[175]。

（3）交通基础设施发展

20 世纪 80 年代，闽西交通以公路交通为主，辅以铁路交通。公路国省道以三四级路为主，二级路仅 14.5km，铁路仍维持在 1972 年前的水平。20 世纪 90 年代后，闽西把交通基础设施建设作为经济建设的重要推力，树立跨越式发展交通的理念，提出"构筑大交通，把闽西建成闽粤赣边交通枢纽"的发展战略。至 2013 年，通过"大交通建设"，先后建成漳龙高速龙岩段、双永高速公路、永武高速公路和龙长高速公路，开通龙厦铁路、梅龙铁路、赣龙铁路、龙岩冠豸山机场。此外，汀江 65km 航道开通，上杭城关至永定峰市码头航道达到国家 5 级航道水平，通航 300t 船只，日益萎缩的航运开始复苏。闽西还大力发展国道、省道、国道以及乡村道路的建设。国道 205、309 线纵横贯穿闽西全境，总长计 393.2km，成为公路主要骨架；省道开通 6 条，计 782.6km，形成 4 横 5 纵的干道网格局，与福建省"八纵九横"的公路网实现全面衔接；县道公路共计 57 条，总长约 1262.8km。同时，直接联系村落的乡村道路总计开通 6633.1km，桥梁 1387 座。交通基础设施的发展为闽西村落空间演化提供强大的动力。

6.2 宏观层面：建成区用地形态基因演变动力机制

6.2.1 动力主体

建成区用地形态基因演变实质是驱动力与约束力两种力相互博弈的过程。驱动力源自人口与经济的增长，一方面催生村民对居住的需求，另一方面提升建成区内部公用设施需求，两类需求形成两种不同的驱动力，产生不同的动力主体。可以说，两种驱动力固定存在于四个历史阶段，只是驱动力大小不同，动力主体也不同。明清时期，基于聚族而居的需求，居住的驱动力主体在宗族中的某个族群，公建的驱动力主体是宗族组织；民国时期，聚族而居模式没有改变，两类驱动力与明清时期相同；中华人民共和国成立后至"文革"时期，土地制度的改革为村民建房提供用地条件，聚族而居的模式在此时期发生变化，居住的驱动力主体由族群向居民个人过渡，公用设施建设的驱动力主体从宗族组织向村委会转化；改革开放时期，居住驱动力主体彻底转化为居民个体，公用设施建设的驱动主体则从村委会向多级政府、旅游公司与宗族组织多元主体转化。

此外，建成区的约束力不同于村落整体，风水文化的约束力不仅体现在村规民约上，还内化于村民意识中。因此，明清时期与民国时期的约束力主体应是宗族组织与村民的风水意识，中华人民共和国成立后至"文革"时期，村民虽然受到政治体制和新时期文化意识的影响，但风水意识依旧存在，而村委会替代宗族组织后，族规民约被系列的农村制度所替代，这些制度对村民建设起到一定的制约作用，执行该约束力的主体应是村委会；改革开放前期，约束力机制与上一时期相似，只是约束力随着农村系列规划建设条例的出台有所加强；2005 年，培田村被评为国家级历史文化名村，村落建成区约束机制进一步加强，实施的动力主体从村委会转变为多级政府、旅游公司以及重构后的宗族组织。

6.2.2 动力类型

1）驱动力

培田村建成区用地的扩展驱动力主要源自经济发展与人口增长产生的用地需求。从四个历史阶段分析，明清至改革开放初期（2005 年前），用地需求基本可以分为居住与公用两个大类，相应的，驱动力也可分为居住与公用设施两类；2005 年后，培田被评为国家级历史文化名村，随着东北侧开辟新的居住点，旧建成区的用地需求变成以旅游设施为核心，其驱动力主要围绕建成区旅游设施的完善，以及对古民居的修复方面。

2）约束力

明清时期与民国时期，建成区用地形态发展的约束力可分成两类，一是为保护风水格局而产生外向型约束力，此类约束来自宗族组织与村民的风水意识，二是对民居集聚而产生的内聚型约束力，该类约束力来自聚族而居的宗族意识以及村民安全需求；中华人民共和国成立后至"文革"时期,风水意识与宗族观念产生的约束力逐渐削弱;改革开放后,农村建房制度的完善,以及村落保护体系的构建,成为建成区用地形态演变的重要约束力。

6.2.3 演化机理

1)构成要素的形成机理

(1)经济动力催生村落产业用地分化

本书按照村庄用地分类标准分析培田用地形态基因的构成要素。四个历史阶段的一级、二级要素构成基本相同,三级要素有所差别。不同之处在于公共服务设施用地、生产用地与基础设施用地方面。从动力机制分析,人口与经济是导致上述三类用地分化的根本原因,特别是经济要素,以培田村为例,明清时期培田贸易经济发展催生如银库、商业街、粮仓以及驿站、码头等,直接服务于贸易发展。中华人民共和国成立后至"文革"时期,贸易经济地位的衰弱使这些要素失去原有的功能,码头闲置,驿站被改为居住用地,粮仓转变为食堂,商业街也转化为居住用地,银库改为仓库用地。改革开放初期,随着乡镇企业的兴起,粮仓与银库转变为加工厂;改革开放后期,旅游业的发展使这些用地得以恢复原有的形态,商业街虽然失去明清时期贸易经济的驱动,但因旅游业的发展而得到强劲恢复,粮仓银库为满足旅游的需要改建为博物馆。

(2)村落文化牵引公共服务用地分异

经济与人口形成的驱动力受到文化的牵引,推动公共服务用地的分异。明清时期形成的宗族文化、崇儒重教、多神崇拜以及风水文化对驱动力形成的牵引点部分体现在公共服务设施用地要素方面,由此分化为宗祠、书院、庙宇等三级要素。中华人民共和国成立后至"文革"时期,经济的驱动力虽然减小,但人口的驱动力产生较强的教育需求,加上重教的文化传统根植于村民内心,以及新型社会的教育体制的构建,形成了不同于明清时期的教育设施用地,集中性的教育用地得到设置。该时期宗族文化的衰弱使许多宗祠用地功能转变为居住用地,祖祠改为村委会用地。改革开放时期,宗族文化与风水文化得到恢复,村落文化的作用体现在对明清形成的宗祠、书院与庙宇等要素的恢复与保护方面。

2)组合模式的演化机理

组合模式的构建是基于驱动力与制约力相互作用的结果,驱动力着力于建成区用地形态的扩展,而制约力则改变驱动力的方向、大小和速度。明清时期,村落构建以衍庆堂为原型基因进行演化,这种模式受到宗族文化因素的影响,在用地各要素的组合上具有很强的内聚力,以祖祠—房祠—家祠为序列牵引驱动力,构建了具有强烈等级序列的用地形态体系;同样,风水机制对驱动力的导引作用不可忽视,轴线对称的布局模式整合用地各要素,产生等级秩序,形成统一的用地组合模式;民国时期,风水机制和宗族文化对已经形成的建成区布局结构具有保护作用;中华人民共和国成立后至"文革"时期,虽然组合模式的保护机制逐渐削弱,但是经济动力的减弱并未对新的模式造成冲击,而人口的增长在新型土地制度下,通过平均分配地主房产减缓建成区对居住的需求压力,即使建成区向南区扩展了少量用地,但无法改变已经形成的用地模式;改革开放时期,历史文化名村保护规划的实施约束了村落经济与人口的驱动力,对村落建成用地布局的保护起到了重要作用。

3) 性状特征的演变机理

(1) 规模与边界:驱动力与约束力的平衡点

建成区用地规模与边界演变的动力机制是驱动与约束两种力相互作用的结果,边界也是两种力相互销蚀后形成的平衡线。从四个历史时期的建成区用地规模分析,中华人民共和国成立后村落建成区突破明清时期的用地界限,向南北两翼扩展,用地增长量分别为 0、4.53hm^2、3.7hm^2。从经济发展轨迹看,明清时期特别是在明清与民国两个历史阶段的临界点上,培田的经济与人口规模处于鼎盛时期,即使是改革开放时期的经济水平仍旧无法与之相比。可以判定,四个时期人口与经济发展所产生的驱动力由大到小依次为:明清时期、改革开放时期、中华人民共和国成立后至"文革"时期、民国时期(表6-1)。这种用地规模演变与驱动力的非协同特征,主要原因在于宗族意识、风水文化以及自然环境容量产生的约束力所致。由于四个时期影响约束力的因子的类型与大小不同,而且约束力的作用效果是改变驱动力的方向与组合模式,未改变其强弱。例如,明清时期的经济与人口发展至鼎盛,建成区发展到风水所确定的界限时,驱动力则由外扩向内聚模式演变,当内聚后的用地强度达到饱和时,村落部分人开始迁出到外村,以减缓用地的压力;中华人民共和国成立后至"文革"时期,驱动力虽然低于明清时期,但是宗族组织与风水文化等约束力的削弱,驱动力始终表现为外扩特征,如这个时期南北两个边缘区开发了大量的住宅用地;而改革开放初期,人口与经济发展使南北用地达到饱和,由于宗族组织和风水文化等因子约束的缺失，建成区开始向东扩，并突破传统的用地界线。培田2005年被并评为国家级历史文化名村后，驱动力得到极大的加强，但是政府、旅游公司以及重构后的宗族组织的强力制约，村落建成区不再向外扩展，为缓解人口驱动力的压力，在政府支持下，培田村河源溪东北侧开辟新村，旧村落内90%的人口搬迁至新区，原建成区用地形态从扩展向保护演变。

用地规模与动力因子关联性表　　　　　表6-1

一级因子	驱动力			约束力					用地规模
二级因子	人口	经济	合计	宗族	风水	自然	制度	合计	
明清时期	5	5	10	5	5	5	3	18	6.27
民国时期	1	1	2	5	5	5	2	17	6.27
中华人民共和国成立后至"文革"时期	4	2	6	2	2	5	3	12	9.8
改革开放时期	5	5	9	3	4	5	5	17	14.6

注：5个等级。最强（5），较强（4），一般（3），弱（2），较弱（1）。

资料来源：笔者自绘

（2）用地比例：经济驱动力主导用地配置

虽然经济与人口一样为建成区用地扩展提供动力，但经济动力除了保证居住增长需求外，还须扩展一定的用地为经济发展服务。各个时期社会、政治与文化背景的不同，带来经济发展模式的差异，从而对用地需求也不同，导致建成区用地比例在各个历史阶段极不均衡。以产业用地为例，四个历史阶段的比例分别为：1.8%、1.8%、0.3%、3.7%，明清时期村落以贸易为主导产业，商业街、银库以及为贸易发展的配套用地得到大量设置；民国时期，汀江贸易业日渐衰弱，培田的经济发展也受到影响，内部的商业设施因此改变使用功能；中华人民共和国成立后至"文革"时期，经济模式从贸易主导彻底转变为农业型，明清时期的商业设施被征用，或改为居住，或被征用为办公用地，产业用地大幅度降低；改革开放时期，旅游业成为村落的主导产业，旅游设施用地比例得以强化，一些民居改变为博物馆或旅馆，产业用地得以扩展。此外，经济增长加大了村落对公共服务配套设施的需求，受到特定时期文化的牵引，村落强化了相关用地的配置。例如，培田村明清时期经济发展至鼎盛，宗族文化、风水文化、崇儒重教的传统得到强劲发展，许多宗祠、书院、寺庙和风水建筑在这一时期广泛配置，公共服务用地比例达到13%。可以说，明清时期经济驱动力与文化牵引力达到最大值时，公共服务设施用地也达到最大水平。民国与中华人民共和国成立后至"文革"时期，经济发展处于低水平状态，公共服务设施用地配置均低于明清时期水平。改革开放时期，虽然经济模式以旅游业为主，经济发展动力接近明清时期的水平，但是受到保护为主体的村落发展模式的限制，公共服务用地虽然大于前两个时期，但是仍然无法达到明清时期的水平。

总体而言，建成区各类用地配置的主导驱动力在于经济，经济发展水平越高，公共服务用地、基础设施用地与产业用地的比例越高，住宅用地比例就越小。

（3）土地使用强度：外延式与内涵式扩展循环累加的结果

一般而言，经济与人口影响建成区用地扩展存在三种模式，一是外扩模式，当驱动力远大于约束力时，建成区向外扩展，新扩展区的土地使用强度小于内部区域；二是外扩与内涵填充并行模式，当驱动力与约束力较为接近时，内部区块的土地使用强度进一步加大，外部地块的使用强度小于内部地块；三是内涵式填充模式，当约束力远大于驱动力时，建成区内部区块的土地使用强度达到峰值。上述三类模式是驱动力与约束力间相互作用，从非平衡态向平衡态相互转换的过程，正是基于三类扩展模式的相互转化，建成区的土地使用强度逐渐达到峰值。培田村在四个历史阶段呈现不同的用地扩展模式：明清时期，三类模式在经济人口增长中交替转换，从而进一步夯实核心区的土地使用强度，而家庭结构与民居营建模式为明清时期土地使用强度提供基础，因此这一时期土地使用居于高强度与中高强度的区间内。民国时期，驱动力远低于明清时期，但是约束力保持不变，扩展模式表现为内涵式填充，土地使用强度得到一定程度的增强。中华人民共和国成立后至"文革"时期，家庭结构向核心家庭转化，受到人口驱动力的影响，建成区用地扩展体现为内涵式与外延式并行的态势，此时，核心区土地使用强度较小的区块的建筑密度进一步增大，边缘区表现为较低的土地使用强度。改革开放初期，人口与经济的增长，驱动力远大于约束力，建成区仍以外延式扩展为主，内涵式扩展为辅。因此，中华人民共和国成立后扩展的南北两个边缘区的土地使用强度进一步加大，达到中等强度，而东部新区住宅按照行列式布局，土地使用强度控制在40%以下。2005年后，受到历史文化保护制度的强力制约，培田在东北侧开辟新居住区，旧建成区人口动力归零，经济动力上表现为对明清时期建成区的保护与恢复，因此土地使用强度不再变化。

驱动力与约束力从非平衡态向平衡态交替转换，促进土地使用强度的不断增强。核心区的土地使用强度经历明朝到清、清朝到中华人民共和国成立后至"文革"时期、"文革"时期到改革开放初期三个循环过程，核心区的土地使用强度达到最高值。而边缘区经过中华人民共和国成立后至"文革"时期与改革开放初期的两次循环期，土地使用强度出现中高强度和低强度的分异，而中高强度地块紧邻核心区，低强度地块远离核心区，这种分异表明建成区土地扩展的梯次性特征，进一步证实土地使用强度是在两种动力不断博弈中从低向高的阶段性发展结果。

6.3 中观层面：住宅与公共用地形态基因演变动力机制

6.3.1 动力主体

1）住宅用地

不同历史阶段，住宅用地形态基因演变主体不同。明清时期，住宅用地演变中家族占主导地位，家族是村落住宅用地形态演变的重要触动者。民国时期，家族在住宅用地演变中仍占主导地位。中华人民共和国成立后至"文革"时期，虽然社会体制发生重大变革，土地制度让村民获得土地，社会结构从士绅阶层为主的纵向多元型向平行单一型转变，农民的住房建设自主能力得到加强，因此该时期的动力主体依旧是家庭。改革开放初期，村落增加的住宅建筑大部分为村民自建房，特别是村落的北部边缘区，新建建筑零星分布，没有经过系统的规划布局，因此，该区域形态演变动力主体仍以村民为主。而东部的新培路以东，新建的一排带状住宅用地，呈行列式布局，有明显的规划引导特征，其住宅用地形态演变主体包括村委会和村民两个主体。2005年后，住宅用地受到全面控制，特别在村落东北侧新开辟住宅新区后，旧建成区内住宅用地扩展处于停滞状态，这一时期住宅用地形态基因演变的主体为村委会。

2）公共服务设施用地

公共服务用地形态基因演变动力的主体经历从单一向多元化转变的过程[176]。从培田的公共服务设施用地形态演变过程分析，明清时期与民国时期，宗族组织是单一主体，中华人民共和国成立后至"文革"时期，宗族组织消失，取而代之的是村委会。改革开放初期，村委会依然作为驱动力主体，直到培田村被评为国家级历史文化名村后，公共服务设施用地形态主体演变为村委会、旅游组织以及重构的宗族组织。不同动力主体反映了不同时期的经济发展需求，也体现了村落经济发展模式从单一型向多元化的模式转变。

6.3.2 动力类型

1）住宅用地

（1）驱动力

住宅用地的驱动力在明清、民国及中华人民共和国成立后至"文革"等三个时期基本相同，而到改革开放的后阶段，村落经济发展模式转变为以旅游开发为主，政府、村委会以及旅游公司等多元主体主导旅游开发，住宅形态演变模式发生改变，驱动力来源由村民转化为政府与旅游公司，更多体现为外来的驱动力。

（2）约束力

与建成区用地形态演变不同的是，住宅用地形态的约束力更为直接，无需向其他空间过渡。不同时期，经济、文化、社会背景以及技术水平的不同，约束的类型存在差异。以明清为例，宗祠文化的约束力体现为宗族的向心力，风水文化的约束力一方面表现为磁力，一方面通过风水界限表现为阻力；宗族组织确定的村规民约作为住宅用地形态发展的引导力。民国时期，上述约束力仍然存在。中华人民共和国成立后至"文革"时期，随着政治体制的变革，宗族组织的约束力消失，风水的引导力减小，政府对农村建设制度的制定尚处于初级阶段，约束力较小。改革开放初期，政府开始制定农村建设的相关规范文件，但还处在试行阶段，尚不能产生有效的约束作用；2005年后，历史文化名村保护条例的出台，以及农村宅基地建设条例的施行，制度的约束成为主导，成为住宅用地形态扩展的重要制约力。

2）公共服务用地

（1）驱动力

公共服务用地形态演变驱动力来源于经济与人口发展带来的配套设施的需求，一方面村民因生活水平的提高驱动公用设施的完善，另一方面为服务经济发展需求驱动经济设施的建设。明清时期，培田村民生活水平提高的需求包括两个方面的内容，一是进一步凝聚族民对宗族的认同，强化宗族意识。宗族组织把宗祠视为着力点，在建成区内广设宗祠，并依宗祠的等级构建村落建成区的空间结构；二是完善提升宗族在当地的声望。封建社会通常以"学而优则仕"作为阶层转换的重要手段，这既符合个人利益,也迎合宗族的诉求,于是书院作为提升宗族名望的重要渠道而广泛设置。一般而言,经济水平越高,书院与宗祠的布置数量就越大,培养出的士族就越多,宗族的凝聚力就越强,这样公共服务设施用地扩展的驱动力也随之增强,从而形成良性循环的态势。民国时期,封建科举制度废除,新型的教育模式催生小学的建立,但这种要素是基于政府外力驱动而形成;中华人民共和国成立后至"文革"时期,新型基层组织的确立,需要一定的办公用地与之配套,但经济驱动力处于低水平状态,新型的政治体制驱动村委会征用都阃府、银库、修竹楼等设施作为宿舍与办公场所,该时期的驱动力仍为政府的外力驱动;改革开放初期,村落公共服务设施用地扩展驱动力源自村民对生活配套设施的需求,新时期村民对教育、医疗、休闲、管理等配套设施的需求有别于明清时期,在此背景下,医疗站、老人活动中心、村委会、小学等新设施得到配置,因此,该阶段的驱动力源自经济与人口的驱动力;2005年后,随着新村建设的推进,村民搬迁至新村后,旧建成区的公共服务用地以旅游服务为主,旅游公司投资,设施大量配置,该阶段的驱动力为外部驱动。

(2)约束力

公共服务用地形态扩展的约束力在于对公共服务设施选址、布局的规范,不同时期,规划的内容各异。明清时期,风水文化对宗祠、书院的选址与布局有特定的规范,如宗祠的选址一般在较好的风水位,分布特征决定村落建成区用地结构,布局一般按照轴线对称,形成人形环抱的形态;风水对书院的布局一般遵循左右对称的格局。中华人民共和国成立后至"文革"时期,风水意识有所减弱,但是国家对公共服务设施布局制定了相关的规划条文,并在选址、规模和布局上都提出指导性意见。改革开放时期,相关的条文规范更为细化,公共服务设施的规模、用地构成比例、人均规模都有详细的规定;2005年后,以保护为主题的村落公共服务设施用地发展受到严格控制,历史文化名村保护规划条例的出台成为公共服务用地扩展的重要约束力。

6.3.3 演化机理

1)住宅用地

(1)明清时期

明时期,村落形态经历形成、发展、繁荣和鼎盛阶段。

形成阶段，该阶段经历吴氏三世至六世，主要延续农力传家的发展模式。内在驱动力中，人口为主要驱动力。在传统社会中，人丁的兴旺，及宗族的社会地位是驱动力大小的重要指标。培田在早期发展阶段，五世祖琳敏任里长，为吴氏宗族发展提供良好的社会政治环境，提升了吴氏群体的社会地位，正是这种驱动力增进人口增长和经济发展，进一步加强内在驱动力。基于农力传家模式的局限性，经济与人口的驱动力强度比较有限。但村落内可建设用地较多，受到的约束力主要来自族群的斗争。宗族文化产生的力量并未使驱动力减小，在宗族意识的向心力的牵引下，驱动力反而因集聚而进一步增强。同时，风水文化和自然条件对驱动力产生了导引作用，大部分住宅用地开发都集中在村落风水最好的两个地块，一是衍庆堂，二是文贵公祠（图6-1）。

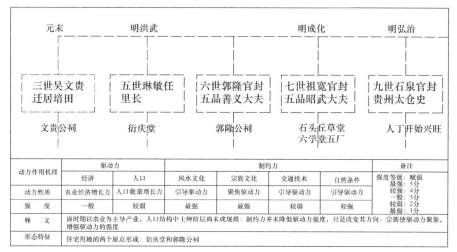

图6-1 明清村落形成期住宅用地形态演化动力机制解析图
资料来源：笔者自绘

发展阶段，吴氏宗族从农力传家向耕读传家发展模式转变。通过耕读产生许多科举官员，大大增强人口驱动力的强度，并带动农业经济的发展；人口规模也大幅度增加，到明弘治时期，培田村人丁兴旺，人口数量达到近300人之多。此外，明朝嘉靖时期，培田开辟了出外经商的先河，从此延续这种传统。出外经商进一步增强了经济驱动力。人口与经济的相互作用推动内在驱动力的提升。随着住宅数量增多，风水和宗族两种文化的塑造力开始发挥作用。住宅用地受到风水意识的约束，多选址在村落风水较好的衍庆堂和八四公祠临近位置，而宗族文化的向心力使住宅围绕衍庆堂和八四公祠集聚，这样形成以"衍庆堂"为中心的南片区与"八四公祠"为中心的北片区，汇集成片。该时期，新塘街雏形初现，住宅集中的地块催生真正意义上的住宅用地，但由于人口规模小,区内毗邻山麓,地势复杂,因此,建筑密度较低,且户均住宅用地规模小,住宅栋数密度相对较高。

繁荣阶段,吴氏宗族的耕读传家与亦商亦儒的两种发展模式交织作用,使培田的科举官员、商贾巨富和人口总数都得到大幅度的提升。三种因素产生出前所未有的驱动力,但此时风水文化、宗族文化与自然条件的制约力也随之增大。人口规模的迅速增长,超过自然条件所能承受的环境容量,在宗族组织约束力作用下,部分人口迁移到外地,从而降低了人口总量增加带来的驱动压力;风水文化此时以制约力和导引力的形式存在。随着士绅阶层对最佳风水位的追求引发士绅间的竞争,相应地减轻了内在驱动压力。同时,风水规制导引住宅用地的布局,在宗族组织的制约力作用下,通过制定族规,限制建成区用地开发地段,以保护村落的风水格局。经济与人口的巨大驱动力促使村落住宅向新塘街以东地段开发,新塘街的商业街培育成型,并与新培路结合,完善村落道路格局,街区形态应运而生。

鼎盛阶段,伴随汀江流域的转口贸易业鼎盛期的出现,培田亦商亦儒的发展模式也发展至鼎盛时期。此时,经济与科举产生的动力甚至超过宗族组织的约束力,在风水文化的导引下,衍庆堂北面与东面限制开发的地块被突破,都阃府和继述堂占据最佳风水位置。新塘街的商业日益繁荣让交通的引导力发挥了作用,大部分大型住宅在新塘街两侧布置,两侧的街区住宅用地的建筑密度升高。特别是新发展的住宅地块,建筑密度也比其他时期高,住宅单体占地面积大,因此住宅栋数密度小于其他时期。

(2)民国时期

民国时期,处在政治体制过渡的节点上,士绅阶层的经济与政治力量小于明清时期。经济发展水平随着汀江流域转口贸易业的衰弱而降低,人口也因战乱而开始减员或迁徙。因此,人口与经济产生的内生动力强度接近零点,这一时期总共建设3栋,对住宅用地形态的影响可忽略不计。

(3)中华人民共和国成立后至"文革"时期

中华人民共和国成立后,社会主义制度的建设使士绅阶层消失,住宅用地形态扩展的驱动力本体从少数士绅向多数村民转化。土地制度改革也为村民建房提供条件。村内许多士绅住房被分配给村民,或者被村委会征用,而人口的不断增长,仍然存在一定数量的建房需求。同时,经济的均质化虽仅提供低强度的驱动力，但仍可实现低水平、小规模的建房。此外，宗族组织在这一时期被取缔，宗族的约束力也随之消失。因此，该阶段住宅用地突破原先建成区的界限，向村落的南北两翼扩展，由此形成的新住宅用地由于缺少规划而呈现凌乱形态，因住宅占地规模小，住宅栋数密度大，所以建筑密度低。

（4）改革开放时期

改革开放至2005年前，农村联产承包责任制得以落实，伴随乡镇企业的发展，村民的经济水平大幅度提高，从而改变村民对住房的需求[177]。此类需求并非局限在少数群体，而是来自大部分村民。因此，该时期的经济与人口驱动力应该说仅次于明清的鼎盛时期。改革开放后，宗族组织的约束力不复存在，风水文化的引导力使部分富裕的群体追求村内的最佳风水位置；同时，交通的引导力也发挥了作用。风水与交通两类力的叠加作用，引导新住宅用地向村落东面，即新培路两侧用地扩展。与中华人民共和国成立后至"文革"时期不同的是，该时期的住房建设受到政府的约束力的作用，特别是新农村规划的制约，户均占地规模限制在100m^{2}左右，行列式的布局模式使住宅用地形态呈现一定的规则性，住宅建筑密度也被控制在40%左右。

2005年后，村落被评为国家级历史文化名村、国家级旅游景观特色名村和国家级传统村落，村民用地形态扩展受到强力制约。这种约束力来自如下几方面，一是政府通过制定国家级历史文化名村的保护规划，限制建成区住宅用地的扩展；二是重构的宗族组织成为保护村落风水格局和内部传统民居的重要主体，其产生的约束力强度正逐渐加强；三是旅游公司的社会组织的加入对住宅用地扩展产生很大的抑制作用。但是，约束力并不能抵消日益增长的驱动力，在政府的政策引导以及外来社会组织的投资扶持下，培田在河源溪北面开辟新住宅用地，完善新区的交通基础设施，以抵消经济与人口的驱动压力。

2）公共服务用地

（1）明清时期

明清时期，宗祠与书院是主要公共服务用地。

① 宗祠用地

宗祠包括祖祠、房祠与家祠。闽西客家的家祠建设模式是住祠合一，属于住宅用地的内容，本书未纳入公共服务用地的研究范畴。培田内祖祠是衍庆堂，建于明洪武时期，是村落中现存最早的建筑。衍庆堂是培田五世祖敏琳所建。据族谱记载，敏琳在当地任里长，在周边有很高的声望，可以推测，衍庆堂的建设是敏琳以里长身份带领族群进行的，所以驱动力主体应是宗族组织。衍庆堂的选址是培田村最佳的风水位置，据记载，衍庆堂后，其他姓氏宗族开始搬迁到外地，从此培田村开始从多姓村向单姓村落演变。因此驱动衍庆堂建设的驱动力，笔者认为有如下四个方面。

一是人口数量与质量的提升而产生的驱动力，随着族群数量的增加，需要以祖宗作为象征物凝聚人心；人口质量的提升增强族群的竞争力，需要建设一定规模的祖祠以彰显力量。

二是风水文化的引导力驱使，风水的最佳位置始终是族群间竞争的焦点，祖祠的选址位置风水好，意味族群的兴旺与发达。

三是经济力的驱使，五世敏琳修建衍庆堂时，被朝廷封"善义举"，可见当时吴氏家族相对其他族群具备相当的经济实力。

四是自然条件的塑造力，衍庆堂的用地形态充分结合自然地形地貌特征，特别是朝向、轴线的设置，安全、用水、地势等都是需要评估的内容。自然条件所特有的宏观形态决定了衍庆堂的微观形态。

房祠用地形态演化的动力机制与衍庆堂大致相同，不同的是房祠的选址受自然条件制约力较小，并且动力主体是宗族中某个支族群。事实上，宗族内部发展到一定规模，派生出若干分支后，支族间存在竞争力，这减小了驱动力的强度，容易改变驱动力的方向，房祠的驱动力远小于祖祠的驱动力，因此，房祠的用地规模远小于祖祠，由此导致其构成要素的简化（图6-2）。

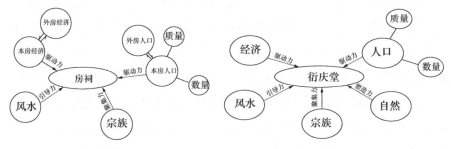

图6-2 宗祠形态演化动力机制

资料来源：笔者自绘

② 书院用地

培田最早的书院是明朝成化年间的石头丘草堂，创办者是七世祖吴祖宽；其后相继创办的较为出名的书院是：在宏公的"十倍山学堂"、健庵公的"岩子前学堂"、君建公的"白学堂""配虞公学堂""件山公馆"等,共计20多所,其中有官立的、乡建、族建或个人建的。因此,培田书院用地演化主体较为多元化。个人创办书院大多是科举入仕的培田族民,人口质量的提升是书院用地发展的内在驱动力,影响书院的数量和类型;培田的亦农亦商为书院发展提供强大的经济动力,对书院的规模和建筑模式起到决定作用。宗族组织对书院用地形态的影响力表现为发展力,主要有两种,一种通过族规的形式强化耕读传家的发展模式,对经济与人口产生的内在驱动力起到引导和强化的作用;另一种,风水机制影响书院的选址和形态,特别是官办和族办的书院,按照风水的规制进行选址和布局,如书院的轴线对称形式就是受到风水机制的影响。此外,建造技术对书院形态的影响力表现为塑造力,书院建筑的格局就是按照传统民居的模式进行营建,书院用地构成要素就是基于传统民居用地形态要素转化而成。此外,南山书院的驱动力为外在驱动力,并与内在驱动力形成合力,大强度的内外动力的驱动,使得南山书院的用地规模、等级和形制均高于族办和个人所办的书院(图6-3)。

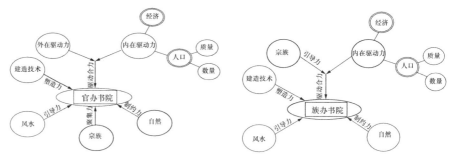

图6-3 书院用地形态动力机制
资料来源:笔者自绘

(2)民国时期

民国时期,宗祠用地发展导致经济与人口驱动力强度降低,但宗族组织与宗族意识的引导力仍与清时期的强度相同,并将驱动力引导向宗祠用地。此时建成的八四公祠的用地形态构成、要素组合和形态性征未有大的改变,主要原因是风水机制、建造技术的动力机制依旧存在。但是,书院用地发展的几个重要机制发生了变化,政治体制的变化推翻了科举制度,国家教育体制的变化使村落书院用地形态发展的引导力消失,个人和族办的书院驱动力强度降低至零点。外来驱动力强度增强,新型教育用地形态——小学得到设置,虽然小学是在南山书院的基础上建设而成,但其构成要素不同于南山书院,操场等要素开始出现,占地面积增大。

(3)中华人民共和国成立后至"文革"时期

中华人民共和国成立后至"文革"时期的政治体制发生巨大变化,

村委会取代宗族组织成为村落的主要管理单位，宗族组织的消失使宗祠用地扩展的引导力彻底消失，同时政策的外力约束降低驱动力的强度。因此，该时期宗祠用地形态演化处于停滞状态。小学用地形态的驱动力来自内外驱动力的双重作用。从当时经济发展分析，政府与村落整体处于低水平的状态，因此驱动力强度较小，小学用地仍在南山书院原址扩建，构成要素、组合模式及性状特征上基本延续南山书院的特征。除了书院和宗祠用地外，新的行政办公用地是该时期重要的扩展内容，外来驱动力成为主要动力源，但动力作用主体为村委会。由于经济水平低下，管理办公用地全部选址在村落原大户住宅内，如村委会被安排在都阃府，村食堂为原粮仓库，村宿舍为原修竹楼，这些设施集中设置于衍庆堂的北面，并增设广场要素。该时期，政治体制的变革成为村落公共服务用地的外来驱动力，受到国家经济疲软的影响，公共服务用地通过转化村建成区内的旧住宅用地功能实现。

（4）改革开放时期

改革开放后，经济与人口的驱动力强度均得到增强，特别是经济驱动力，民营企业不仅促进经济发展，而且使人口结构出现分化；联产承包责任制的贯彻使村落整体经济得到发展。因此，改革开放后，经济的驱动力相对其他历史阶段，属于较强级别。需要强调的是，国家开始重视农村的发展，新农村建设、美丽乡村等一系列村庄规划，用以规范农村的建设和管理。此时，村落公共服务用地形态发展受到外力干预，医疗站、老人、青少年活动中心、村委会、市场等用地出现在村落中，这些设施或单独设置，或联合设置，或依托于现存其他用地。以何种形式存在，主要看驱动力和约束力相互叠加后的结果。此外，小学用地得到强力的发展，受到南山书院保护的制约作用，小学用地开始脱离南山书院，单独设置。其用地形态充分体现新时期农村对基础教育的规定，一方面用地规模大于其他任何时期，另一方面，用地要素中增加教师与学生宿舍，以及包括100m跑道的操场、活动广场等。在要素组合上，受到风水文化和传统营建技术的引导，组合规则采用中轴对称、堂屋形制。2005年前，外力干预起引导作用，许多公共服务用地基本按照村落规划进行配置。2005年后，公共服务设施用地形态发展驱动发生根本变化，外来驱动力成为主导。外来的干预主要有两个方面，一方面是受到保护机制的干预，村落建成区内用地形态得到固化；另一方面是村落的旅游开发，旅游开发催生众多的旅游配套设施，村落保护则引导旅游设施向村落现存的建筑内设置。可以说，这一阶段，村落公用服务设施用地形态演化特征表现为功能的演化。

6.4 微观层面：住宅建筑基底平面形态基因演变动力机制

6.4.1 动力主体

明清时期，人口的增长与经济水平的提高，促使住宅建筑基底平面形态的演变主体经历了宗族组织—族群—家族的转变。民国时期，从村落的住宅建筑分析，建设是以家族为单位；中华人民共和国成立后至"文革"时期，宗族组织解体，建设主体以家庭为单位，家庭结构为联合家庭或主干家庭。改革开放至2005年前，住宅建筑建设主体仍以家庭为单位，但家庭结构从联合家庭转变为核心家庭；2005年后，受到村落保护机制的影响，村民全部从旧建成区内迁出，政府、旅游公司和村委会三家联合在村落的北面建设新区用地安置迁出的村民，因此，此时的住宅用地扩展的主体为政府、旅游公司和村委会（图6-4）。

图6-4 住宅建筑基底平面形态演化动力主体分析
资料来源：笔者自绘

6.4.2 动力类型

明清时期，各要素对住宅建设起到不同的作用。经济与人口是住宅建设的内在驱动力。制约力共有四种类型，一是宗族文化产生的聚集力，功能上是将人口与经济驱动力向心聚集；二是风水文化产生的引导力，功能上是组织住宅建筑基底平面内部的各要素，影响建筑的朝向、平面与周边环境的衔接模式；三是自然地形产生的约束力，自然地形的宏观形态决定建筑单体的微观形态；四是民居营造技术产生的塑造力，功能上是影响平面构成要素和建筑形制。此外，风水规制与宗族组织两种机制相结合，通过族规形成制约力，限制平面形态的无规则演化。民国时期，影响因素未有大的改变，所以动力类型与明清时期一致。中华人民共和国成立后至"文革"时期，宗族组织消失，宗族意识与宗族文化形成的聚集力还在，但动力强度较小；风水文化的显性引导力受到意识形态和反封建运动等影响而消失，但是风水意识具有一定的惯性，动力作用没有大的变化，因此风水文化的动力强度总体上降低了；风水与宗族组织形成的合力随着宗族组织的消失而消失。改革开放后，除上述几类动力类型保持不变外，增加了几类外动力。2005年前，外来动力主要体现在政府的制约力上，通过制定规划和完善建设管理等形式影响住宅平面的演化，动力作用表现为政府干预力；2005年后，旅游公司介入村落的管理，主导村落住宅平面的演化，通过投资建设新村，村民外迁，旧建成区内的住宅平面演化从增量向存量的保护转变。该阶段增加旅游公司的外来驱动力和约束力的作用。

6.4.3 演化机理

1）明清时期

（1）形成时期

由于经济上以农业为主导产业，人口处于初级发展阶段，驱动力强度较小，因此，该时期住宅基底平面占地面积小。形成阶段的建成区内建筑密度低，住宅栋数少，新建住宅可选择的用地多，此时风水文化的引导力较大，建筑平面按照风水规制都采用轴线对称的格局，在内部要素布局上也遵循"人手环抱"模式。宗族组织的制约力主要表现在对驱动力的集聚作用；营造技术对平面演变的作用力表现为塑造力，是这一时期重要的影响力，对平面形态的塑造主要有两个方面，一是早期客家营建技术决定的平面构成要素，二是建筑形制各要素组合的基本模式。

（2）发展阶段

发展阶段，人口的驱动力强度受到人口数量与质量提升的影响，得到一定程度的增强。因此，建筑平面的规模大于形成期。此时，营造技术的发展为平面生长提供支持。建筑平面随着人口增加向纵向生长，建筑形制从一堂屋转化为多堂屋，平面构成要素也随之增加。宗族组织在发展阶段后期尚未对住宅平面构成一定的制约力，主要原因有两个方面，一是族规尚处完善阶段，尚未对住宅建设提出具体的制度性约定；二是村落建成区用地未饱和，还不具备构成制约住宅用地的条件。

（3）繁荣阶段

繁荣阶段，培田入仕人数增加，人口质量得到大的提升，人口数量也大幅度增加，同时经济发展从农业主导向商贸转化的过渡期已经完成。可以说，该阶段经济驱动力强度达到较强水平，人口驱动力则达到最强水平。因此，建筑平面规模在该时期进一步增大，大面积建筑开始出现。村落格局在该时期基本成型，道路的固结使街区形态趋于稳定，住宅平面形态受到街区形态的制约较大。随着建成区用地趋于饱和，新建筑选址开始出现竞争态势，宗族组织制约力也随之出现。进入成熟期的宗族组织对建筑平面的演变体现出较强的制约力；风水文化的引导力一如既往，强度为最强；建筑营造技术渐趋成熟，建筑平面出现横向生长的形态，横屋要素开始出现，建筑平面的面宽加大；平面继续向纵向生长，进深进一步加大。此时，由于建筑平面面积大小相对均衡，因此建成区内街区的均衡度和形态指数差别不大。

（4）鼎盛阶段

鼎盛阶段，经济经过转型后进入鼎盛发展时期，富商士绅成为住宅平面演变的主体。士绅群体规模的进一步扩大，建筑平面的演化进入高潮期，大平面住宅建筑数量剧增，并都集中在衍庆堂周边的街区内。宗族组织的约束力强度在该阶段最大，约束力使新建筑无法突破建成区的风水界限，从而使核心街区的建筑密度进一步加大。新塘路商业功能吸引大量建筑的集聚，上述两种力的作用使沿新塘路街区的建筑密度高于其他地区，但是街区内的均衡度与形态指数开始分化。新塘路以西的街区明清建筑数量均等，因此均衡度小于以东街区，但形态指数大于东街区。

2）民国时期

民国时期，经济的衰弱使驱动力处于一般水平，人口的驱动力强度也在缩小，强度与明清时期相比处于较弱等级。由于驱动合力的减小，住宅平面的规模相应缩小。由于宗族组织和风水机制的存在，该阶段发展起来的住宅用地都被限制在原建成区内。因此，建筑密度出现小幅度提高。

3）中华人民共和国成立后至"文革"时期

中华人民共和国成立后，国家经济建设处在初级阶段，农村经济处于较低水平，经济的驱动力强度较低；人口数量在该阶段得到大幅度增长，士绅阶层消失，人口结构重构；该阶段的驱动力特征是经济与人口的均质化，建筑平面规模也向均衡化发展，平面规模缩小，进深和面宽随之减小。约束力方面，宗族组织消失，但宗族意识依旧存在，宗族文化的制约力强度处于较弱水平。风水文化受到新时期文化运动的影响而弱化，其引导力强度为较弱水平。因此，制约力整体强度下降，新住宅建筑突破村落建成区的南北界限，向南北边缘扩展。此时，住宅平面尺寸减小，特别是驱动力主体从家族向联合家庭或主干家庭结构转化后，平面尺寸趋于小型化。此外，土地制度的制约力发挥作用，一方面村民在新土地制度下获得土地，促进住宅平面形态演化；另一方面，土地产权束缚形态发展，该时期许多建筑平面与村民拥有的土地一致。因此，平面的形态从矩形规则状向多边无规则状演变。住宅建筑向南北边缘区和核心区同步扩展。因此，核心区的住宅建筑面积的均衡度进一步减小，形态指数则进一步加大。

4）改革开放时期

改革开放后至2005年前，经济与人口的驱动力强度增至最强。经济水平的提高使村民生活理念与方式发生变化，此类变化牵动原有建筑营造技术产生变革，变革包括建筑平面形制、构成要素与组合模式等。受到经济与人口驱动力的影响，建筑平面形态与明清时期相比，有如下差异：一是平面面积从大型化向小型化转化；二是构成要素中，横屋与天井等要素消失，厢房与厅堂合一成整体。约束力主要有政府的干预力，政府通过制定村规划和加强规划建设管理促成村落住宅平面形态的演变。应该说，该时期风水文化和宗族文化的约束力处在极弱水平，对形态扩展无法产生作用时，政府干预力成为唯一影响住宅平面形态演变的约束力。2005年后，政府的约束力进一步加强，宗族组织的重构产生的约束力也在逐渐增大。旅游公司的加入，增强驱动力的同时，约束力也在强化。三种约束力的作用，使村落住宅平面形态发生历史性的转变。一方面旅游公司的投资以及政府政策的支持，住宅平面形态通过新村规划干预表现出新态势；另一方面，以旅游开发为主导的村落保护使村落旧建成区演变处于停滞，住宅平面经保护与修复，呈现出明清时期的形态。

6.5 小结

根据第2章所构建的动力机制解析体系，结合第5章归纳出的用地形态基因特征的演化规律，本章进行动力机制的分析。在探讨四个历史阶段内外在因子的基础上，以"动力主体—动力类型—演化机理"为路径，分别对建成区、主要功能用地和住宅建筑基底平面的形态演化规律进行动力机制分析，进而得出如下结论。

1）建成区

通过分析不同历史阶段的动力主体、动力类型和演化机理，认为经济与人口形成的有源驱动力在各个时期的强度存在差异，但都体现在用地规模的增加上，因此建成区的用地规模在四个历史阶段呈现增长的状态。约束力属于无源动力，随着驱动力的增强而增强。约束力影响驱动力的方向与作用点。风水文化体现为塑造与制约两种作用，塑造力的特点是改变驱动力的作用点，影响用地各要素的组合和布局；约束力中风水规制力改变力的方向，影响建成区的用地界限形成。宗族文化对驱动力有集聚作用，通过驱动力的向心集聚，强化建成区的用地结构，提升核心区的用地强度。此外，通过各阶段用地形态要素、组合模式和形态性状的动力机制分析，提出两种结论，一是经济驱动力是导致产业用地分化的主要原因，二是村落文化是牵引公共服务用地分异的重要力体，进而揭示组合模式是驱动力与约束力相互作用的结果，最后指出形态性状演变的三种动力机理：规模与边界是驱动力与约束力的平衡点、用地比例是经济驱动力主导用地配置，以及土地使用强度是外延式与内涵式扩展循环累加的结果。

2）主要功能用地

住宅用地的动力主体从宗族—家族—联合家庭—核心家庭转变。驱动力类型在明清、民国、中华人民共和国成立后至"文革"、改革开放初期基本相同，改革开放后期，驱动力主体转化为政府与旅游公司，更多地体现为外来的驱动力。在约束力方面，明清时期与民国时期，宗祠文化的约束力体现为宗族的向心力，风水文化的约束力则表现为磁力和阻力。中华人民共和国成立后至"文革"时期，宗族组织的约束力消失，风水的引导力减小，出现政府约束力，但强度较小。改革开放初期，政府约束力强度增大。2005年后，制度的约束成为住宅用地形态扩展的重要制约力。

公共服务用地形态演变动力的主体经历从单一向多元化转变的过程。明清时期与民国时期，宗族组织作为单一主体，中华人民共和国成立后至"文革"时期，以及改革开放初期，村委会为驱动力主体，改革开放后期主体演变为村委会、旅游组织以及重构的宗族组织。驱动力类型取决于经济与人口发展而带来的配套设施的需求，明清时期，经济水平越高，书院与宗祠的布置数量就越多；民国时期，政府外力驱动形成；中华人民共和国成立后至"文革"时期，政府的外力驱动为主导；改革开放初期，驱动力源自经济与人口的驱动力；2005年后驱动力为外部驱动。明清时期的制约力为风水文化形成的塑造力;中华人民共和国成立后至"文革"时期,以及改革开放初期,制约力表现为风水意识力和制度力;2005年后,制度的约束力成为公共服务用地扩展的主要约束力。

3)住宅建筑基底平面

明清时期,人口的增长与经济水平的提高,促使住宅建筑基底平面形态的演变主体经历了宗族组织—族群—家族的转变过程。动力类型包括驱动力和约束力,经济与人口是住宅建设的内在驱动力,宗族风水文化、自然条件以及营建技术是住宅建设的外在约束力。动力作用机理方面,明清时期经历了形成、发展、繁荣和鼎盛四个阶段,经济与人口驱动力的强度由弱到强,制约力也由弱到强,其中宗族的约束力与人口约束力呈正比关系。民国时期,人口与经济驱动力降至最低点,宗族组织和风水机制的存在,使住宅用地均被限制在原建成区内,建筑密度得到小幅度提高。中华人民共和国成立后至"文革"时期,经济的驱动力强度较低,人口驱动力大幅度增长,驱动力特征是经济与人口的均质化,建筑平面规模也向均衡化发展,平面规模缩小,进深和面宽随之减小。约束力方面,宗族文化的约束力强度处于较弱水平,风水文化引导力强度为较弱水平,新住宅建筑突破村落建成区的南北界限,向南北边缘扩展。住宅平面尺寸减小,平面的形态从矩形规则状向多边无规则状演变,核心区的住宅建筑面积的均衡度进一步减小,形态指数则进一步加大。改革开放初期,经济与人口的驱动力强度增至最强,建筑平面形态从大型化向小型化转化,横屋与天井等要素消失,厢房与厅堂合一成整体。2005年后,受到旅游公司的投资以及政府政策的支持,住宅平面形态通过新村规划干预表现出新态势,村落旧建成区演变处于停滞,住宅平面通过保护与修复,呈现出明清时期的形态。

第7章 基因传承：用地形态特征传承与优化的规划策略

7.1 问题探究

7.1.1 形态基因的传承问题揭示

1）新旧基因要素的组合问题

用地形态基因演化过程总是伴随新旧要素的更替，虽然这种更替是一种必然过程，但在外在动力剧烈变化的现实中，更替意味对原有要素的颠覆和否定，这在当前重视保护传统文化的历史阶段，是不可取的价值取向。因此，传统村落用地形态新旧基因元间的组合是基因传承的重要问题之一。新旧基因的组合，一方面要考虑原有基因元的传承与固化，另一方面要注意新旧基因元的无缝融合。当然，新旧基因元的组合需要从建成区、功能用地和住宅用地基底平面等三个尺度进行探讨。

（1）建成区

从四个历史阶段的基因元变化情况分析，中华人民共和国成立后的两个时期出现较多的新基因元。以培田村为例，中华人民共和国成立后至"文革"时期，许多新型的公共服务用地得以配置，都阃府、绳武楼和修竹楼改变使用功能作为村委会用地，正是这种转化导致都阃府焚毁；而改革开放时期，特别是在1990年代初期，村委会和卫生所新用地选址在新培路以东，占用村落的"明堂"，严重破坏村落旧有的用地形态；2005年，村落被评为国家级历史文化名村以后，旅游开发成为村落的主导产业，许多为旅游配套的新要素被配置到村内。这些要素有的通过改变其他用地功能而没有破坏村落用地格局，有的则在村落核心或边缘区新开辟用地，新用地如何与周边要素有机融合成为基因传承的问题之一。

（2）主要功能用地

公共服务用地主要有宗教管理与教育用地，这两类用地的变异强弱是不同的。宗教管理用地形态基因的四个历史时期未出现新的基因元，但原基因元却有一定的变异，如围墙、广场和水体等在中华人民共和国成立后两个时期被其他用地所占用，绿化用地则因长期缺少养护而转变为空地；教育用地主要以书院为主，书院用地内部基因元除主体建筑保持了一定的稳定性，其他构成要素由于功能的缺失而发生变异。此外，受到新教育模式的影响，新基因元在中华人民共和国成立后两个历史阶段陆续出现，如教工宿舍、办公建筑和大型活动场地等，这些新基因元如何与原要素有机组合，是面临的重要问题。

住宅用地的构成要素在明清时期和民国时期均基本保持不变，但是到中华人民共和国成立后至"文革"时期，建筑尺度的小型化，以及建筑布局的松散布置，促使街巷空间要素消失，出现大面积、无规则的空地；改革开放时期，新生活方式的建构，使住宅建筑要素从大尺度向小尺度转变，街巷空间要素在新住宅用地内不再出现，宅前道路、绿化等新要素开始出现。此时，核心与边缘区的住宅用地传承需要解决不同的问题。核心区内，住宅用地形态基因传承不仅要处理好原基因元的固化，还要解决好新旧基因元的融合与衔接；边缘区内，住宅用地内新基因元的组合不仅要注意与核心区风貌的协调，还要解决好与新型生活方式的适应问题。

（3）住宅建筑基底平面

四个历史时期的住宅建筑基底平面构成要素中，主屋和厢房在改革开放时期固结成一体，成为全新的基因元，横屋、庭院、天井、廊道、围墙、前坪等要素随之消失，这种演化特征主要表现在边缘区的住宅用地内。鉴于基因元的演化从多样性向单一性转化，新要素的形态往往就是现代住宅建筑平面形态。目前，闽西许多客家传统的住宅建筑常常与旧有建筑的风格、尺度及色彩等方面出现格格不入的现象，一方面是由建筑立面不协调的问题引起，另一方面则是内部平面形式与传统建筑脱节所致，这与现代建筑平面形态的非对称性、平面尺度比例不一致等有关。这些问题归根结底在于新旧基因元之间形成断崖式的变异，在平面形式与尺度比例上没有建构一定的传承关系。此外，核心区内建筑基底平面内的核心基因元，如主体建筑、庭院、廊道、天井等虽未发生分化重组，但是外围基因元（围墙、前坪和水池）极易受到侵蚀甚至消失，如何固结这些基因元同样成为未来村落保护的重要议题。

2）新旧组合模式的对接问题

根据第5章对各层次用地形态基因元组合模式的论述，组合模式经过四个历史阶段的演变,受到不同的动力机制的作用发生不同程度的变异。特别是在中华人民共和国成立后的两个历史阶段,组合模式的变化程度较大。新旧模式的对接成为基因传承的重要抓手。

(1)建成区

建成区的组合模式在明清和民国时期基本遵循等级和统一的规则,以道路为主导的基础用地设施用地和以宗祠为主导的公共服务用地在各类用地组合中,其用地结构、比例均基本保持不变。这些规则受封建礼制、风水术以及自然条件等综合影响而形成。值得强调的是,组合模式是通过基因链和原基因为抓手进行演绎的。宗庙作为源基因,其轴线与道路用地形成稳定的基因链,在基因传承中承担引导各层次、各类型用地基因复制和组合的功能。而到中华人民共和国成立后的两个历史阶段,边缘区的扩展常常使新旧道路衔接不上,即建成区级的基因链发生断裂,由此产生边缘区与核心区间用地组合统一秩序上的失调。同时,新时期宗祠用地的基因元的消失,导致边缘区各基因元不再按照原有的等级秩序进行组合,向心秩序也开始消失。改革开放后,新的组合规则的产生很大程度上受到村庄规划的影响,基因构成要素按照规划原则进行布局,常常忽视传统村落既成的组合方式,从而导致建成区用地形态基因的突变,新旧建成区之间形态的不连续。

(2)主要功能用地

主要功能用地中,公共服务用地形态的基因元组合模式是轴线对称,通过轴线将各要素串联成一体,这种模式在四个历史阶段贯穿始终,形成稳定的组合模式。虽然模式没有发生改变,但在中华人民共和国成立后的两个历史阶段,许多用地的重新选址,产生了用地轴线与建成区尺度的轴线对接的新问题。如培田现状的小学用地内,南山书院成为小学用地的一个次要部分,新建的教学楼成为主体建筑,主体建筑的中轴线组织内部基因元的组合,进而形成与南山书院截然不同的用地形态。总体而言,培田的小学用地形态与村落核心区用地形态是相协调的,这是因为新轴线与源基因的轴线相平行,与新培路的基因链相垂直,较好地实现了组合上的基因传承与对接。同样,新时期所产生的新型公共服务用地如村委会、卫生所、老人活动中心等用地也面临与小学用地相类似的问题。

明清与民国时期,住宅用地形态基因元的组合采用向心模式,用地与祖祠家庙形成向心集聚,具体表现为与源基因的轴线对应,此类对应一般是内部住宅建筑用地的轴线与源基因的轴线形成平行或垂直的关系，由此形成巷道要素与建成区用地形态基因链(道路)的平行和垂直性。中华人民共和国成立后至"文革"时期，建成区用地向南北两翼扩展进而形成南北两个边缘区，边缘区的住宅用地中，住宅建筑平面发生变异，出现了平面从大尺度相小尺度扩展外，平面的分维度增大，伴随向心秩序的消失，空地呈零散、不规则形态，从而导致住宅用地的基因链与建成区的基因链间的联系度减小，用地形态呈现出无序性；改革开放后，特别是新农村规划建设的施行，新的布局规则随之产生，建筑多按照行列式布局，建筑朝向从"虚东实南"向"实南"转变，这样的布局方式无法与村落的基因链实现对接，并不能与源基因之间构建一定的逻辑关系。可以说，中华人民共和国成立后的两个时期，住宅用地内部所形成的基因链与建成区基因链的断裂，是新布局规则没有很好地与原组合规则衔接所造成的。这种现象在闽西客家传统村落的发展过程中是极为普遍的。

（3）住宅建筑基底平面

住宅建筑基底平面基因的基因元是在四个历史阶段的演化过程中发生分化而形成新的基因元，新要素在重组时依然沿用轴线对称的组合模式。需要强调的是，现代住宅建筑平面受到土地产权的影响，一些平面形态并非形成严格的对称，同时因为朝向的变化，导致其轴线所建构的基因链与住宅用地、建成区用地形态的基因链发生断裂。此外，明清时期的大轴线与中华人民共和国成立后的小轴线形成强烈的反差，导致新扩展的用地平面形态格局与核心区不协调。

7.1.2 形态基因的传承问题探源

基因传承问题主要是其作用力失衡所致，明清时期的基因传承的约束力与驱动力处在平衡状态，稳定内外环境确保村落形态基因的延续。中华人民共和国成立后的两个历史阶段，村落的内外环境发生颠覆性的变化，基因传承的原力也因此消失或减弱，新作用力的加入催生动力系统的失衡。根据第6章基因成因的解析，传统村落用地形态基因传承问题的根源可从约束力和驱动力方面进行探讨，并依据村落社会、经济、文化以及环境等现状问题进行探源。

1）约束力缺失问题分析

（1）政府约束力乏力

当前，政府约束力是传统村落用地形态基因传承与保护的关键外力。从基因视角分析，用地形态基因的传承与优化是传统村落保护与发展的核心内容，基因传承需要建立在制定相应保护法规基础上。《历史文化名城名镇名村保护条例》是2008年制定的，比较而言，历史文化名城的保护条例比较完善，而名镇名村的保护条例与法规亟待完善，与当前一半以上的历史文化名镇名村应得到保护的需求不相适应。闽西客家传统村落数量多，少部分传统村落升级为历史文化名村或文物保护单位，大部分还处于自然状态，在新农村建设或村民自建房过程中随时可能被拆除。2007年修订的《中华人民共和国文物保护法》规定了所有者或使用者对文物建筑的义务，但对权利的表述较为宽泛，操作性不强。对保护经费的使用也比较严苛，影响所有者或使用者维修、维护的积极性，导致某些乡土建筑年久失修，日渐损坏。

（2）规划编制质量欠佳

村落的保护规划是传统村落用地形态基因传承保护的引导力体。对于省级以上的历史文化名村，福建省基本上编制完成了《历史文化名村保护规划》。编制要求规划设计部门的资质要在乙级以上，尽管如此，负责规划的单位由于尚无统一的技术标准可供遵循，且历史文化名村保护规划的编制经验不足，没有既定的规划模式以供借鉴，加之规划单位的业务压力，以及地方政府有限的规划费用，致使编制部门未能给予足够的重视，因此影响编制的质量。财力、物力、人力等方面的低投入，无疑造就规划的低品质[4]。此外，规划编制对村落用地形态新基因元的形成、组合模式的建构具有极强的导引作用，而当前的规划编制成果并未重视新旧基因元、组合规则之间的关联性，常常以野蛮的方式植入与原基因不相融合的内容，从而导致新旧建成区形态的严重失调。

（3）文化意识约束力落后

文化意识与保护观念是基因传承的内在约束力体。闽西客家传统村落中，自上而下对传统村落保护观念落后，表现在三个方面：

其一，传统村落保护与农村经济发展、居民日常生活互相脱离，这不符合当前科学发展观的要求。例如，培田村因为搞旅游开发，杜绝居民自建房，所有杂物一律搬移，居民统一用公厕。这势必引发居民的不满情绪，非但享受不到旅游开发带来的红利，且改善居住条件又无以实现，严重影响了居民保护家园的积极性。

其二，大面积拆建，效仿古风严重。例如在村内建大荷塘，风水地貌遭到破坏，这与传统村落保护的本意相违背。

其三，保护主体不明。由于地方政府没有更多的保护资金投入，却操纵旅游项目，村民在意识形态上容易定型，认为村落的保护是政府的事，与他们无关，如此一来，保护无主体，直接影响传统村落的旅游品质与其后续的保护[4]。

2）驱动力不足的问题分析

（1）政府驱动力不足

当前，闽西客家传统村落保护经费严重短缺。少部分村落成为国家级历史文化名村后，得到专项的维护资金和建设资金，而更多的村落包括省级历史文化名村在内，很难争取到保护资金，因此日渐衰败。究其原因有三个方面：

其一，保护条例或法规不成体系，直接影响所有者或使用者投入资金进行修缮与加强保护的主动性。

其二，《历史文化名城名镇名村保护条例》规定，传统村落保护资金由县级以上地方政府安排，并要纳入财政预算。但是传统村落数量大，建筑维护的费用高，地方政府难以负荷。

其三，传统村落没有坚实的产业支撑，经济发展比较滞后，村委会须承担公共基础设施建设与维护、公共服务项目、事务性管理等职责，无力在村落保护上投入资金[4]。

2012年，国家加大对传统村落的保护力度，财政部以每年300万，3年900万的资金扶持，省、市一级也以一定的比例进行了拨款。可以说，这种驱动强力是空前的。以往年的经验看，扶持资金虽多，但经过县、乡镇两级财政后，真正注入村落的资金所剩不多，驱动力受到中间环节的层层吸附而大大减弱。

（2）社会驱动力单一

如果单纯依靠政府的财政拨款，传统村落用地形态基因传承保护是不可持续的。政府的扶持起到启动作用，而后期的工作需要多方引入社会驱动力，进一步增强外在驱动力的强度。当前闽西21个国家级传统村落，进行保护性开发的村落仅为培田、南江、初溪、湖坑河坑、田螺坑等5个。从开发模式分析，5个村庄一律采用单一的旅游开发模式，通过引入旅游公司，入股合作开发，实现村落保护发展。可以说，单纯旅游驱动力的导入势必造成村落基因传承的停滞。特别是原住民的迁出，旅游公司的入住，严重削弱村落的内在活力，破坏基因原有的生态体系，基因的传承与变异受到限制，新旧基因间极易出现断裂。

（3）内外驱动力失衡

外来的驱动力并不能真正实现基因的传承与优化，真正的基因传承主体是村民，失去村落原住民的参与，村落基因就会出现传承停滞现象。只有实现增加村民的收入，强化村民的传承意识，才能确保村落的生命力。目前，许多传统村落的住民经济收入低，村落发展的内在驱动力微弱，容易受到社会驱动力的牵引，导致村落基因保护导向的迷失或传承的停滞。

7.2 目标建构

用地形态基因具有时间与空间二维属性，一般在相同位置上以时间为轴线探讨基因的优化问题，在不同空间维度研究基因的传承问题。

7.2.1 时间维度的基因传承优化

时间维度上的基因演化特征主要从基因元、组合率两个方面进行探讨。要实现基因的传承，首先需要固结构成基因链的主要要素，保护主要要素的整体形态；其次通过技术手段和制度减小易变基因元的活跃度；最后是进一步强化各要素组合的空间逻辑关系，而空间逻辑关系需要通过功能、结构、文化等多层面固结力的叠加，才能使要素间形成强大的组合力，基因链不致轻易出现断裂，确保要素不离化而出现重组。这种基因传承优化为传统村落核心区内历史文化街区以及历史文化建筑的保护提供技术手段和理论支撑。

7.2.2 空间维度的基因传承优化

空间维度的基因演化主要是对新旧村落间的空间格局延续的探讨。村落新旧区的基因传承主要立足于基因链的延续，尊重明清时期形成的山水风水格局，在边缘区及新区内延续核心区的道路系统，在组合方式上形成与基因原始形态的对应和衔接关系，在建筑基底平面上传承传统民居建筑的基因，并结合现有方式进行优化。空间维度的基因传承的实质是新旧区的形态风貌的延续，并构建一个具有历史脉络的动态用地形态。当然，空间维度的基因传承并非对原始基因的生搬硬套，而是在区分新旧生活方式和生产方式的基础上，寻找新旧空间形态的最佳契合点。

7.2.3 村落保护规划的目标建构

基于上述时间与空间二维用地形态基因的认知,笔者探索构建以"保护与发展"为目标的用地形态基因传承优化的框架。框架首先结合上述"基因性状描述—基因识别分析—基因成因解释"的体系进行设计。其次,基于基因的时间与空间的二维属性,框架设定两个主要对象:核心区的基因优化和边缘区的传承,核心区以保护规划为目标,边缘区以发展规划为目标;传承优化围绕基因元、基因链与组合模式等三个内容(图7-1)。

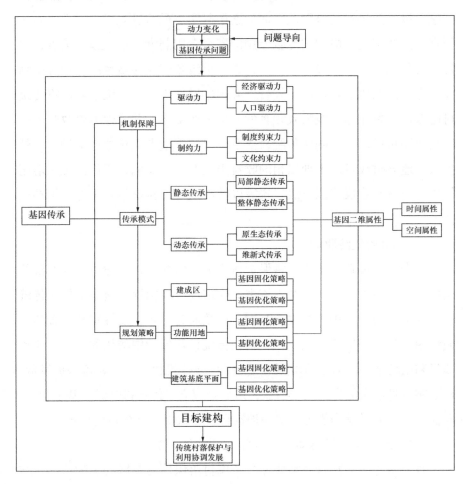

图 7-1 传统村落用地形态基因传承的目标框架图

资料来源:笔者自绘

7.3 机制保障

7.3.1 整合驱动力的政策机制

1)基于经济驱动力的政策制度

未来村落用地形态基因演化主要来自两种经济驱动力,一是来自政府的保护资金划拨,二是来自社会开发投资。对两种经济驱动力,需要制定系列制度,一方面加大政府投入力度,以同种方式筹集政府层面保护管理的资金;另一方面运用市场机制,通过政府牵头引导,加大社会投资的方式和层次,筹集社会层面的保护资金;最后是通过制度规范保护与开发的资金比例,并加强资金的管理。根据上述三种目标,构建如下政策制度保障体系。

(1)政府经济驱动

一般传统村落的政府划拨保护资金来自国家、省、市、县四级政府。国家划拨一般经过省级财政,而后逐层落实,最后进入村级财政。对于国家划拨的资金,应制定专款专用的资金专用制度,加大投入力度,将传统村落保护纳入本级财政预算;省、市级政府应在城乡维护预算中划拨一定比例的传统村落保护经费,并逐年增加投入;县级政府应将传统村落保护经费作为本级财政预算的一项重要支出,并随地方财政收入的增长而同步增加,以确保传统村落乡土建筑等重点文化遗产保护经费的投入。地方财政可从土地出租的收益中提取一定比例,用作传统村落用保护利用,并建议将国家级、省级以及市级传统村落纳入生态保护补偿范围[178]。

(2)市场经济驱动

首先,通过政府牵头,将保护作为第一前提条件,通过市场经济的运作方式,将土地、产权纳入资本运作市场,吸纳社会资本运作于传统村落乡土建筑的保护与开发。其次,以政府为主导,发挥财政资金的导向作用,建立保护奖励机制,奖励在传统村落保护中的优秀个人、典型项目和成功案例;再次,制定旅游企业税收返还制度,筹集村落保护经费,构建靠自身造血的良性运作机制;最后是成立"传统村落保护基金会",向社会、团体以及华侨等募集保护资金,专款用于传统村落保护。

(3)政府与市场驱动力的整合政策制度思考

对于两种力的整合,需要充分考虑村落保护与发展的实际情况,结合政府经济财力,以及市场动力大小,规范保护与开发资金的比例,确保村落在保护与开发利用和互动中,两者不至于发生错位。市级主管部门可制定导向性的开发与利用的资金分配,县级主管部门可根据村落不同的实际状况设置具体的保护与开发比例。村落开发过程中,应合理分配开发盈利,传统村落应确保30%以上的收入用于村落保护,以及历史文化建筑的维修;此外,严控传统村落遗产资源,建议由地方、村落、村民与社会团体通过股份制的模式，使两方共同拥有。

2）基于人口驱动力的政策机制

（1）构建提升人口质量的机制

明清时期，培田村施行耕读传家、重教崇儒的教育政策，在村落用地内布置大量的教育用地，以提升人口的质量，这类人口成为村落发展的重要驱动力。因此，未来，闽西客家传统村落的发展仍然离不开人才的支撑。特别是当前村落的保护与利用，需要经济、建筑、法律、历史等领域的人才参与，从另外一个角度看，也为人才就业提供了良好的平台。基于两方面的需求，对村落的保护与利用，有必要构建一个人才发挥作用的平台机制。

① 建立人才返流机制

当前，重构乡村新秩序依赖于整体居民素质的提高，而我国现状农村还相对封闭，需建立城乡之间财富和人才流动的机制，增强传统村落活力。人才流动机制重在构建人才流动的自由渠道，通过政策如户口、奖励、职务、待遇等激励机制，形成导向性的人才良性返流制度。

② 完善村民教育机制

重塑闽西客家重教的文化传统，提升农村基础教育水平，以农村经济、文化发展为主要导向，引入本土知识和文化技能的培训。此外，农村的职业技能教育也至关重要，教育的内容应与本村的产业主导相结合，提升农民对传统村落利用的认知水平，强化技能培训；同时，加强传统村落保护教育，如进行相关建筑、规划、维护知识的教育和培训，树立正确的保护理念和文化自信。加强本村历史文化的教育，使村民在教育中获得对闽西客家文化的共同认知，提升村落保护的自觉性和主观能动性。

（2）营造全民参与保护的机制

① 调动村民参与村落保护利用的积极性

村落的住民是传统村落保护发展的主导力量，要使农民群众认识到保护传统村落的意义，需要加强宣传，使其认识保护发展与其切身利益的关系，引导和鼓励全民参与传统村落保护与利用[178]。此外，应发动全民参与制度建设，坚持村民大会制度，大小决策应经由大会产生，并进行公示，取得全民支持，不应以其他形式阻碍村民行使权利。

② 制定新常态的村民公约制度

传统村落有效保护的重要前提和基本保障是制定新时期的村规民

约，并将其纳入传统村落保护的规则中，以提升村民对村落保护利用的认知水平，加强村民文化遗产的保护意识，推动村民积极美化乡村环境，共同维护文化和生态资源，共筑传统村落保护与发展双赢的道路。

③ 建构全民共享保护开发成果的机制

村民的利益与村落保护利用相结合，让保护发展的成果惠及全体村民，实现社会共享，只有这样，才能最大程度地发挥人口的驱动力，为村落保护与发展营造良好的社会氛围。确保村民普遍受惠，成为保护利用的重要抓手，调动村民在保护发展中的积极性。

7.3.2 建构约束力的政策机制

1）政府制度约束力机制建构

（1）编制传统村落保护发展规划。

① 编制闽西客家区域性传统村落保护规划

在2013、2014年传统村落普查的基础上，结合城市总体规划、城镇体系规划进行编制。目前，闽西客家共有1700多个村庄，21个国家级传统村落，在梳理区域内传统村落的文化遗产数量、保护状况以及村落现状发展条件的基础上，以"特色为先，规范为本"为宗旨，科学制定区域层面的传统村落保护发展规划。闽西客家文化鲜明，文化地域跨越行政界限（闽西客家文化区包括龙岩、三明和漳州三个行政区），建议由省级主管部门牵头组织编制闽西客家传统村落保护规划。编制内容应分析闽西客家传统村落形态的总体与个性特征，按照传统村落分布规律和文化区域界限，制定适应性的保护范围与内容，明确具体实施的战略性政策和措施。

② 编制不同类型传统村落保护发展规划

闽西客家村落拥有共同基因，而不同村落形态也具备自身的个性基因，编制不同类型传统村落的保护发展规划，应该根据村落的实际情况而定。对传统建筑分散，保护价值较高，且生态环境佳的传统村落，需编制保护规划与控制性详细规划，并对传统建筑单体与村落空间节点编制修建性的详细保护规划，实现保护有法可依，有规可循。对具备一定保护价值，但规模较小的传统村落，应将村庄整治与家园美化、灾害避险以及农家乐休闲旅游等内容结合起来，组织编制建设规划，坚持保护优先的原则，协调好保护与村民生活、生产的矛盾问题，切实全方位地推进传统村落的保护与发展。

③将传统村落保护规划纳入镇总体规划

镇级政府是村与上级政府组织联系的重要一环，也是传统村落形态基因传承的重要环境基础。传统村落保护纳入镇总规的体系布局中，有助于明确村落保护的数量、等级以及保护实施的策略、具体实施的步骤，通过加强镇层面的基础设施建设、旅游开发，深化村落保护发展的尺度，具有一定的现实意义。同时，加强镇层面的规划保护监督管理，确定更大尺度的范围来制定保护方案，有利于增强传统村落保护利用的实效。

（2）完善保护管理体制

①完善保护制度，制订传统村落保护利用条例

市县级政府可先行出台管理细则，如传统村落保护利用实施细则，明确推进管理的具体措施和路径，并结合村落实际，指导村落制订具体管理原则和保护策略。其次，完善保护制度，扩大传统村落的评选面，制定国家、省、市、县四个传统村落级别的相应条例，实现更多传统村落全方位地进行有效保护。最后是健全传统村落保护的土地管理政策，通过政府主导，市场运作，明确村落的土地所有权、房屋产权的归属问题，限制村落核心区和边缘的土地开发，特别是对村落内部空地的开展限制，对于保持村落形态至关重要。通过加大传统村落保护用地的保障力度，支持村民新区建设，或者农民城镇化外迁等措施，改善保护的内外部条件。

②完善管理体制，加强传统村落遗产的科学管理

对传统村落与乡土建筑开展普查，制定申报归档制度。结合本书村落用地形态基因的研究，先以国家级传统村落为切入点，依次分类分析各村落用地形态基因原点、建成区、主要功能用地以及住宅用地平面基因，建立闽西客家传统村落的基因库，并在此基础上建立传统村落保护的数据库，充分利用现代计算机技术，进行数据的处理、储存、查询和分析，实现保护的数字化管理。最后是创新制度的制定，通过创建保护与发展的动态考核机制、决策机制和通报机制，严格执行重大决策的公示与听证制度，保护规划和重大建设项目审批、审定和报备制度。

③健全监督体系，加强省市县对村落保护的监督管理

加强省市县三级的监督管理，首先要明确各级管理的职责与权限，省级主管部门在发挥监督职责的同时，应加强保护发展方面的业务指导；此外，对于国家级和省级的传统村落，建议设立专门的小组，对上述两

个级别的村落进行监督；市级主管部门承担传统村落保护发展的主要职责，国家级、省级以及市级的传统村落的主要建设活动，必须经过市级建设、规划、文物等三个部门审查同意，凡涉及传统村落保护开发的建设项目，必须依法接受文物部门专家小组的评估和认定。另外，应建立有效保护的监控制度，让社会广泛参与传统村落保护的监督，及时听取社会各阶层的意见和建议，随时掌握保护发展的各种动态，预测保护发展的趋势走向，有效促进传统村落保护发展[178]。

2）村落约束力机制的建构

（1）新型宗族组织重构

宗族组织存在的基础在于传统农村生活的血缘性、聚落性、礼俗性、农耕性[179]。在现代化程度达到一定高度的社会中，上述存在条件基本被消除，理论上宗族组织由此消失。但是，从培田宗族组织发展的历程分析，明清时期宗族组织作为国家政权结构中的一个组成部分，发展至鼎盛；而到中华人民共和国成立后，宗族组织没有公开活动；而到改革开放后，宗族组织有所复兴。这证明中国不少农村地区无法跟上城镇化的步伐，宗族复兴的土壤依然存在，表明其存在具有一定时期的合理性。在此背景下，构建社会主义制度下新型宗族组织，参与村落保护与利用，是明智之举。当然，宗族组织的重构，是对闽西客家宗族文化的一种重新审视，目标是构建维护村落用地形态基因的新机制。新型宗族组织的建构必须以一种文化组织的形式存在，必要时须打破宗族与血缘的界限，形成广义的宗族结构。

（2）地域文化意识重塑

村落形态基因的形成，文化起到关键作用。景观学将文化基因作为传统村落景观基因的组成部分，是维护传统村落形态基因的主要力量。在用地形态基因传承与优化中，重塑基因依托的文化氛围，是村落保护的重要内容，也是村落发展不可或缺的环节。闽西客家传统文化中，风水文化和多神文化是村落形成的重要因子。客家人将风水文化渗透到用地形态的每个层面，并影响未来村落形态的发展。当然，当前风水文化中还有一些迷信的因素存在，为此，有必要提取风水文化中科学、先进的要素，并加以总结归纳，成为村民易于接受的先进文化的一部分。风水文化的重塑对村落形态基因的传承保护效力巨大，有必要将风水文化中科学的部分与当前的规划布局理念结合起来，形成能为政府、村民和规划专家学者广为接受的布局模式。为此，可为每个村庄设定一个规划师，参与传统村落的保护发展的决策监督。

7.4 传承模式

2013年开展传统村落普查后，国家陆续出台相关文件加强对传统村落的保护，并于2013～2015年连续三年评定2555个国家级传统村落。传统村落正被各级政府所重视，逐渐成为当地发展的重要名片。但是，如同国家级历史文化名村，传统村落也存在"重旅游开发，轻遗产保护"的现象，这些现象忽视传统村落自身的文化特质和自然禀赋，盲目追求短期效益。实践证明，传统村落的保护及利用应从区域与本体两个层面审视村落保护的潜力与制约因素，积极探索结合自身特点和资源优势的传承发展模式。为此，笔者从形态基因传承的视角探讨闽西客家传统村落传承发展的模式。

传承模式是从村落不同层面探讨用地形态基因的传承优化方式。目前，国内外整体传承模式有三种：一是静态模式，即除了修缮、维护和修复三种建设活动，其他的建设活动都停止，村落的人口尽数迁出。村落整体变为博物馆，这种方式对于历史文化建筑保存较好、人口相对较小的村落较为适宜，如初溪村、田螺村等。二是静态与动态相结合的整体传承模式。静态模式是将核心区形态基因固化，村落居民从核心区中迁出；动态模式是边缘区以动态传承为主，居民依然生活在其中。边缘区与核心区的形态基因实现了一定的延续与变异，基因上体现历史发展的脉络。三是整体动态为主，居民无须迁出，村落内依然保持原生态，村落整体的形态基因传承主要表现为优化为主。

7.4.1 静态传承模式

静态传承模式的主要特征是对各个层次的用地形态基因的构成要素和组合模式全部固化，将村落局部或整体进行博物馆式的展示，这种模式是文化遗产保存、保护与利用的常见模式之一。通过修复、改造利用村落各层次基因的构成要素，固化各要素的组合模式，并将此作为文化遗产的展示场所，结合旅游开发的保护性展示，可以为村落文化遗产的保护提供可持续的资金保证，实现保护与利用间的良性循环。

1）局部静态传承模式

这种模式一般用于历史文化建筑留存较少的村落，属于历史建筑较多,但破坏较为严重的村落。可以说,该模式是对村落内用地形态核心基因的固化,边缘区考虑新建道路系统、住宅布局与核心基因间的选择性传承。村落内核心基因点,开辟为博物馆是较为常见的保护与利用模式。类似的成功实践如丹麦小城——欧登塞,以安徒生生平为线索,在小城中设定散状的博物馆,并通过原有的道路街道系统将各个博物馆连成一个有序列的旅游线路。对于闽西客家传统村落,也可利用上述模式,对村落内现存的历史文化建筑以博物馆的形式进行固化,并通过村落道路系统连接起来,这样既保护了源基因,又维护了基因链,一定程度上保护了村落的历史格局。

2)整体静态传承模式

对于历史建筑留存较多,整体村落历史格局保护较好的村落可考虑静态传承模式,主要方式是将村落作为整体的博物馆,对村落用地形态基因进行固化。国外的具体做法是将已空心化的传统村落进行整体保护性修复,保留和恢复村落历史生活的空间格局和场景,作为展示地方传统生活、空间形式和传统建造技术等的场所。整体静态传承模式的主要特点是居民的全数迁出,村落用地形态基因所处的原生态被异化,但是村落街区原格局却得到了很好的保留。

7.4.2 动态传承模式

1)村民参与式传承

村民参与式传承是以村民为主体的用地形态基因的传承模式。公众参与式传承保护的实践较为成功的是日本,参与的主要内容是将历史街区的保护发展纳入社区发展,实现以社区发展为主体,构建社区公民参与为主轴的"社区总体营造"(Machizukuri)运动。这种运动的着眼点是以居民、自治体为主体,以历史环境保护为重点,为社区居民建设宜居环境为目标,表现了极强的社会活力与自我组织能力,成为日本历史文化街区保护的重要模式。通过村民运用地方技术和当地材料,参与修复和改造历史文化建筑,维护其形态基因,并改造其使用功能如农家乐、客栈、小卖部和小手工作坊等,这样不仅可以改善村落的日常生活设施,还可以让村民在经营中获利,从而更好地留住原住民,保护村落用地形态所依存的原生态,这种模式已在日本成功实践,并成为传统街区保护与利用的主要途径之一。传统村落内部用地的动态传承的实质,是在保护和维护基因的基础上,动态改变用地的使用性质,如将居住用地改为商业旅游用地，将居住建筑改为为旅游服务的旅馆建筑，从而为村民盈利，并为村落形态基因的维护和修复赢得资金支持。这种模式在培田村取得了成功的实践，部分民居建筑转化为旅馆，沿街建筑则变为商店，通过改变使用性质，借助政府额度可观的修缮补助，形成前景看好的民宿（家庭旅馆）经营模式，促使越来越多的民居业主积极申请修复废旧建筑，从而形成了村民参与式保护经营的成功经验。

2）村落维新式传承

村落用地形态基因是基于时间维度和空间维度相结合的空间概括。对于基因的传承，一般认为是传统文化的保护。但是，任何用地形态如果脱离了现实生活和生产方式而独立存在，这种空间势必是狭隘地将村落博物馆化，基因传承仅是将某一时间节点的基因进行固化，却使其失去了生长的活力。因此，用地形态的基因应该立足于维护与创新，将代表新生活业态的基因融入传统基因中，村落的发展才能有新的活力。因此，从发展的视角探索村落用地形态基因的传承才是村落保护利用的根本之道。对于维新式传承，笔者认为应从两个层面入手。一是对核心区内传统用地基因的维新，传统用地形态基因中的各构成要素和组合模式都是明清时期形成的，可尝试融入新文化基因，如在不破坏形态基因链的前提下，把代表现代文化形态的要素注入基因链中，使传统用地形态兼具现代使用功能和文化元素；二是对核心区外围的维新，在维持传统基因链的前提下，尝试打造新文化形态的基因要素，这些要素适应现状与未来的生活与生产需求，并参照传统基因组合模式进行布局，形成既传承传统基因，又有现代意义的基因变异的用地新形态。

7.5 规划策略

传统村落的规划编制的核心主题在于保护与发展，主要包括村庄自然环境、街巷空间、建筑群体公共空间与其他历史环境要素形成的空间格局等四项内容。村落文化保护范围分成核心保护区与建设控制地带两个部分。传统村落的保护规划的重点在于维持传统用地布局模式。从基因的视角分析，用地布局模式所对应的是基因链上各基因元的组合率，而用地类型所对应的是基因元。保护用地空间格局实际上进一步稳固了原有用地构成要素以及组合模式。基于上述的认知，笔者认为村落的保护规划就是深入研究村落用地形态基因的构成要素和组合模式，探讨基因传承与优化的问题。因此，结合第 4～6 章的分析，即基因性状描述、基因识别及机制解释，传统村落的保护应通过维护用地形态基因的构成要素，进一步固化各构成要素的组合关系，维持保护传统的基因链等目标，实现对用地格局的保护，具体规划措施如下。

7.5.1 建成区用地基因传承优化

1）基因原点

基因原始形态是村落用地形态基因形成的原点，以培田村为例，衍庆堂是整体用地形态基因发育的始发点，村落用地格局以此为基点向外扩散，扩散的用地格局与原点形成紧密的组合关系，一方面基因原点既是建成区的中心点，另一方面，各类功能用地的基因链均与基点的中轴线形成平行关系，且基因链上的各构成要素本身也和基点的中轴线平行或垂直。因此，对基因原点的保护是核心区保护规划的重点。基因原点保护规划策略的制定应从自然景观格局和原点两个方面入手。

（1）以中轴线为抓手明确自然格局保护的具体内容

原点基因的布局严格按照风水规制，中轴线与周边山水形态形成强烈的对应关系，所以保护基因原点中轴线所对应的山体和水系最为关键。当然，原点所对应的山水形势应在大尺度范围内进行探究。如衍庆堂对应的是松毛岭的三道绿色山峦，形势犹如三龙环抱，村外周边五个山头似五虎踞护，形成护山；远在东边千米高的笔架山成为村落的东方屏障，形成案山；河源溪似玉带环绕，衍庆堂的中轴线与环形河源溪的中轴线呈重合关系。这些自然形势与衍庆堂形成围合形态，二者之间通过轴线构建紧密的空间逻辑关系。因此，原点基因的传承与优化首先要从大尺度的山水形势上综合考虑，并以基因原点的中轴线为切入点，寻找轴线与周围山水的关系，从而明确需要保护的具体的自然山体和水系形态。

（2）以强化组合关系为目标制定保护的具体措施

首先要加强基因基点内的各基因元的稳定性，为此基因链内部要素间的链接应强化，例如衍庆堂由主体建筑、戏台、广场与绿地等要素组成，在长期演化过程中，衍庆堂的门坪和周边的绿地均发生了一定程度的变异，可见绿地与广场属于两个较为活跃的基因元。为确保基因原点未来不再发生变异，应采取的具体规划措施是修补围墙以固化基因各要素，美化绿地使之与其他要素形成良好的景观互补，整合广场以优化各要素的空间逻辑关系。

2）基因链

根据第 6 章对建成区基因演化特征的分析，道路系统作为建成区用地的构成要素，也是用地形态基因链的重要组成部分。从演化的历史脉络分析，培田建成区用地形态在四个历史阶段未发生大的变异与重组，主要是道路系统的稳定性，及其形成的基因链未发生断裂所致，特别是核心区内的基因链较为稳固。基因链的稳定，也促进基因元组合模式的稳定。虽然，建成区基因的构成要素如宗祠、书院、住宅用地的使用功能发生变异，但是由于这些用地的多功能性使其具有极强的适应性，从而保证了建成区内核心区的用地形态基因没有发生变异。因此，建成区的基因链是建成区形态稳定的重要因素，也是村落空间格局保护的重要内容之一。基因链的保护，主要从维护与优化两个方面入手。

（1）以线路与界面为接入点维护基因链形态

对现存的古街老巷布局应严格保护，保持原有的街道界面，对损坏的局部应及时予以原样修复。街巷应保持原有的空间尺度，并保持通畅。在古街老巷两侧已建的有损古村落风貌的建筑，必须加以改造和整治，甚至重建。对村内新建的建筑界面，要求尊重传统形制和尺度，并从相邻整体的体量、界面中取得协调[180]。

（2）利用绿化、路面美化、交通管制、小品设置等方法实现基因链的优化

首先，美化村落的线状空间形态，规划建议尽量利用街道两侧用地适当配置一些有地方特色的树木与花草。其次，保护村落原有的步行道路系统和原有的路面质地，保证原路基位置，严格按照路面的原有宽度进行维修；加强道路边院落入口地面的外雨坪铺砌，恢复村落其他街巷原有的铺砌材料与方式。再次，路面小品或构筑物，如公厕、路灯、标牌或广告招牌等，与道路形态充分融合，做好空间的过渡、色彩的匹配、尺度的协调、功能的衔接。原有电线杆、架空线等逐步以地埋线的方式取代。最后，古村落内部保持其传统步行街的特色，对于有碍交通的机动车应限制其在古街的通行，防止其对村落路面和空气环境的破坏，以及对旅游交通安全的影响。

3）核心区和边缘区

核心区与边缘区是基因传承变异的分界线，核心区代表明清时期用地形态基因特征，边缘区代表中华人民共和国成立后用地形态基因。对

于两区基因保护，笔者认为应该区别对待。

（1）核心区

核心区内基因应以优化为主，立足基因优化和维护，确定核心区的规划保护内容。基于街道系统构建的基因链具有较强的稳定性，核心区规划保护应强化内部各功能用地与基因链的链接关系。首先是明清时期各功能用地已经形成清晰的用地界线，这些界线不仅体现出与基因链的组合关系，还表达了与其他功能用地的关系模式，保护规划中应进一步梳理并明确这些界限。用地界面一般通过围墙来表达，若有损毁，建议进行保护性恢复，并采用绿化、路面铺设等手段进行基因优化，以锁定功能用地与基因链的链接和组合关系。其次，各功能用地内部的基因链与建成区的基因链呈平行或垂直关系，在规划保护中应一一梳理，一般建成区基因链与功能区内部基因链借助入口、主体建筑、小品、广场、水池等过渡空间进行衔接，保护规划中应对这些构筑物进行重点保护。最后，核心区内各类功能用地代表明清时期四个发展阶段的基因特征，如明朝时期、明末清初、清朝中期与清朝晚期及民国时期的基因特征，这些基因在长期的演化过程中已经构建了极为稳定的链接，同时基因内部又呈现出鲜明的时代特征，保护规划中应该高度重视，并重点保护各个时代的基因特征，进一步锁定、优化内部的基因链和组合关系，使之在后期的演化过程中不易断裂或重组。

（2）边缘区

边缘区是在中华人民共和国成立后形成的，基因的特征不仅有明清时代的空间特质，还代表了现代生产与生活方式，传承与变异是边缘区基因演化的重要特征。对于边缘区的保护规划，笔者认为应结合规划保护的核心区与控制区的划分，将边缘区的保护定位为风貌控制区，在保护内容上，不仅着眼于明清时期基因的传承，还要根据现实生活与生产方式，考虑基因变异的特性，表达各个历史阶段的基因特征，形成基因演化的动态空间。从基因的视角分析边缘区的保护规划，应从如下几个方面入手。一是延续核心区基因链，即对核心区已经形成的道路系统进行连接，使线路、路面与界面产生一致性，同时应关注与道路系统并行的给水排水系统的无缝对接，重点是边缘区与核心区界面连接面上的节点。二是对边缘区的住宅用地的基因传承问题，边缘区住宅用地内部受到现代生活影响，以及风水规制的弱化等因素影响，内部基因链有变异的强力需求，如内部主体建筑朝向将从"虚东实南"向"实南"转化，这样将影响住宅用地内部基因链与建成区基因链的传统链接方式，从而影响边缘区与核心区的一致性。因此，规划建议边缘区内各功能用地内部的基因链应沿用传统基因链的营建手法，实现与核心区用地形态的协调性。

7.5.2 功能用地基因的传承优化

主要功能用地形态基因的传承与优化应从基因元构成、基因链和组合方式入手，明确基因传承与优化的区域。核心区为基因优化的主要区域，边缘区作为基因传承的主要区域。

1）住宅用地

（1）核心区

核心区内住宅用地构成要素由巷道、建筑与空地组成。从基因演化特征分析，"空地"要素最为活跃，容易发生变异，易转化成建筑或巷道等其他要素。因此，住宅用地基因的维护与优化首先要对活跃的基因元进行固化，特别是通过规划手段将活跃因子转变为稳定因子。"空地"的固化应结合基因变异的特性制定规划的措施。首先，转换空地的使用功能，如转化为绿地、水池，或者与村落主导产业相对应的构筑物。其次，强化转化后用地与其他要素的组合关系，特别是应加强使用功能、景观、空间等要素之间的逻辑联系，加强与其他要素因子在基因链上的组合，将空地因子锁定在基因链上；对于住宅用地基因等其他基因元，虽然相互间形成稳定组合，但还需通过巷道、围墙、轴线等要素基因进一步锁定。最后，住宅用地内巷道所形成的基因链因为空地的存在容易发生变异，需要通过路面铺设、界面分割、绿化等手段进行锁定；而建筑所构筑的中轴线与建成区的基因链形成对接关系，需要将对接节点上的构筑物，如入口广场、水池、门庐等进行修复，进而突出建成区与住宅用地的基因链衔接上的外在表征。

（2）边缘区

与核心区相似，边缘区用地构成要素也是由建筑、空地与巷道组成。但是，边缘区内的空地率高于核心区，且空地分布较为零散，形态呈现不规则特性。因此，边缘区形态基因中"空地"因子的活跃性远高于核心区，空地的高活跃性使边缘区住宅用地基因呈现极不稳定的状态。对于边缘区基因易变的特征，结合与核心区风格协调的规划诉求，边缘区的基因传承应该立足如下规划策略。一是核心区与边缘区间设置风貌过渡区，过渡区内构建基因渐变的空间逻辑关系，基因渐变应通过建筑风格、基因链和组合模式三个方面入手。二是边缘外围区域的基因传承从基因链和组合模式两方面入手，即修复原有的街巷体系使基因链得以延续，新建建筑采用传统的朝向和布局使组合模式得以维持。

2）公共服务用地

公共服务用地主要以宗教与教育用地为主。四个历史时期，核心区的宗教与教育用地形态基因处于稳定状态，未发生大的变异；边缘区的宗教与教育用地主要以新建为主，用地形态与核心区的用地形态之间既有差异，又有相似之处。

（1）核心区

宗教用地与教育用地均建于明清时期，对于两类用地的基因优化，主要从强化组合模式两方面入手。在维护既有的用地构成基础上，进一步加强各要素间的链接，固化构成要素，确保要素不会断裂或消失。目前培田核心区公共服务用地，宗教用地主要有衍庆堂、八四公祠、灼其祠、衡公祠、文贵公祠等，教育用地主要有南山书院。衍庆堂作为基因原点，上节已详细论述。本节将重点研究上述公建用地基因优化的规划策略。

① 八四公祠

八四公祠通过中轴线将用地的各要素组成一体，中轴线是用地基因链。保护八四公祠，首先应保护基因链上的各要素，如主体建筑和祠前雨坪，加强轴线各要素的链接，通过修复围墙，保护景观轴线与绿化环境的完整，确保中轴线上的视廊通畅。另外，严格控制周边民宅的建筑形式和体量，梳理八四公祠的用地界面，突出用地轴线与建成区基因链的衔接。

② 南山书院

南山书院虽然位于核心区外，但是该用地是明清时期开发的，用地形态基因在历史发展过程中具有较强的稳定性，对于该类基因以优化为主，故纳入本节探讨。南山书院用地基因构成要素是主体建筑、广场、农田、道路和水池。农田属于活跃因子，是基因的不稳定要素。为此，对南山书院的保护，应以固化活跃因子为抓手，对农田进行锁定，避免影响基因链稳定，破坏要素的组合率。固化农田因子的规划应将农田转化成南山书院中具有一定使用功能的空地，如绿地或广场，增强其在基因链上与其他要素的链接。此外，主体建筑的保护是保护基因链的主要方式，虽然主体建筑基底平面呈齿状形态，用地具有多轴线的特征，平面形式变化多样，但是主次轴线十分清晰，轴线的多样性使基因链具有一定的变化并具备适应性，对主体建筑的保护意味着对基因链的维护。最后，南山书院周围山地环境变化多样，基因链应用多轴线手法与山体形势取得协调一致。所以，对南山书院保护的另一个重要内容是针对周边山体环境的保护，这也是用地形态基因优化的重要措施之一。

③文贵公祠

拆除搭建、梳理用地界面，结合建筑入口及绿化配置，将众多分散的小型历史建筑院落串联起来；修建文贵公祠和大居敬池北面道路节点作为人流集散的广场空间，广场结合主题绿化和小品，为村民和游客提供交往和休憩的空间；整治建筑风貌，改善村落环境，恢复砾石铺地。

（2）边缘区

边缘区内的公共服务设施用地主要以小学为主。小学用地是在中华人民共和国成立后至"文革"时期，征用南山书院后形成。改革开放时期，在南山书院的东北角另选址新建，新建用地由多个建筑群以及操场、广场绿化组成。各要素通过中轴线构建对称的基因链，组合模式参照闽西建筑堂屋式，同时与衍庆堂的源基因朝向相同。可以说，小学用地形态无论在组合模式，还是构成要素上均很好地传承了源基因，但在此基础上结合小学的用地功能需求发生了一些变异，如形态从小尺度向大尺度变异，从单体建筑组合向建筑群落组合方式转化。小学用地形态基因的传承模式是培田传承的典型范例，这种模式值得学习和推广。

7.5.3 建筑平面基因的传承优化

根据第5章基因的演化特征分析，应该从时间与空间两个方面来探讨基因的优化与传承问题。核心区内，应注重基因链上相同位点的基因元变化、组合模式以及相对应的性状演变，进而研究基因优化的规划保护策略；边缘区内，应注重与核心区的基因链的对接，寻找基因元的相似性与相同的组合模式。

1）核心区

核心区内，明清时期已经形成住宅建筑基地平面形态的外围要素。例如，前坪、水池、围墙等要素的消失，主要原因是这些要素在基因链上距离核心区远，且作为准空地，使用功能单一，属于较为不稳定的基因元，在外界作用下容易发生变异。为此，保护规划应注重这些外围要素的保护，重视中轴线上各要素的组合联系，特别是对外围要素，应采取交通联系、轴线强化、界面梳理、围墙围合、绿地固化等措施，将外围要素整合为一体，强化要素间的空间逻辑、功能互接、景观对景，固化要素间的组合模式。

2）边缘区

与核心区相比，住宅建筑平面基底构成要素中的横屋、前坪、水池、通廊等要素的消失，使得庭院、天井等要素从平面中析出，因此平面尺寸从大型化向小型化变异，平面要素中仅余的主屋和厢房固结一体，组合模式上依旧采取轴线对称，朝向与核心区相同，在历史演化过程中呈稳定形态。对于边缘区已经形成的住宅建筑基底平面，一方面强化平面轴线的一致性，即与建成区的基因链呈垂直关系，确保形成一定的链接关系。另一方面，新建的住宅建筑平面也应采用"虚东实南"的形态模式，与其他建筑平面形态相协调，构建在朝向、基因链上的基因传承。由于庭院、通廊等构成要素外化，住宅建筑平面内部各要素固化，要素间没有间隙的活跃因子存在，因此，后期建筑的平面基因长时期内处于稳定状态，但是建筑与建筑间存在较多的空间因子，空地较易转化为建筑的附属用地，从而改变用地形态基因。为此，需要对空地进行规划处理，首先确保空地形态的规整，改变空地的功能，使其形成功能和空间上的衔接，这样就可以固化空地因子，不易破坏基因链。

7.6 小结

本章在基因性状描述、识别分析及成因解释的基础上，探讨基因传承与优化的规划策略。根据基因空间与时间的二维属性，通过分析时间和空间维度的基因传承优化的目标，即时间维度的目标以核心区为为主，立足固化基因的构成要素和基因链的组合模式，空间维度的目标以边缘区为主，立足延续核心区的基因链与传承主要构成要素，进而尝试建构机制保障、传承模式与规划策略等三个因子的目标体系。

1）机制保障

用地形态基因的演化来自驱动力与约束力的作用，从两种力体的类型和动力主体两个方面进行改良，制定相应的保障机制，进而优化改变基因构成要素和组合模式的外力作用，实现基因的传承与优化。驱动力方面，本章首先重点探讨政府和市场驱动力的机制设置，指出整合两种驱动力是做好保护与发展的关键；其次分析人口驱动力的机制，提出建立人才返流和提升村民参与保护发展的积极性机制是增加人口驱动力源的重要措施。约束力方面，本章首先提出政府约束力是当前村落基因传承的重要保障，制定市级、县级、镇级、村级的保护规划是强化政府约束力的主要措施，以及健全管理制度，完善监督体制是提升政府约束力的关键手段；其次分析提升村落约束力的机制保障，尝试性提出构建新型宗族组织的必要性，以及传统文化重塑是构建村落基因传承和发展的良性约束力的保障。

2）传承模式方面

根据基因空间和时间的二维属性，提出基因传承的静态和动态模式。静态模式方面，在分析村落保护现状的基础上，提出局部静态传承和整体静态传承模式；动态模式方面，提出以村民为主导的原生态模式和以开发为主导的维新传承模式，原生态传承的重点在于通过政府投入和村民经营两种方式实现对村落基因的维护和修复，村落内物质性空间与村民有机结合，保持着原生态；维新式模式是将新文化、新生活基因融入村落基因中，构建一个新旧文化结合的文化综合体，在基因的传承与变异中寻求村落发展的最佳结合点。

3）规划策略

本章从建成区、功能用地与住宅建筑基底平面等三个层次探讨基因传承优化的规划策略。

建成区层面，重点讨论基因原型、基因链、核心区和边缘区的规划策略。首先是基因原型，提出以中轴线为抓手明确自然格局保护的具体内容，以及以强化组合关系为目标制定保护的具体措施。其次指出优化基因链的两个措施，一是以线路与界面为接入点维护基因链形态，二是利用绿化、路面美化、交通管制、小品设置等方法实现基因链的优化。再次，核心区的基因传承的规划策略是强化内部各功能用地与基因链的链接关系。最后是边缘区，提出边缘区传承的规划策略是延续核心区基因链和内部各功能用地沿用传统基因链的营建手法，实现与核心区用地形态的协调性。

功能用地层面，提出核心区住宅用地基因固化空地要素具体措施：转换空地的使用功能、强化转化后用地与其他要素的组合关系，通过路面铺设、界面分割、绿化等手段锁定基因链、突出建成区与住宅用地的基因链衔接等；边缘区住宅用地的规划策略是核心区与边缘区间设置风貌过渡区，边缘外围区域进行选择性的基因传承，即道路体系和新建住宅建筑的风格；分别探讨核心区内八四公祠、南山书院、文贵公祠的基因传承和优化的规划策略，并对边缘区内的公共服务设施用地基因传承基因探讨，提出培田小学用地规划布局是公共用地基因传承的典型范例，值得学习和推广。

住宅建筑基底平面层面，提出应从时间与空间两个方面来探讨基因的优化与传承问题。核心区内，应注重基因链上相同位点的基因元变化、组合模式以及相对应的性状演变，进而研究基因优化的规划保护策略：外围要素的保护，采取交通联系、轴线强化、界面梳理、围墙围合、绿地固化等措施，将外围要素整合到一体，并强化要素间的空间逻辑、功能互接、景观对景，固化要素间的组合模式；边缘区内一方面强化平面轴线的一致性，即与建成区的基因链确保形成一定的链接关系，另一方面，新建的住宅建筑平面也应采用"虚东实南"的形态模式，与其他建筑平面形态相协调，并注意对空地进行规划处理。

第 8 章　结论与展望

8.1　主要结论

传统村落用地空间基因研究对丰富用地分析手段，扩展用地规划理论、充实用地研究方法均具有重要的参考价值；借助形态基因理论和平面分析技术手段，对用地形态进行量化识别和精准描述，其成果更有助于传统村落保护规划的编制与管理。本书在传统村落用地形态研究方法尚处于探索阶段的背景下，立足于用地形态基因解析体系的构建，运用"城镇平面格局分析"技术手段，探索性地研究了传统村落用地形态基因性状描述、基因识别和基因演化机制的理论框架及方法体系。具体而言，本书得出以下主要结论：

1）建构规划学主导的用地形态基因研究体系

以规划学的用地类型、用地布局和用地指标为核心内容，融合遗传学的基因元、基因链和基因性状的概念，提出"形态基因"理论模型。据此，结合形态学"描述—分析—解释"的研究路径，建构用地形态基因"性状描述—演化分析—动因解释"的研究框架。在此基础上，融合康泽恩的"平面格局分析法"、基因的"变异理论"和道氏的"力动体理论"，提出多层次形态基因性状描述、多维度形态基因识别分析和多动力基因动因解释的研究体系。

2）建构闽西客家传统村落的典型性甄选模型

针对闽西客家村落的人文基础、形态共性和形态类型等一般性特征，应用层次分析法，建构典型性甄选模型，形成包括人文基础等 4 个一级指标，15 个二级指标，41 个三级指标，以及 11 个四级指标的指标体系。通过 21 个国家级传统村落典型性分值的计算和比对，甄选出培田村为典型代表。研究表明，培田村与闽西客家的人文基础有高度的协同性，在形态特征上具有典型代表性，在形态类型方面具有多样性，保护概况具有完整性的特征。

3）揭示闽西客家传统村落用地形态基因特征

以培田村为典型案例，应用前文建构的研究体系，描述村落用地形态基因性状，分析其演化规律，解释演化动因。通过研究，归纳特征如下：

一是基因变异方面，道路要素主导建成区形态基因的变异，空地要素决定功能用地基因变异的强弱，要素和平面中心的远近与住宅建筑基底平面基因变异成正比。

二是基因组合模式方面，轴线对称主导基因要素的组合模式。

三是基因传承方面，祖祠源基因主导建成区用地基因的传承，功能用地的多样性决定基因传承的能力，住宅建筑平面要素间组合的逻辑性决定基因传承的强弱。

四是经济与人口主导用地形态基因演化的有源力体，宗族和文化是决定村落形态基因特征的无源力体，政府和社会的外力影响现代传统村落用地形态基因演化的力体大小。

4）提出闽西客家传统村落基因传承规划响应

通过基因动因机制的分析，揭示基因传承优化存在的现实问题和规划困境，进而建构时间与空间维度相融合的传承优化目标体系，制定整合驱动力和优化约束力的政策机制，提炼静态和动态相结合的传承模式。在此基础上，提出建成区、主要功能用地和住宅建筑基底平面等三个层次的用地规划响应策略。

8.2 不足与展望

1）"城镇平面格局分析"技术方法的使用问题

"城镇平面格局分析"的方法在欧洲的应用十分成熟，很大程度上归功于欧洲地图资料的精确和土地权属历史信息的完备。本研究所筛选的培田因该村落具备相对完整的历史信息和1∶1000的图纸资料，且村落建成区内完整保存60%的明清建筑，为研究各个历史时期的用地形态创造了较好的条件。而其他部分村落的历史资料和图纸匮乏，不具备应用"城镇平面格局分析"的前置条件；同样，该技术手段需要做大量前期工作，这与快速简易建库的指导思想相悖。所以，"城镇平面格局"应用尚待进一步简化和完善。

2）传统村落用地形态基因方法的构建问题

在构建的传统村落用地形态分析框架内，各个层次用地形态间关联性分析的论述较少，同时研究聚焦在街区、地块和建筑基底平面等块状用地形态上，缺乏对道路、商业古街等线状用地形态基因的研究，期待在后续研究中补充完善。

3）对于传统村落用地基因形态基因研究理论方法的实证问题

由于受到"城镇平面格局分析"方法前置条件的限制，本书仅选择国家级历史文化名村、国家级传统村落作为典型案例开展实证研究，研究成果尚待更多案例研究和实证研究进行进一步论证。

4）用地形态基因图谱建库与描述方法的问题

本研究对基因图谱建库理论与方法处在初步探索阶段，如何借用现代化的数据管理平台进行数据管理，并在村落保护编制与管理中实现无缝对接还有大量的工作要做。

参考文献

[1] "加快公共文化服务体系建设研究"课题组,吴理财.城镇化进程中传统村落的保护与发展研究——基于中西部五省的实证调查[J].社会主义研究,2013,(4).

[2] 仇保兴.保护利用传统村落势在必行[J].今日浙江,2012,(16):12-13.

[3] 仇保兴.调查传统村落底数 保护利用遗产资源[J].小城镇建设,2012,(6):16-23.

[4] 何峰.湘南汉族传统村落空间形态演变机制与适应性研究[D].长沙:湖南大学,2012.

[5] 赵燕岚.四部门部署加强传统村落保护工作[J].小城镇建设,2014,(5).

[6] 吴建华.闽西汀江流域古村镇的历史考察[D].福州:福建师范大学,2008.

[7] 连城县地方志编纂委员会.连城县志[M].北京:群众出版社,1993.

[8] 胡汉超."大地"趣谈[J].语文世界:初中版,2007,(12):28-29.

[9] 李绂.汀州府志[M].北京:方志出版社,2003.

[10] 林仁芳.客家研究[M].北京:北京燕山出版社,2009.

[11] 刘博敏,倪冶.从城市走向农村的规划模式——以南京和凤镇张家村为例[C].城市规划和科学发展——2009中国城市规划年会论文集.2009.

[12] 陈宗兴,陈晓键.乡村聚落地理研究的国外动态与国内趋势[J].世界地理研究.1994(1):72-7.

[13] 藤井明.聚落探访[M].宁晶译.北京:中国建筑工业出版社,2003.

[14] 陈立旭.论城市历史文化遗产的价值[J].中共浙江省委党校学报,2001,(6):79-85.

[15] 赵勇.中国历史文化名镇名村保护理论与方法[M].北京:中国建筑工业出版社,2008.

[16] Rudofsky B. Architecture without architect [M]. New York: Doubleday & Co. Inc.

[17] Gy Ruda. Rural buildings and environment [J]. Landscape and Urban Planning, 1998, 41: 93-97.

[18] Rapoport A. House form and culture [J]. Foundations of Cultural Geography, 1969.

[19] Vos W, Meekes H. Trends in European cultural landscape development: perspectives for a sustainable future [J]. Landscape and Urban Planning, 1993, 46(1): 3-14.

[20] Lazzari M, Danese M, Masini N. A new GIS-based integrated approach to analyse the anthropic-geomorphological risk and recover the vernacular architecture [J]. Journal of Cultural Heritage, 2009, 10(31): E104-E111.

[21] Spedding R. Agricultural systems and the role of modeling [J]. Agricultural Ecosystems, 1984, 12(2): 179-186.

[22] Turner S J. Pattern and scale: statistics for landscape ecology [A]. Gardner. Quantitative methods in landscape ecology [C]. Cambridge: Cambridge University Press, 1990: 18-49.

[23] Naveh Z.Interaction of landscape cultures[J].Landscape and Urban Planning, 1995, 32(7): 43-54.

[24] Saleh M A E. The decline vs the rise of architectural and urban forms in the vernacular villages of southwest Saudi Arabia[J]. Building & Environment, 2001, 36(1): 89-107.

[25] Isabel Martinho. Historic anthropogenic factors shaping the rural landscape of Portugal's interior alenteio [M]. Arizona: Arizona University Press, 2001: 1-4.

[26] Paquette S, Domon G. Changing ruralities, changing landscapes: exploring social recomposition using a multi-scale approach [J]. Journal of Rural Studies, 2003, 19(3): 425-444.

[27] Ni Pei-chun, Astudy on the strategies for the urban plan from the traditional settlement development of Yongan settlement in Mei Nung [D]. Tainan: Cheng Kung University Institutional Repository, 2009.

[28] Lisa Dwi Wulandari. Typology and morphology of spatial settlement

in the traditional village of Penglipuran, Bali [J]. International Journal of Academic Research, 2010, 2(1): 321-325.

[29] 车震宇, 翁时秀, 王海涛. 近20年来我国村落形态研究的回顾与展望 [J]. 地域研究与开发, 2009, 28 (4): 35-39.

[30] 金其铭, 中国农村聚落地理 [M]. 南京: 江苏科技出版社, 1989.

[31] 陈晓键, 陈宗兴. 陕西关中地区乡村聚落空间结构初探 [J]. 西北大学学报: 自然科学版, 1993, (5): 478-485.

[32] 李雅丽, 陈宗兴. 陕北乡村聚落地理的初步研究 [J]. 干旱区地理, 1994, 17 (1): 46-52.

[33] 尹怀庭, 陈宗兴. 陕西乡村聚落分布特征及其演变 [J]. 人文地理, 1995, 10 (4): 18-25.

[34] 汪丽君, 彭一刚. 以类型从事建构——类型学设计方法与建筑形态的构成 [J]. 建筑学报, 2001, (8): 42-46.

[35] 车震宇, 保继刚. 传统村落旅游开发与形态变化研究 [J]. 规划师, 2006, 22 (6): 45-60.

[36] 业祖润. 传统聚落环境空间结构探析 [J]. 建筑学报, 2001, (12): 21-24.

[37] 范少言, 陈宗兴. 试论乡村聚落空间结构的研究内容 [J]. 经济地理, 1995, (2): 44-47.

[38] 张小林. 乡村空间系统及其演变研究 [M]. 南京: 南京师范大学出版社, 1999.

[39] 李瑛, 陈宗兴. 陕南乡村聚落体系的空间分析 [J]. 人文地理, 1994, 9 (3): 13-21.

[40] 郭晓东, 牛叔文, 李永华, 等. 陇中黄土丘陵区乡村聚落时空演变的模拟分析——以甘肃省秦安县为例 [J]. 山地学报, 2009, 27: 293-299.

[41] 陈志文, 李惠娟. 中国江南农村居住空间结构模式分析 [J]. 农业现代化研究, 2007, 28 (1): 15-19.

[42] 郭立源, 葛红旺, 饶小军. 中国传统民居村落空间之"消极性" [J]. 南方建筑, 2005 (1): 107-108.

[43] 余英. 客家人建筑文化研究 [D]. 广州: 华南理工大学, 1994.

[44] 单德启. 欠发达地区传统民居集落改造的求索——广西融水苗寨木楼改建的实践和理论探讨 [J]. 建筑学报, 1993, (4): 15-19.

[45] 罗德启. 中国贵州民族村镇保护和利用[J]. 建筑学报, 2004, (6): 7-10.

[46] 孙璐, 谷敬鹏. 乡土建筑的建构与更新——楠溪江之行的思索[J]. 华中建筑, 2001, 19 (2): 23-26.

[47] 吴承照, 肖建莉. 古村落可持续发展的文化生态策略——以高迁古村落为例[J]. 城市规划汇刊, 2003 (4): 56-60.

[48] 郭崇文. 一般历史城镇保护的"整合"策略研究[D]. 苏州科技学院, 2010.

[49] 朱光亚, 黄滋. 古村落的保护与发展问题[J]. 建筑学报, 1999 (4): 56-57.

[50] 张鹰, 申绍杰, 陈小辉. 基于愈合概念的浦源古村落保护与人居环境改善[J]. 建筑学报, 2008 (12): 46-49.

[51] 阮仪三, 黄海晨, 程俐聪. 江南水乡古镇保护与规划[J]. 建筑学报, 1996 (9): 22-25.

[52] 李艳英. 福建南靖县石桥古村落保护和发展策略研究[J]. 建筑学报, 2004 (12): 54-56.

[53] 陈麦池, 黄成林. 古村落型文化遗产旅游地历史保护体系、原则与策略[J]. 华侨大学学报: 哲学社会科学版, 2011, (2): 43-51.

[54] 方茂青, 田密蜜. 浙江古村落景观的保护与发展研究[J]. 华中建筑, 2010, 28 (8): 171-173.

[55] 陆林等. 徽州古村落的演化过程及其机理[J]. 地理研究, 2004, 23 (5): 686-694.

[56] 姚光钰, 刘一举. 徽州古村落选址风水意象[J]. 安徽建筑, 1998 (5): 123-124.

[57] 陈伟. 徽州古民居(村落)的风水观[J]. 华中建筑, 2000, 18 (2): 123-126.

[58] 马寅. 试论徽州古村落规划思想的基本特征[J]. 规划师, 2002, 18 (5): 16-19.

[59] 张晓东. 西递古村落结构研究[J]. 小城镇建设, 2003 (10): 66-69.

[60] 陈志华. 楠溪江中游的古村落[J]. 民间文化旅游杂志, 2000, (4).

[61] 李立. 乡村聚落: 形态、类型与演变——以江南地区为例[M]. 南京: 东南大学出版社, 2007.

[62] 范少言. 乡村聚落空间结构的演变机制[J]. 西北大学学报(自

然科学版），1994，24（4）：295-298.

［63］庄齐.人类学视野下的家族聚落空间形态演变——以陈埭丁氏家族为例［D］.厦门：厦门大学，2008.

［64］邢谷锐，徐逸伦，郑颖.城市化进程中乡村聚落空间演变的类型与特征［J］.经济地理，2007，27（6）：932-935.

［65］戴佩淇.农户生计转型对农村居民点用地演变的作用机理及调控措施［D］.重庆：西南大学，2012.

［66］李艳英.福建南靖县石桥古村落保护和发展策略研究［J］.建筑学报，2004（12）：54-56

［67］彭松.非线性方法——传统村落空间形态研究的新思路［J］.四川建筑，2004，24

［68］逯家桥.美好乡村建设中徽州古村落保护与发展研究［D］.合肥：安徽建筑大学，2014.

［69］王浩锋.社会功能和空间的动态关系与徽州传统村落的形态演变［J］.建筑师，2008（2）：23-30.

［70］王恒山，徐福缘.村庄布局决策支持系统研究［J］.系统工程学报，2000，15（1）：92-98.

［71］管驰明等.乡村聚落群结构分形性特征研究——以浙江省平湖县为例［J］.地理学与国土研究，2001，17（2）：57-62.

［72］汤国安等.基于GIS的乡村聚落空间分布规律研究——以陕北榆林地区为例［J］.经济地理，2000，（5）：1-4.

［73］王红等.利用弹性理论进行建筑生态环境空间预测分析——以贵州省黔东南侗族村镇建筑为例［J］.城市规划，2005，29（12）：93-96.

［74］张杰，庞骏，董卫.古村落空间演化的文献学解读［J］.规划师，2004，20（1）：10-13.

［75］郭晓东.黄土丘陵区乡村聚落发展及其空间结构研究——以葫芦河流域为例［D］.兰州：兰州大学，2007.

［76］肖莉，刘克成.乡镇形态结构演变的动力学原理［M］.天津：天津科学技术出版社，1993.

［77］刘玉龙.城市用地形态演进及动力机制研究［D］.重庆：重庆大学，2006.

［78］王建国.现代城市设计理论与方法［M］.南京：东南大学出版社，1994.

[79] 揭鸣浩.世界文化遗产宏村古村落的空间解析[M].南京：东南大学，2006：17.

[80] 张晓东.徽州传统聚落空间影响因素研究——以明清西递为例[D].南京：东南大学，2004.

[81] 何峰.湘南汉族传统村落空间形态演变机制与适应性研究[D].长沙：湖南大学，2012.

[82] 刘青昊.城市形态的生态机制[J].城市规划，1995，19（2）：20-22.

[83] 郑莘.1990年以来国内城市形态研究述评[J].城市规划，2002，26（7）：59-64.

[84] 李德华等.城市规划原理[M].北京：中国建筑工业出版社，2010：197.

[85] 车震宇.近20年来我国村落形态研究的回顾与展望[J].地域研究与开发，2009，28（4）：35-39.

[86] 周若祁.韩城村寨与党家村民居[M].西安：陕西科学技术出版社，1999.

[87] 蔡凌.建筑—村落—建筑文化区[J].新建筑，2005（4）：4-6.

[88] 刘沛林，刘春腊，邓运员.基于景观基因完整性理念的传统聚落保护与开发[J].经济地理，2009，29（10）：1731-1736.

[89] 赵斌.对遗传学中几个常用术语的探讨[J].医学信息旬刊，2011，24（2）：756-757.

[90] 张惠展.基因工程概论[M].上海：华东理工大学出版社，2003.

[91] 龙恩深.建筑能耗基因概念的导入[J].现代制造，2007，（16）：41-43.

[92] Xia Q, Zhou Z, Lu C, et al. A draft sequence for the genome of the domesticated silkworm (Bombyx mori). [J]. Science, 2004, 306(5703): 1937-1940.

[93] 龙恩深.建筑能耗基因理论研究[D].重庆：重庆大学，2005.

[94] 唐·埃思里奇.应用经济学研究方法论.朱钢译.北京：经济科学出版社，1998.

[95] 唐子来.西方城市空间结构研究的理论和方法[J].城市规划学刊，1997，（6）：1-11.

[96] 栾峰.改革开放以来快速城市空间形态演变的成因机制研究——深圳和厦门案例[D].上海：同济大学建筑与城市规划学院，2004.

［97］高蓝.城市形态分形方法的研究与应用［D］.哈尔滨：哈尔滨工业大学，2008.

［98］张宇航.厦门营平片区城市形态研究［D］.厦门：华侨大学，2013.

［99］田银生等.城市形态研究与城市历史保护规划［J］.城市规划，2010，34（4）：21-26

［100］周颖.康泽恩城市形态学理论在中国的应用研究［D］.华南理工大学，2013.

［101］Conzen, M.R.G. Morphogenesis, Morphological Regions, and Secular Human Ageny in the Historical Townscape, as Exemplified by Ludlow [A]. Conzen, M..P.(ed.) Thinking about urban form [C]. Bern: European Academic Pulishers, 2004: 122.

［102］段炼.城市用地形态的理论建构及方法研究［J］.城市发展研究，2006，2（13）：99.

［103］刘玉龙.城市用地形态机制演进与动力机制研究［D］.重庆：重庆大学，2006.

［104］车震宇.近20年来我国村落形态研究的回顾与展望［J］.地域研究与开发.2009，4（28）：35.

［105］段进，揭鸣浩.世界文化遗产宏村古村落的空间解析［M］.南京：东南大学出版社，2009.

［106］张晓冬.徽州传统聚落空间影响因素研究——以明清西递为例［D］.南京：东南大学，2004：43-89.

［107］石玉.建国后大阳镇民居建筑形态的演变及成因研究［D］.北京：北京交通大学.2012.

［108］李瑞.唐宋都城空间形态研究［D］.西安：陕西师范大学，2005.

［109］苑思楠.传统城镇街道系统的空间形态基因研究［D］.天津：天津大学，2012.

［110］杨扬.城市形态基因作为城市设计空间生成的依据——以柏林为例研究城市形态学理论在城市设计空间生成中的应用［D］.上海：同济大学建筑与城市规划学院，2009.

［111］刘沛林.古村落文化景观的基因表达与景观识别［J］.衡阳师范学院学报：社会科学，2003，24（4）：1-8.

［112］胡最等.传统聚落景观基因及其研究进展［J］.地理科学进展，

2012, 31（12）: 1620-1627.

［113］刘沛林.中国传统聚落景观基因图谱的构建与应用研究［D］.北京：北京大学，2011：1-240.

［114］刘沛林等.我国古城镇景观基因"胞—链—形"的图示表达与区域差异研究［J］.人文地理，2011，31（1）：19-23.

［115］武进.中国城市形态：结构、特征及其演变［M］.南京：江苏科学技术出版社，1990.

［116］李加林.河口港城市形态演变的理论及其实证研究——以宁波市为例［J］.城市研究，1997（6）：42-45.

［117］张卫宁等.城市结构形态变化的新问题——德国城市结构形态变化的启示［J］.城市问题，1998（4）：62-63.

［118］杨荣南等.城市空间扩展的动力机制与模式研究［J］.地域研究与开发，1997（2）：1-5.

［119］李兵营.城市空间结构演变动力浅析——兼谈青岛城市空间结构［J］.青岛建筑工程学院学报，1998（3）：14-19.

［120］何流，崔功豪.南京城市空间扩展的特征与机制［J］.城市规划汇刊，2000（6）：56-60.

［121］张庭伟.1990年代中国城市空间结构的变化及其动力机制［J］.城市规划，2001.7.

［122］陈前虎.浙江小城镇工业用地形态结构演化研究［J］.城市规划汇刊，2000（6）：47-50

［123］孙施文.城市空间运行机制研究的方法论［J］.城市规划汇刊.1992（6）：22-27.

［124］石崧.城市空间结构演变的动力机制分析［J］.城市规划汇刊.2004（1）：50.

［125］黄光宇.山地城市学［M］.北京：中国建筑工业出版社.2002：33-35.

［126］邹怡.江南小城镇形态特征及其演化机制［J］.小城镇的建筑空间与环境.1993（3）：70-87.

［127］陈力.旧城更新中城市形态的延续与创新［J］.华侨大学学报（自然科学版），1997（1）：58-61.

［128］温贺.大连城市地域空间结构实证研究［D］.大连：辽宁师范大学，2003.

[129] 周敏等.城市空间结构演变的动力机制——基于新制度经济学视角[J].现代城市研究,2014(2):41-46.

[130] 张兵.城市规划实效论[M].北京:中国人民大学出版社,1998.

[131] 吴良镛.人居环境科学导论[M].北京:中国建筑工业出版社,2001.

[132] 葛文清.汀江流域外向型客家经济演变初探[J].龙岩学院学报,1995,(2):40-47.

[133] 蔡立雄.闽西与区域外的商品交流[J].闽商文化研究,2012,(2).

[134] 冯尔康,常建华.中国宗族史[M].上海:上海人民出版社,2009:20-23.

[135] 詹圣泽.闽西客家宗族的社会经济发展史概述[J].学术交流,2007,(8):118-121.

[136] 江玉岚.社会主义核心价值体系引领客家文化发展的研究[D].重庆:重庆交通大学,2011.

[137] 肖国祥.论客家文化与赣南市镇的发展及近代转型——以筠门岭镇为例[J].今日南国旬刊,2009,(1).

[138] 李逢蕊.客家学研究与闽西客家文化[C].客家文化研究(上).福州:海峡文艺出版社,2004:81-91.

[139] 郭起华.比较视野下的客家人与广府人价值观[J].嘉应学院学报,2009,27(1):22-26.

[140] 黄顺忻.客家风情[M].北京:中国社科出版社,1993.

[141] 丘权政.客家的源流与文化研究[M].北京:华侨出版社,1999.

[142] 李凌松.基于风水学理论解析中国园林及人居生态环境中的哲学思想[J].建筑与环境,2011,(2):91-94.

[143] 谢煜林.徽州古村落中的外部空间环境初探[D].北京:北京林业大学,2005.

[144] 刘大可.传统客家村落的空间结构初探——以闽西武平县北部村落为例[J].福建论坛:人文社会科学版,2000,(5).

[145] 林兆武等.闽西客家传统村落空间营建模式初探[J].建筑与文化,2015,(4).

[146] 鲍智明.客家民系在闽西形成的自然地理环境探析[J].亚热带资源与环境学报,2006,21(2):121-123.

[147] 王洪威.闽西革命根据地创建初期的军事地理环境研究[D].南京:南京大学,2012.

[148] 张杰,庞骏,严欢等.福建省连城县芷溪村——国家历史文化名城研究中心历史街区调研[J].城市规划,2013,37(4).

[149] 李华珍.三洲传统聚落形态特征及其成因[J].河北工程大学学报:社会科学版,2012,29(4):88-90.

[150] 朱雪梅.粤北古道传统村落形态特色比较研究[J].南方建筑,2014,(1):38-45.

[151] 蓝泰华.福建汀州(长汀)客家传统民间美术研究[D].福州:福建师范大学,2012.

[152] 饶小军.培田宗族社会空间与村落形制初探[J].新建筑,2007,(1):76-80.

[153] 郑振满.清代闽西客家的乡族自治传统——《培田吴氏族谱》研究[J].学术月刊,2012,(4).

[154] 吴建华.闽西汀江流域古村镇的历史考察[D].福州:福建师范大学,2008.

[155] 于建伟.福建省连城县培田古村落传统风貌研究[D].西安:西安建筑科技大学,2010.

[156] 谢明礼.闽西客家民居旅游地的空间竞争——以永定土楼和连城培田民居为例[J].亚热带资源与环境学报,2003,18(2):34-37.

[157] 李贞刚.客家建筑的典范——九厅十八井[J].建筑工人,2007,(1):36-37.

[158] 戴志坚.培田古民居的建筑文化特色[J].重庆建筑大学学报:社科版,2001.

[159] 张志杰,崔兰亭.村庄建设用地分类标准初探[J].小城镇建设,2014,(5).

[160] 王粟等.关于我国村庄用地分类的思考——记《村庄规划用地分类指南》的编制[J].小城镇建设,2015,(1).

[161] 李思言.闽西客家培田古民居的建筑与文化[J].科技信息,2010,(8).

[162] 柴文婷,戴志坚.长汀古城客家民居建构研究[J].福建建筑,2013,(4):41-45.

[163] 蔡春.人居环境的人性化设计探讨[D].杭州:浙江大学,2005.

[164] 吴赛男.基于景观生态学与碎片几何理论的生态围垦调控模式研

究［D］．杭州：浙江大学，2010．

［165］关也彤．上海衡山路历史街区的景观空间特征分析与保护研究［D］．杭州：浙江大学，2005．

［166］方适明．人居环境的情趣化景观空间设计理论探讨［D］．杭州：浙江大学，2006．

［167］徐小明．赣南古村落客家风水营造中的现代规划理念研究——以瑞金密溪村为例［D］．兰州：兰州交通大学，2013．

［168］姜爱林，陈海秋．新中国50多年来宅基地立法的历史沿革［J］．理论导刊，2007，（2）：99-103．

［169］洪名勇．路径依赖与农地产权制度创新［J］．河北经贸大学学报，1999，（2）：24-27．

［170］戴巧生．小城镇社区信息系统研究与实现［D］．北京：中国农业大学，2005．

［171］中国．国家及各地区国民经济和社会发展"十一五"规划纲要［M］//国家及各地区国民经济和社会发展"十一五"规划纲要．北京：中国市场出版社，2006．

［172］韩玉玲，付大壮．中国特色的城镇化之路［J］．外国经济学说与中国研究报告，2012．

［173］吴盛汉．龙岩市农村城镇化发展模式及对策［J］．龙岩学院学报，2008，26（4）：14-18．

［174］陈叶龙．面向可操作性的村庄规划管理探讨——以铜陵市美好乡村建设为例［J］．规划师，2012，28（10）：22-25．

［175］吕洪荣．既要见新屋又要见新村——解读《龙岩市农村村民住宅建设用地管理规定》［J］．国土资源通讯，2009，（4）．

［176］吴勇．山地城镇空间结构演变研究［D］．重庆：重庆大学，2012．

［177］韩子贵．依托传统产业优势，创建现代"锻造之乡"［J］．经济师，2005，（2）：257-257．

［178］周乾松．新型城镇化过程中加强传统村落保护与发展的思考［J］．长白学刊，2013，（5）．

［179］瞿州莲．当代复兴宗族的特征及其对村民自治的影响［J］．广西民族研究，2003，（3）：16-19．

［180］郭磊．洪坑村传统聚落建筑形态研究［D］．厦门：华侨大学，2013．